Aglona
Siluva
ssebakken
Wilnius
Heiligenlinde
Dietrichswalde
Rosenthal
Czenstochau
lüschen Hagis
Albendorf
Philippsdorf
Krakau
Mariaschein
Pribram
Passau: M.-Hilf
Sastin
Levoca
tting
Maria
Marianka
Taferl
Maria
Plain
Mariazell
Mariapocs
Maria Waldrast
Mariabesnyö
Cluj
Maria Saal
Andocs
Brezje
Sveta
Gora
Mariaradná
nstein
Mariagyüd
Ptuiska Gora
nza
Trsat
M. Bistrica
gna
Medjugorje
Loreto
om: M. Maggiore
Genazzano
Shkodra
Letnica
de Divino Amore
Pompeji
Meryem Ana
Syrakus
Tinos
Pinn

Franz Josef Brems · Marien-Wallfahrtsorte in Europa

Franz Josef Brems

Marien-Wallfahrtsorte in Europa

Kulturgeschichtlicher Führer zu 100 Gnadenstätten

PFEIFFER/WEWEL VERLAG MÜNCHEN

Die Deutsche Bibliothek – CIP-Einheitsaufnahme

Brems, Franz Josef:
Marienwallfahrtsorte in Europa: ein kulturgeschichtlicher Führer / Franz Josef Brems. – München: Pfeiffer/Wewel, 1994
ISBN 3-7904-0624-4

1. Auflage 1994

Titelabbildung: Kunstreferat – (Foto: Wolf-Christian von der Mülbe)
Gesamtherstellung: Verlag und Druckerei G. J. Manz AG, München/Dillingen
Printed in Germany

ISBN 3-7904-0624-4

Inhalt

Einführung

„. . . ein Kranz von zwölf Sternen"

Im letzten Buch des Neuen Testamentes, der Offenbarung des Johannes, ist von einer Frau zu lesen „mit der Sonne bekleidet, den Mond unter ihren Füßen und um ihr Haupt ein Kranz von zwölf Sternen" (Offb 12, 1). Die zwölf Sterne verweisen zunächst auf die zwölf Stämme Israels und in ihrer Nachfolge auf das Gottesvolk des Neuen Bundes. Weil aber der Retter Jesus Christus „geboren aus Maria, der Jungfrau" in unsere Welt gekommen ist, denken wir bei der apokalyptischen Frau an die Gottesmutter.
Es gibt viele Beispiele der darstellenden Kunst, die Marias Haupt mit einem Sternenkranz umgeben zeigen, z. B. das Gnadenbild von Neviges oder die Marienstatue an der Erscheinungsstelle in der Rue du Bac in Paris.

Unser Kontinent, lange Zeit als Abendland (Land der untergehenden Sonne) bezeichnet, hat eine wechselvolle Geschichte, auch mit vielen kriegerischen Auseinandersetzungen. Es gab Versuche der Befriedung und des Zusammenschlusses von Teilen unseres Kontinentes. Erst nach dem 2. Weltkrieg nahm die Idee von einem vereinten Europa deutlichere Gestalt an: 1949 Europarat, 1950 Montanunion, 1957 Europäische Gemeinschaft und 1993 Europäischer Binnenmarkt.
Im Dezember 1955 tauchte bei einer Versammlung von 22 Ministern des Europarates zum ersten Mal die Idee eines Emblems von zwölf Sternen auf nachtblauem Grund auf. 1979 wurde es dem Europarat vorgeschlagen und am 7. Juni 1988 offiziell als Europa-Fahne beschlossen, weil sie Frieden und Brüderlichkeit versinnbildet.
Ein Kreis von zwölf Sternen. Welcher gläubige Christ denkt dabei nicht an die apokalyptische Frau und ihren Sternenkranz!

Unsere Liebe Frau von Europa

Europa ist ein christlich geprägter Kontinent mit einer westlichen und einer östlichen kulturellen Tradition. Die Verehrung der Theotokos (Gottesmutter) verbindet die orthodoxe, die katholische Kirche und auch die reformatorischen Kirchen. Einzelne Länder und Städte haben Maria zu ihrer Herrin, Patronin und Königin erkoren, so Bayern, Österreich, Polen, Ungarn, Luxemburg, Rom u. a.
Auf Anregung des Mailänder Priesters Luigi Re (geb. 1891) wurde 1957/58 auf der Serenissima, einem 1800 m hohen Gipfel der italienischen Motta-Alpen – über den Splügenpaß nach Süden oder von St. Moritz nach Westen oder vom Comosee nach Norden zu erreichen –, eine vergoldete Kupferstatue der Jungfrau Maria mit Sternenkranz und ausgebreiteten Armen (13,5 m hoch) aufgestellt. Die Statue fertigte Egidio Casagrande. Am Fest Maria Namen (12. September) im Jahr 1958 hat Kardinal Montini von Mailand, der spätere Papst Paul VI., die Statue als „Nostra Signora d'Europa" bezeichnet und geweiht. Von dieser Region aus fließen der Rhein zur Nordsee, die Donau zum Schwarzen Meer und der Po zum Mittelmeer, und so ist die Europa-Madonna ein Zeichen, daß Gottes lebensspendende Kraft über Maria allen Teilen unseres Kontinentes zufließt.
In der Folgezeit sind entsprechende Briefmarken erschienen, z. B. in Spanien und Andorra und 1977 in Gibraltar mit der Aufschrift „Our Lady of Europa".

Maria als Mittlerin

Gott schenkt uns seine Gnade (ahd. genadan = „genaht“, also seine Nähe) wann, wo und auf welche Weise er will. „Der Geist weht, wo er will“ (Joh 3, 8).
Warum er sie uns an bestimmten Orten in besonderem Maße zukommen läßt? Vielleicht will er uns einladen, ab und zu unseren Alltag zu verlassen, uns auf-zumachen, will uns erinnern, daß das Unterwegssein zur Existenz des Gottesvolkes gehört, will, daß wir in der länderübergreifenden Gemeinschaft Gleichgesinnter uns als Schwestern und Brüder sehen.
Die allermeisten der christlichen Gnadenstätten sind der Gottesmutter geweiht. Warum Gott uns seine Gnade besonders durch Maria zufließen läßt, hat der Münchner Kardinal Faulhaber († 1952) eindrucksvoll formuliert:

> „Gott hat seine Gnaden nicht an die Sterne des Himmels geheftet ... und nicht in die Tiefe des Meeres versenkt ..., sondern sie in Mutterhände gelegt, weil Mutterhände immer bereit sind, mit vollem Maße auszuteilen.“

Und Gott läßt uns durch Erscheinungen der Hl. Jungfrau: 1846 La Salette, 1858 Lourdes, 1917 Fatima und auch 1980 Medjugorje u. a., eine immer wiederkehrende Botschaft zukommen: „Betet! Bekehrt euch! Tut Buße!“ Die Gnadenstätten sind Einladungen Gottes an uns, „solange es noch Zeit ist“.

So haben sich Menschen zu allen Zeiten aufgemacht, haben die heute unvorstellbaren Mühen einer oft langen Fußwallfahrt auf sich genommen – „wallen“ sagt man heute noch im Frankenland – und in persönlichen Anliegen und besonderen Notzeiten wie Pest, Hunger und Krieg an den Marien-Gnadenorten die Nähe der himmlischen Mutter und die durch sie vermittelte Hilfe Gottes gesucht. Und viele wurden geheilt und erhört, wie die große Zahl von Votivtafeln, Silberherzen und Opfergaben an den Wallfahrtsorten bezeugt.
Heute hat sich das Wallfahrtsleben gewandelt. Mit dem Flugzeug, mit der Eisenbahn, mit Bus oder Pkw sind (auch für Kranke und Behinderte) die großen europäischen Gnadenstätten erreichbar. Jetzt im ausgehenden 20. Jahrhundert erleben erstaunlicherweise die Marienwallfahrtsorte einen z. T. überwältigenden Besuch, auch von jungen Menschen.
Einen bleibenden Eindruck hinterlassen die Gnadenbilder (synonym auch für Statuen, Mosaike usw.), mit denen wir sinnenbegabte Menschen die Gottesmutter darstellten. Viele strahlen eine große Mütterlichkeit aus und sind oft auch von hohem künstlerischem Wert. Wir verehren aber nicht die Darstellung, sondern die dargestellte Person und in der Gottesmutter den höchsten Gott, so wie es über dem Portal der unteren Basilika von Lourdes geschrieben steht: „Per Mariam ad Jesum!“

Bedeutende europäische Marien-Wallfahrtsorte

Unseren Kontinent überzieht nicht ein Kranz von nur zwölf Sternen, sondern wie ein nächtlich funkelnder Sternenhimmel eine große Zahl von Marien-Gnadenstätten.

> „Man könnte von einer eigenen ‚Geographie‘ des Glaubens und der marianischen Frömmigkeit sprechen, die alle diese Orte einer

> besonderen Pilgerschaft des Gottesvolkes umfaßt, das die Begegnung mit der Muttergottes sucht, um im Bereich der mütterlichen Gegenwart ‚derjenigen, die geglaubt hat', den eigenen Glauben bestärkt zu finden."
>
> Papst Joh. Paul II.:
> Enzyklika „Redemptoris Mater", 1987

Dieses Buch will etwa 100 der bedeutenden Marienwallfahrtsorte in Europa darstellen, wobei die Auswahl nicht leichtgefallen ist. Einesteils sollen, soweit möglich, alle europäischen Länder, auch die sog. „Zwergstaaten", berücksichtigt werden. Andererseits wurden solche Wallfahrtsorte ausgewählt, die ein länderübergreifendes, also europäisches Flair besitzen.
Die Wallfahrtsorte sind in sieben Regionen aufgeteilt, um den jeweiligen Kulturraum besser erfassen zu können. Die besondere Marienverehrung der orthodoxen Kirche wurde in einem eigenen Beitrag dargestellt.
Das Buch will informieren und soll z. B. in den Pfarrbüchereien für jeden Christen bereitstehen.
Das Buch will einladen, die eine oder andere der europäischen Gnadenstätten aufzusuchen und vielleicht im Urlaub den Besuch eines Wallfahrtsortes einzuplanen.
Kardinal Ratzinger sagte in einer Predigt 1980 in Krakau:

> „Das Bild der Mutter des Herrn gehört zur Herzmitte der europäischen Kultur. Es gehört zur Herzmitte unseres Glaubens. Vor der Mutter verstehen wir uns alle; vor ihr erkennen wir uns alle als Kinder. Von ihr lernen wir Vertrauen; mit ihr lernen wir glauben und beten. Die gemeinsame Mutter gibt uns eine gemeinsame Sprache; so verschieden auch die Lieder und die Gebete in den einzelnen Ländern sind – sie haben alle den gleichen Klang des Herzens: im Aufblick zur Mutter endet der Trotz und endet die Feindschaft. Sie schenkt die Versöhnung, sie führt zum Sohn."

Bedanken möchte ich mich beim Wewel Verlag München für die Aufnahme meines Buches in sein Verlagsprogramm, besonders bei der Lektorin Frau Dr. Treml und Herrn Pinzl, beim Bayerischen Pilgerbüro München mit seinem Direktor Müller und Herrn Ketter und bei vielen, vielen Damen und Herren und auch jungen Leuten, die mir Informationen aus Wallfahrtsorten mitgebracht und aus Büchern übersetzt haben. Nicht zuletzt sage ich Dankeschön meinem Bruder und Schuldirektor Ludwig für die gute Beratung und die sprachliche Durchsicht meiner Arbeit.
Das Buch will jetzt an der Schwelle eines neuen Jahrtausends einen Beitrag leisten, beim Zusammenschluß Europas das christliche Erbe und die marianische Frömmigkeit bewußtzumachen und weiterzugeben.

Franz Josef Brems, München

Telgte
Werl
Kevelaer
Neviges
Rosenthal
Klüschen Hagis
Schönstatt
Blieskastel
Passau: M.-Hilf
Altötting
Maria Taferl
Andechs
Maria Plain
Mariazell
Mariastein
Liechtenstein
Maria Waldrast
Maria Einsiedeln
Maria Saal
Locarno

MITTELEUROPA

Deutschland
Schweiz
Liechtenstein
Österreich

Altötting

„Die schwarze Muttergottes"

Altötting (seit 1898 Stadt, Diözese Passau) ist die Herzmitte des Bayernlandes und durch seine Geschichte und seine Besucher einer der bedeutendsten Marien-Wallfahrtsorte Europas.

Alter Kulturboden

Im Kreuzungspunkt von Römerstraßen und Handelswegen ist 748 in Ötting ein Amtshof des baierischen Herzogs Tassilo III. bezeugt. Ein nicht näher bestimmbarer Otto soll dem Ort den Namen gegeben haben. Das Oktogon der Gnadenkapelle ist einer der ältesten Sakralbauten Deutschlands, war nach Ausgrabungsfunden vielleicht eine frühchristliche Taufkapelle oder gar ein heidnischer Tempel.
Ein Urenkel Karls des Großen, Karlmann, ließ 878 eine Kirche mit Kloster für ein Kanonikerstift errichten und schenkte dem Stift die Kapelle. Bei den Ungarneinfällen um 900 wurden Kirche und Stift niedergebrannt, die Kapelle aber blieb erhalten. Ludwig der Kelheimer aus dem Hause Wittelsbach baute das Kloster wieder auf und erneuerte 1228 das Chorherrenstift. In der Folgezeit wurde das am Inn gelegene Neuödigen herzogliche Handelsstadt, die aber in ihrem Wappen die Rundkapelle mit einer romanischen sitzenden Muttergottes trug. Nach der Überlieferung soll diese der hl. Rupert hierher gebracht haben. Um 1300 wurde sie aber durch das heutige Gnadenbild ersetzt.

Geschichte der Wallfahrt

Erst im späten Mittelalter wird die „finstere uralte heilige Capel unser lieben Frawen auff den grünen Matten" zum Wallfahrtsort. Für das Jahr 1489 sind die ersten Wundertaten bezeugt. Ein dreijähriger Bub war ins Wasser gefallen, nach einer halben Stunde „gantz todt" herausgezogen und von seiner Mutter auf den Altar der Kapelle gelegt worden. „Alsbald wird das Kind wieder lebendig." Ferner: Ein sechsjähriger Sohn fällt vom Roß seines Vaters und wird vom Wagen „dermassen zerdruckt . . .". Man ruft die Hilfe der Gottesmutter an, und am nächsten Tag ist „der Knab wiederumben gantz frisch und gesund".

Das Volk strömte in Scharen herbei. Weitere Wunderheilungen ereigneten sich. Schon vier Jahre später, 1493, kam von der Residenzstadt Landshut eine Prozession von 1500 Bürgern, bald kamen weitere von Straubing, Burghausen und München. Auch fürstliche Pilger besuchten die neu erstandene Gnadenstätte, u. a. Kaiser Maximilian I., Kaiser Karl V. und insbesondere die bayerischen Wittelsbacher.
Schon 1497 wurden an das Oktogon der Gnadenkapelle das jetzige Langhaus mit spitzen Türmchen und der Pilgerumgang angebaut. Als große Wallfahrtskirche wurde ein romanischer Vorgängerbau nebenan durch die gotische, doppeltürmige Stiftskirche ersetzt und 1511 durch den Bischof von Chiemsee geweiht.

Nach einem Rückgang in der Zeit der Reformation brachten die Jesuiten zwischen 1592 und 1773 die Wallfahrt zu großer Blüte. Am Beginn des Dreißigjährigen Krieges ist Altötting der größte Wallfahrtsort Süddeutschlands mit Ausstrahlung ins Rheinland, nach Österreich und Böhmen. Der Feldherr Tilly führte auf der Fahne seines Leibregimentes ein Bild der Kapelle und des Gnadenbildes von Altötting mit, wo er auch in der Stiftskirche seine letzte Ruhe fand. Kurfürst Maximilian stiftete 1645 für den Gnadenaltar den silberbeschlagenen Tabernakel. Nach seinem Tod fand man unter dem Gnadenbild einen Zettel, auf dem der Landesherr, mit eigenem Blut

geschrieben, sich der Gottesmutter weihte, die sog. „Blutweihe".
Ein gewaltiges Bauvorhaben in der Barockzeit kam nicht zur Ausführung. Der Münchner Hofbaumeister Enrico Zuccalli hatte eine riesige Kirche entworfen, welche die Gnadenkapelle einschließen sollte. 1672 wurde der Grundstein gelegt, dann gab man das Vorhaben wieder auf.
Als nach der Säkularisation die Kapuziner nach Altötting kamen, erlebte die Wallfahrt einen neuen Aufschwung. In den Jahren 1910–12 wurde die neben dem Kapuzinerkloster gelegene große St.-Anna-Basilika errichtet.
Unter den unzähligen Pilgern waren auch zwei Päpste: 1782 Pius VI. auf dem Rückweg von Wien über München nach Rom und 1980 Johannes Paul II.

Das Heiligtum

Von drei Seiten führen Straßen auf den weiten, heute verkehrsfreien Kapellplatz. Die Wallfahrer, ob einzeln oder in Gruppen, drängt es zur zentral gelegenen Gnadenkapelle. Über dem Haupteingang stellen Marmorfiguren (1768) dar, wie der hl. Rupert „die Gnaden Mutter daselbst eingesetzt und Bavaria zu einer Libevollen Muter übergibt". Im Langhaus sind die Wände voll von Votivtafeln, Silberherzen und alter wie neuer Zierkerzen. Auf den Seitenaltären sind eine Pietà und eine St.-Anna-Selbdritt-Darstellung zu sehen. Über dem Eingang zur Rundkapelle befindet sich eine Schutzmantelmadonna.
Zentralpunkt der Innenkapelle, in die sich zu jeder Tageszeit die Beter drängen, ist das Gnadenbild. Die 64 cm hohe Lindenholzfigur (frühgotisch, aus der Zeit um 1300) ist wahrscheinlich burgundischer Herkunft und über das Zisterzienserkloster Raitenhaslach hierhergekommen. Der Rauch der Kerzen und die Oxydation der silbernen Untergrundbemalung haben die Figur zur „Schwarzen Muttergottes von Altötting" werden lassen. Maria mit mildem Gesichtsausdruck im langen Gewand und Kopfschleier hält auf ihrem rechten Arm das Jesuskind, das eine (Welt-) Kugel trägt. Seit 1518 sind Mutter und Kind in prächtig bestickte Stoffumhänge gehüllt. Das Zepter und die edelsteinbesetzten Kronen hat Kurfürst Maximilian gestiftet.
Das Gnadenbild steht auf dem Tabernakel über dem Altar und ist umgeben von einer hohen, silberbeschlagenen Rundbogennische mit Halbfiguren der Hll. Dreifaltigkeit, von Engeln und seitlich von 14 Figuren des Stammbaumes Jesse. Die 15 silbernen Kerzenleuchter um die Nische weisen auf die Rosenkranzgeheimnisse hin.
Rechts vom Altar ist die mit höfischer Eleganz kniende, silbergetriebene Gestalt des Kurprinzen Maximilian Joseph (1737, Rokoko) zu sehen. Kurfürst Albrecht hat den „Silberprinzen" zum Dank für die Gesundung seines zehnjährigen Sohnes gestiftet. Links vom Altar die ebenfalls kniende Figur des hl. Bruder Konrad, 1931 aus geopfertem Silber gegossen.
Die hohen Wandnischen bergen neben mehr als tausend wertvollen Silbergaben die Herz-Reliquiare von zehn bayerischen Herzögen, fünf anderen Fürsten, elf adeligen Frauen und fünf Bischöfen: alles mächtige Förderer der Wallfahrt.

Die Umgebung

Um den Kapellplatz scharen sich die Magdalenenkirche, der ehemalige Kongreßsaal der Jesuiten und die große, doppeltürmige ehemalige Stifts-, heute Pfarrkirche. In ihr ist gleich neben dem Eingang auf einer hohen Standuhr der sensenschwingende „Tod von Eding" zu sehen. Hier befinden sich auch die Tilly-Gruft und der Zugang zur Schatzkammer mit vielen Weihegaben, Rosenkränzen, Hausaltärchen, einem barocken Elfenbeinkreuz und als Glanzstück das „Goldene Rößl".

Etwas tiefer liegt die Kapuzinerkirche (1953) mit dem Grab des hl. Bruder Konrad. Johannes Birndorfer aus Parzham (1818–94) war lange Zeit Pförtner des Kapuzinerklosters nebenan gewesen. Er wurde 1930 selig- und 1934 heiliggesprochen. Vor der Kirche fließt der Bruder-Konrad-Brunnen, aus dem die Wallfahrer trinken und sich die Augen benetzen. Gleich an das Kloster schließt sich die mächtige St.-Anna-Basilika an, in der die großen Wallfahrtsgottesdienste gefeiert werden.
Gern besucht wird auch das Panorama mit einem Rundgemälde der Kreuzigung Christi von Gebhard Fugel.

Die lebendige Wallfahrt

Das bayerische Nationalheiligtum wird jährlich von mehr als einer dreiviertel Million Menschen aufgesucht. Unter den mehr als 40 000 Pilgern zu Fuß ist die Wallfahrt aus der Oberpfalz (schon seit 1685) vier Tage unterwegs. Neben den Einzelbesuchern und kleinen Gruppen machen die Großwallfahrten der Katholischen Jugend, der Priester und Ordensleute, der Legio Mariens, der Veteranen-, Schützen- und Trachtenvereine Altötting zu einer lebendigen, grenzübergreifenden Gnadenstätte.
Jeden Samstagabend von Mai bis Oktober bewegt sich von der St.-Anna-Basilika eine Lichterprozession zum Kapellplatz hinauf, umrundet die Gnadenkapelle in immer enger werdenden Kreisen, und zum Abschluß des Betens und Singens empfangen die Wallfahrer den Segen mit dem Gnadenbild.
Dabei und bei allen sonstigen Prozessionen, Gottesdiensten und Andachten ist immer wieder das Altöttinger Wallfahrtsgebet zu hören:

O Maria hilf! O Maria hilf!
O Maria hilf doch mir!
Ein armer Sünder kommt zu Dir.
Im Leben und im Sterben
laß mich nicht verderben!
Laß mich in keiner Todsünd sterben!
Steh mir bei im letzten Streit,
o Mutter der Barmherzigkeit!

Lit.: F. X. Leeb, Altötting. Orts- und Wallfahrtsgeschichte, 1954 – R. Bauer, Bayerische Wallfahrt Altötting, 1985 – R. Plötz, Unsere Wallfahrtsstätten, 1988, 34–40 – M-Lexikon 1, 118–120 – M. Absmeier, 500 Jahre Marienwallfahrt Altötting, 1990 – F. J. Brems, Wir sind unterwegs . . ., 1992, 176–179

Passau: Mariahilfberg

Das deutsche Gnadenbild

Über dem rechten Inn-Ufer, gegenüber der Altstadt der Dreiflüssestadt, erhebt sich auf dem früheren Schuler-, heute Mariahilfberg die barocke Wallfahrtskirche mit ihren eigenwillig geformten Doppeltürmen. Das in ihr verehrte Gnadenbild ist Ausgangspunkt der Mariahilf-Verehrung in vielen europäischen Ländern.

Dresden – Passau – Innsbruck

Im Jahre 1514 (oder erst nach 1537) malte der nach seiner Heimatstadt Kronach genannte Lukas Cranach der Ältere (1472–1553) in Wittenberg, wohl im Beisein seines Freundes Martin Luther, ein kleines Bild der Muttergottes mit dem Jesuskind. Es war für die Heiligkreuzkirche in Dresden bestimmt, kam aber wegen der Reformation in die Gemäldegalerie des sächsischen Kurfürsten.

Dieses in Ölfarben auf Holz gemalte Bild erhielt Fürstbischof Leopold von Passau, der zugleich Erzherzog von Österreich war, als Gastgeschenk, als er 1611 am sächsischen Hof weilte. Er stellte es zunächst in seine Passauer Hofkapelle. Als er Landesherr von Tirol wurde, nahm er das ihm liebgewordene Bild 1619 mit nach Innsbruck, wo es seit 1650 in der heutigen Pfarr- und Domkirche St. Jakob verehrt wird.

Doch bereits 1611 hatte der Passauer Domdekan, Freiherr Marquard von Schwendi, vom Passauer Maler Pius eine vergrößerte Kopie anfertigen lassen, das Urbild für viele Nachbildungen.

Die Wallfahrtskirche

Der Domdekan behielt das Bild zuerst in seiner Wohnung. Doch als er einmal auf dem Schulerberg Lichter sah und (Engels-)Gesang hörte, ließ er dort 1622 eine Holzkapelle errichten und die Cranach-Kopie, die er „Mariahilf"-Bild nannte, aufstellen.

Menschen strömten herbei und verehrten die Mariendarstellung bald als Gnadenbild. So ließ Schwendi vom Inn-Ufer eine überdachte Stiege heraufführen und die heutige Wallfahrtskirche errichten. Im Jahr ihrer Weihe 1627 wurde auch eine Mariahilf-Bruderschaft gegründet. Zur Betreuung der Wallfahrer holte der Domdekan Kapuziner nach Passau und baute für sie neben der Kirche ein Kloster.

Im Dreißigjährigen Krieg bedrohten 1633 die Schweden die Bischofsstadt, ein Jahr später brach die Pest aus, und 1662 wurden Stadt und Wallfahrtskirche ein Raub der Flammen. Nach dem Wiederaufbau der Kirche blühte auch die Wallfahrt neu auf, und der seit dem 16. Jahrhundert bekannte Gebetsruf „Maria hilf!" übertrug sich immer mehr auf das Gnadenbild.

Im Jahre 1676 gaben sich Kaiser Leopold I. und Prinzessin Eleonore von Pfalz-Neuburg vor dem Gnadenbild das Ja-Wort. Die „Kaiserampel" (vom Augsburger Goldschmied Lukas Lang) erinnert noch daran.

Bei der Belagerung der Stadt Wien durch die Türken kam der Kaiser mit seinem Hofstaat nach Passau. In diesen Wochen betete das Kaiserpaar täglich vor dem Gnadenbild um die Rettung des Abendlandes. Mit dem Ruf „Maria hilf!" wurde am 12. September 1683 die entscheidende Schlacht auf dem Kahlenberg bei Wien gewonnen und dem Vordringen des Islam in den mitteleuropäischen Raum ein Ende gesetzt. Papst

Innozenz XI. ordnete an, am 12. September fortan das Fest „Mariä Namen“ zu feiern.
Über Jahrhunderte bis in die Gegenwart hat eine unübersehbare Zahl von Hilfesuchenden den Weg zur Passauer Mariahilfkirche gefunden, von einfachen Leuten bis zu Adeligen und Kaisern. Viele Besucher gehen betend die gedeckte Stiege vom Inn-Ufer zur Kirche hinauf. Jedes Jahr am 12. September zieht eine große Lichterprozession der Passauer zu ihrem Gnadenbild in der Wallfahrtskirche empor.

Das Mariahilf-Gnadenbild

Ob Lukas Cranach für sein Bild eine Ikonenvorlage hatte oder einen ähnlichen Bildtyp kannte, mag umstritten sein. Die Mariahilf-Darstellung ist die westliche Form des Ikonen-Typs der Eleusa, der „Erbarmenden“, während die „Wladimirskaja“ als die östliche gilt (vgl. Seite 185).
Es ist verständlich, daß das Mariahilfbild wegen seiner sehr menschlichen Ausstrahlung eine so weite Verbreitung gefunden hat. Maria neigt ihr Haupt dem Kind zu, das, mit beiden Händen gehalten, unbekleidet auf ihrem Knie steht, sich hilfesuchend an den Kopf der Mutter schmiegt und mit einer Hand an ihr Kinn greift. Maria wendet gedankenschwer ihren Blick dem Betrachter zu in ihrem Wissen, was auf ihren Sohn zukommt.

Europäische Ausstrahlung

Durch die Habsburger und Wittelsbacher gefördert, aber vor allem durch die Kapuziner verbreitete sich die Mariahilf-Verehrung rasch im süddeutschen-österreichischen Raum, aber auch bis nach Italien, ins Rheinland und nach Schlesien.
In meinem Buch „Wir sind unterwegs . . .“ (1992, Seite 306) habe ich 53 Mariahilf-Kopien aufgeführt, die allein in Bayern an Gnadenorten verehrt werden, so in Neumarkt i. d. Opf., in Amberg und Schwandorf. Die Darstellung wird auch als „das deutsche Gnadenbild“ bezeichnet. Insgesamt gibt es über 500 Mariahilf-Gnadenstätten in ganz Europa.
In der Münchner Ur-Pfarrei St. Peter in der Nähe des Marienplatzes ließ 1653 eine Brauerswitwe ein Mariahilfbild aufstellen. 1684 entstand hier die Erzbruderschaft „Die Liebesversammlung des gnadenreichen Bildnis Mariahilf“, die im 18. Jahrhundert eine Million Mitglieder zählte, darunter Kaiser, Könige und Kirchenfürsten. Es gab Mitgliedsbücher in deutscher, lateinischer, italienischer und französischer Sprache.
Der Name „Mariahilf“ lebt auch weiter als Bezeichnung von Bergen, Orten und Straßen. Auch Hinterglasbilder, Mariahilfbüchlein und zahlreiche Gebetszettel wurden und werden verbreitet.

Meerstern ich dich grüße, o Maria hilf!
Gottesmutter süße, o Maria hilf!
Maria hilf uns allen aus unsrer tiefen Not!

Dich als Mutter zeige, o Maria hilf!
gnädig uns zuneige, o Maria hilf!
Maria hilf uns allen aus unsrer tiefen Not!

V. v. Haxthausen, 1850

Lit.: K. Kolb, Eleusa. 2000 Madonnenbild, 1968 – W. Hartinger, Mariahilf ob Passau, 1985 – R. Plötz, Unsere Wallfahrtsstätten, 1988, 98–101 – M-Lexikon 4, 300–301 – F. J. Brems, Wir sind unterwegs . . ., 500 bayerische Marienwallfahrtsorte, 1992, 196–197

Andechs

„Der heilige Berg“

Auf einer der östlichen Höhen, 180 Meter über dem Ammersee (Diözese Augsburg), ist die Kloster- und Wallfahrtskirche mit dem barocken Zwiebelturm schon von weitem zu sehen. Diese wahrscheinlich älteste Wallfahrtsstätte Bayerns ist auf Fahrstraßen von Starnberg oder von Herrsching aus, am schönsten aber von Herrsching in etwa einer Stunde zu Fuß durch das Kienbachtal zu erreichen.

Der Reliquienschatz

Ursprünglich stand auf dieser Bergkuppe eine Burg der Grafen von Dießen-Andechs. Diesem Adelsgeschlecht entstammen die hl. Gertrud, Königin von Ungarn und Mutter der hl. Elisabeth, der Landgräfin von Thüringen († 1213), und die hl. Hedwig, Herzogin von Schlesien († 1243). Stammvater des Geschlechtes ist der hl. Rasso († 953), der von Pilgerreisen ins Hl. Land, nach Byzanz und Italien wertvolle Reliquien mitbrachte. Dieser Reliquienschatz, von Dießen nach Andechs gebracht, um ihn vor den Ungarneinfällen zu schützen, wurde bald Ziel von Wallfahrten.

Die drei hl. Hostien

Gegen Ende des 12. Jahrhunderts kam zur Verehrung der Reliquien noch die von drei sog. „Bluthostien“, von denen eine der Legende nach auf Papst Gregor den Großen († 604) zurückgehen soll. Es zeigte sich – so die Überlieferung – auf je einer von ihnen ein Kreuz, ein Finger und der Name Jesus. Die Wallfahrt nahm zu, als zu Beginn des 13. Jahrhunderts eine blinde Frau hier ihr Augenlicht wiedererlangte.
Die Reliquien und Hostien wurden vor dem Untergang der Burg (um 1245) in der Nikolauskapelle, die erhalten blieb, vergraben. Bei der Wiederentdeckung 1388 soll eine Maus mit einem Stück Pergament zwischen den Zähnen einem Priester den Weg zum Reliquienschatz unter dem Altar gewiesen haben.
Eine dreischiffige gotische Hallenkirche wurde errichtet und 1425 geweiht. 1439 entstand ein Stift für Säkularkleriker. 1458 holte Herzog Albrecht III. von Bayern Mönche von Kloster Tegernsee und gründete eine Benediktinerabtei.

Die Marienwallfahrt

Die Wallfahrt blühte nun auf. Im Ausgang des Mittelalters sollen jährlich an die 40 000 Wallfahrer den Berg, der nun „heiliger Berg“ genannt wurde, hochgezogen sein. In dieser Zeit wandelte sich die Reliquien- und Hostienverehrung in eine Marien-Wallfahrtsstätte.
Anfang des 17. Jahrhunderts stieg die Zahl der Pilger auf eine halbe Million. Die Kirche wurde damals im Barockstil umgestaltet, brannte aber 1669 völlig aus. Wiederhergestellt, fand sie 1751–55 im Stil des späten Rokoko eine prachtvolle Ausschmückung. Den Stuck und die Fresken schufen u. a. Johann Bapt. Zimmermann und J. G. Übelher.
1803 wurden das Kloster säkularisiert und der Reliquienschatz geplündert. König Ludwig I. von Bayern übergab 1850 Kirche und Kloster wieder den Benediktinern. Heute ist Andechs als Wirtschaftsgut der Abtei St. Bonifaz in München angegliedert.

Die prachtvolle Kirche

Wer an den Klostergaststätten und einem Andenkenladen vorbei zur Wallfahrtskirche hinaufgeht,

fühlt sich im Anblick der Berge, des Ammersees und der Nähe der Gnadenstätte schon halb im „Andechser Himmel". Im Innern ist die gotische Grundstruktur des Raumes noch erkennbar. Doch ist sie herrlich ausgeschmückt mit bunten Stuckornamenten und Freskenbildern. Eines der Deckenfresken zeigt den biblischen Teich Bethesda mit dem Gnadenbild als Hinweis auf die durch die Fürbitte Mariens sprudelnde Gnadenquelle.

Zentrum des Gotteshauses ist der doppelstöckige Hauptaltar. Über dem Tabernakel ist in einem Schrein das Gnadenbild zu sehen, eine thronende Muttergottes mit dem Jesuskind, das eine Traube hält. Mutter und Kind tragen kostbare Edelmetallkronen, Maria noch ein Brustschild. Die Figur ist spätgotisch, um 1500 entstanden und entstammt der Schule von Erasmus Grasser.

Das obere (Sekundär-)Gnadenbild zeigt die Hl. Jungfrau, stehend und mit ausgebreiteten Armen. Der Weilheimer Künstler Hans Degler hat es 1608/9 geschaffen.

Um den Altar sind große Votivkerzen aufgestellt, davon eine von Papst Pius X. († 1914). Rund 250 große, von Wallfahrern gestiftete Kerzen werden rückwärts im sog. „Wachsgewölbe" aufbewahrt, die älteste aus dem Jahr 1594. An der Rückwand der Kirche sind zahlreiche Votivbilder angebracht, die z. T. ins 17. Jahrhundert zurückgehen. Auf einigen von ihnen ist die dreifache Wallfahrt zu den Reliquien, den drei Hostien und der Muttergottes dargestellt.

Gegenüber dem Haupteingang birgt die „Schmerzenskapelle" eine ebenfalls vielverehrte Pietà-Figur, die R. A. Boos zugeschrieben wird. Hier ist auch die Grabstätte des 1982 verstorbenen Komponisten Carl Orff.

Neben dem Haupteingang führt eine Treppe zur hl. Kapelle empor mit einigen Prunkstücken aus dem ehemaligen Reliquienschatz: eine Silbermonstranz (um 1400) mit den Bluthostien, ein „Siegeskreuz" Karls des Großen, ein Brautkleid der hl. Elisabeth und die „Goldene Rose", erstmals von Papst Felix (1440–49) dem Herzog Albrecht III. verliehen.

Die Wallfahrt heute

Bis heute hat Andechs seine Anziehungskraft nicht verloren. An vielen Sonn- und Festtagen finden Wallfahrtsgottesdienste statt für die Menschen, die jährlich in etwa 150 Prozessionen mit Kreuz und Fahnen den hl. Berg hochziehen. Zu jeder Tageszeit sind Beter vor dem Gnadenbild anzutreffen, um stille Einkehr zu halten.

Wenn auch manche der hehren Kunst wegen, andere wegen des berühmten Klosterbieres Andechs besuchen, so spürt doch wohl jeder: Hier oben ist man dem Himmel und der Himmelskönigin ein Stück näher.

Lit.: J. Hemmerle, Die Benediktinerklöster in Bayern, 1970, 32–36 – R. Bauerreiß (Hrsg.), Der Heilige Berg Andechs, 1972 – M-Lexikon 1, 141 – J. F. Brems, Wir sind unterwegs . . ., 500 bayerische Marienwallfahrtsorte, 1992, 17–19

Blieskastel

U. L. Frau mit den Pfeilen

Das barocke Städtchen (Bistum Speyer) liegt etwa 20 Kilometer östlich von Saarbrücken und südlich der Autobahnausfahrt Zweibrücken. Auf einer Anhöhe über dem Tal der Blies, einem Nebenfluß der Saar, birgt die Hl.-Kreuz-Kapelle das über die Landesgrenzen hinaus verehrte Gnadenbild.

Kloster Gräfinthal

Schon 1098 ist in Blieskastel eine Burg erwähnt. Um 1250 hat die damalige Gräfin Elisabeth († 1274) in einem Seitental der Blies ein Kloster gegründet, Gräfinthal (Tal der Gräfin) genannt, und es dem Einsiedlerorden der Wilhelmiten übertragen. Etwa 100 Jahre später hat sich bei einer Einsiedelei im „Brudermannsfeld", wo eine kleine Pietà-Figur in der Höhlung eines Eichenbaumes aufgestellt war, ereignet, daß wüste Gesellen die Figur mit Pfeilen beschossen. Fünf Pfeilspitzen sind heute noch in dem Gnadenbild zu sehen. Die Figur wurde deshalb in das Wilhelmitenkloster in Sicherheit gebracht.
Die Legende besagt, aus den Wunden der Holzstatue sei damals Blut geflossen. Damit habe sich ein Blinder seine Augen bestrichen und sei wieder sehend geworden. Das brachte einen wachsenden Zulauf von Gläubigen. Historisch gesichert ist die Wallfahrt zu „U. L. Frau mit den Pfeilen" für das Ende des 14. Jahrhunderts. In der Folgezeit sind Wallfahrtszüge aus dem Elsaß, aus Lothringen und aus der Pfalz nach Gräfinthal gekommen. Das Kloster wurde in den folgenden Jahrhunderten des öfteren überfallen und in Brand gesteckt, so daß die Eremiten 1785 mit dem Gnadenbild nach Blieskastel zogen. Aber weiterhin fanden sich Beter in Gräfinthal ein, wo 1809 eine Marienstatue aufgestellt und bis heute verehrt wird.

Blieskastel

Wenige Jahre nach dem „Umzug" nach Blieskastel wurde im Zusammenhang mit der Französischen Revolution das Gnadenbild öffentlich versteigert. Es verblieb für 125 Gulden zwar in Blieskastel, geriet aber bald in Vergessenheit und wurde 1829 an der Seitenwand der einsam gelegenen Hl.-Kreuz-Kapelle gestellt. Diese war

1660, oberhalb der Blies und von Bäumen umgeben, errichtet und 1682/83 gänzlich erneuert worden. In der Kapelle war eine Kreuz-Reliquie verwahrt, und es bestand eine örtliche Kreuzwallfahrt. Während der Französischen Revolution war die Kapelle geplündert und teilweise als Pulvermagazin verwendet worden.
1911 wurde die Marienfigur als Gnadenbild wiederentdeckt, für zwei Jahre nach München zur Renovierung gebracht und 1913 im Zentrum der Hl.-Kreuz-Kapelle aufgestellt. Die Wallfahrt wuchs nun so stark an, daß Bischof L. Sebastian Kapuziner der Bayerischen Ordensprovinz nach Blieskastel rief, welche die Wallfahrt bis heute betreuen. 1925 erfolgte der Bau eines Klosters und 1928/29 der einer Wallfahrtskirche. Zu Kriegsbeginn 1939 mußte das Gnadenbild nach Dillingen an der Donau und noch mal 1944/45 in die Krypta der Blieskasteler Pfarrkirche in Sicherheit gebracht werden.

Die Gnadenstätte

Wer von der Stadt die Anhöhe hochfährt, kommt vom Parkplatz zuerst durch eine Art Park, der auch die Durchführung von Prozessionen ermöglicht. In ihm sind Figurengruppen des einheimischen Bildhauers Riemann aufgestellt, u. a. die Klause mit der Bildeiche, dem Einsiedler und den Pfeilschützen.
Etwas abwärts steht die einfach gehaltene helle Wallfahrtskirche, daneben das Kloster und gegenüber eine Gaststätte „Zur Pilgerrast". Im Mittelpunkt des Platzes zieht die Hl.-Kreuz-Kapelle die Pilger an. Außen von einem kuppelförmigen Dachreiter gekrönt, weist im Innern der Stukkaturenschmuck der Decke auf die Verehrung des Hl. Kreuzes hin, während die bunten Glasfenster die Schmerzen Mariens darstellen. Über dem Altar ist in einer Rundbogennische das vielverehrte Gnadenbild zu sehen.

Die Statue, Maria als Schmerzensmutter mit dem Leichnam ihres Sohnes auf dem Schoß (80 cm groß, Eichenholz, Mitte des 14. Jahrhunderts), gehört nachweislich zu den ältesten Vesperbildern im deutschen Raum. Die im Verhältnis zur Muttergottes kleine Gestalt Jesu soll wohl zum Ausdruck bringen, daß Maria ihren toten Sohn wie ein Kind annahm. In der Figur sind noch fünf eiserne Pfeilspitzen zu sehen. Das rückwärtige Brett aus Kiefernholz diente zur Befestigung an der Eiche.

Das Wallfahrtsleben

Das Programm der Kapuziner führt Wallfahrten vieler Pfarreien auf, eine Wallfahrt der Erstkommunikanten, monatliche Gebetstage für geistliche Berufe, Fatimatage, besondere Feiern an den Marien- und Hl.-Kreuz-Festen und eine Marienfestwoche anfangs September mit Gottesdiensten, Lichterprozessionen und einem feierlichen Abschluß am Fest der Schmerzen Mariens (15. September), dem Patrozinium der Kirche. Die Wallfahrtszeit dauert von Mitte März bis Mitte Oktober.
Unter den vielen Tausenden von Betern vor dem Gnadenbild war sicher oft auch Joseph Wendel, der große Sohn Blieskastels, ab 1941 Bischof von Speyer und ab 1952 Erzbischof und Kardinal in München-Freising († 1960).

Lit.: J. Becker, Blieskastel und sein Gnadenbild, 1931 – M-Lexikon 1, 505 – S. Hansen, Die deutschen Wallfahrtsorte, 1990, 114–115 – C. Jöckle, Wallfahrt Blieskastel (Kirchenführer), 1991

SCHÖNSTATT

„Dreimal Wunderbare Mutter"

Bei Vallendar am rechten Rheinufer gegenüber Koblenz liegt der Marienwallfahrtsort (Diözese Trier), der, erst im 20. Jahrhundert entstanden, eine europäische, ja weltweite Ausstrahlung hat.
1134 nannte der Erzbischof Albero von Trier in der Gründungsurkunde für ein Kloster der Augustiner-Chorfrauen den Platz „eyne schoene Stat". Die im gleichen Jahr errichtete und der Muttergottes geweihte Basilika wurde im Dreißigjährigen Krieg zerstört. Nur der Turm blieb erhalten. 1901 zogen die Pallottiner ein und gestalteten die ehemalige Friedhofskapelle der Chorfrauen zur Hauskapelle um.

Pater Kentenich

Hier gründete der Pallottinerpater Joseph Kentenich (1885–1968) als Spiritual des Studentenheimes eine „Marianische Kongregation", ähnlich der des Jesuitenpaters Jakob Rem (1546–1618) in Ingolstadt, die zwar in der Gegenreformation eine ungeahnte Blüte erlebte, aber in der Zeit der Aufklärung ihre Wirkung verlor.
Vom Ingolstädter Gnadenbild, einer auch heute noch verehrten Kopie des Bildes „Salus populi Romani" aus der Basilika S. Maria Maggiore in Rom, übernahm P. Kentenich die Bezeichnung „Dreimal Wunderbare Mutter". Am 16. April 1604 soll P. Rem beim Absingen der Lauretanischen Litanei in kniender Haltung über dem Boden geschwebt sein. Und die Gottesmutter ließ ihn wissen, die Anrufung „Mater admirabilis" (Wunderbare Mutter) sei ihr besonders lieb. Darauf ließ er sie noch ein zweites und drittes Mal singen.
P. Kentenich hatte in einem Buch von Franz Hattler vom Ingolstädter „Colloquium Marianum" gelesen. Er war davon so begeistert, daß er mit einigen jungen Männern ebenfalls eine solche Vereinigung gründete. Er stellte in der Kapelle von Schönstatt die Kopie eines Gemäldes des italienischen Malers Luigi Crosio (Ende des 19. Jahrhunderts) auf, der er ebenfalls die Bezeichnung „Dreimal Wunderbare Mutter" gab.

Das Liebesbündnis

Die Schönstatt-Vereinigung erblickt in Maria das Idealbild des erlösten Menschen. Der Name „Dreimal Wunderbare Mutter" wird gedeutet: Maria ist Mutter Gottes, Mutter des Erlösers und Mutter der Erlösten. Im Mittelpunkt der Bemühungen stehen die Selbstheiligung und das Apostolat.
Dieses „Liebesbündnis mit der Gottesmutter" des P. Kentenich und einiger junger Männer

wurde mehr bekannt, als die Männer im 1. Weltkrieg in ganz Deutschland verstreut wurden. Eine Zeitschrift „Dreimal Wunderbare Mutter" führte zu noch größerer Ausweitung. Männer-, Frauen-, Ordensleute- und Priestergemeinschaften entstanden. Es kam zu einer großen marianischen Bewegung, die sich „Apostolische Bewegung von Schönstatt" nannte.
Reifungsprozesse und kirchliche Überprüfungen hatten zur Folge, daß sich P. Kentenich 1951 für dreizehn Jahre nach Milwaukee (USA) zurückzog. 1964 trennten sich die Pallottiner von der Bewegung, die eine eigene Gemeinschaft der Schönstattpatres einrichtete. 1965 wurde P. Kentenich zurückgerufen und erfuhr bei einer Papstaudienz durch Paul VI. volle Anerkennung. Der Gründer der Schönstattbewegung starb 1968 und liegt auf dem Schönstattberg begraben.

Die Ausstrahlung

Die Schönstattbewegung erlebte eine europa- und weltweite Ausstrahlung. Als Beispiele seien genannt: The Schoenstatt Sisters of Mary in Glasgow (England) und eine Niederlassung mit der Nachbildung der Schönstattkapelle in Uruguay.
In Schönstatt selbst sind um die „Ursprungskapelle" heute viele Gebäude gruppiert: Pilgerheim, Pilgerzelt, Anbetungskirche auf der Anhöhe, ferner Zentralen der Männer-, der Frauen-, der Jugend-, der Priestergemeinschaft u. a.
Jährlich kommen etwa zwei Millionen Menschen nach Schönstatt.

Lit.: J. Kentenich, Schönstatt und die Gründungsurkunde, 1967 – O. Maurer, Dreimal Wunderbare Mutter, 1983 – S. Dobretsberger, Ein neues Europa, 1985 – M-Lexikon 2, 241 und 3, 541–542

Kevelaer

„Trösterin der Betrübten"

Am linken Niederrhein, zwischen Krefeld und Nijmwegen, liegt nur wenige Kilometer von der holländischen Grenze entfernt der größte Marien-Wallfahrtsort Nordwest-Europas. In der Gnadenkapelle von Kevelaer wird Maria als „Consolatrix afflictorum", als Trösterin der Betrübten, verehrt.

Entstehung

In Geldern, zwei Wegstunden von Kevelaer entfernt, lebte im 17. Jahrhundert Hendrik Busmann, der als Handelsherr über Land zog, um der Bevölkerung seine Waren zu verkaufen. Wenn er nach Kevelaer kam, pflegte er vor einem Hagelkreuz zu beten. Und hier hörte er zum ersten Mal um die Weihnachtszeit 1641 und später noch einmal den inneren Anruf der Gottesmutter: „An dieser Stelle sollst du mir ein Kapellchen bauen!"
Einige Monate später sah seine Frau Mechel in einer nächtlichen Lichterscheinung ein Heiligenhäuschen mit einem kleinen Marienbild, wie es ihr kurz zuvor zwei Soldaten zum Kauf angeboten hatten. Das Bild zeigte „U. L. Frau von Luxemburg". Während einer Pestepidemie 1626 wurde in der Stadt Luxemburg eine kleine Muttergottesfigur sehr verehrt und fand durch Holzschnitte und Andachtsbildchen weite Verbreitung (siehe Seite 131). Mechel besorgte sich so ein Bildchen, das am 1. Juni 1642 in dem von ihrem Mann errichteten Heiligenhäuschen Aufstellung fand.

Geschichte

In der Zeit des Dreißigjährigen Krieges mit den Hungersnöten und Pestseuchen war diese Stelle vom ersten Tag an ein Ort der Zuflucht und des Gebetes. Noch im Jahr 1642 kam eine Pfarrprozession aus der Stadt Rees zur neuen Gnadenstätte. Auch von Krankenheilungen wurde berichtet.
Schon 1643–45 wurde nebenan von Hendrik van Arssen eine Kirche erbaut, die heutige Kerzenkapelle. Nach einer kirchlichen Untersuchung der Gegebenheiten von Kevelaer brachte die Zustimmung durch die Synode von Venlo 1647 der Wallfahrt einen großen Aufschwung. Oratorianer aus Mecheln betreuten die Gnadenstätte. Um den schlichten Bildstock baute man 1654 nach dem Vorbild von Scherpenheuvel (siehe Seite 137) die heutige Gnadenkapelle. Die Chronisten berichten, die Zahl der Pilger, die sich auf den Feldern um die Kapelle „wie ein Heerlager niederließen“, stieg von Jahr zu Jahr.
Französische Revolutionstruppen besetzten das Land und verboten „öffentliche Kulthandlungen“. Und im Zuge der Säkularisation wurde das Oratorianerkloster aufgelöst. Doch noch im 19. Jahrhundert kam die jetzt durch Priester der Diözese Münster betreute Wallfahrt neu in Blüte. Schon 1820 hatte Heinrich Heine mit seinem Gedicht „Die Wallfahrt nach Kevelaer“ dem Gnadenort ein literarisches Denkmal gesetzt. Nach Plänen des Kölner Dombaumeisters Egnaz Statz entstand 1858–64 die imposante Marienkirche im neugotischen Stil, seit 1923 zur Basilika erhoben. Der 91 m hohe Turm kam zwanzig Jahre später dazu.
Zum 250jährigen Jubiläum 1892 wurde das Gnadenbild mit einer Ehrenkrone geschmückt, in die Edelsteine, Armbänder und Ringe eingearbeitet sind. 1987 war unter den Kevelaerpilgern Papst Johannes Paul II. In diesem Jahr fand hier auch ein Marianischer Kongreß unter Beteiligung vieler Bischöfe statt.

Das Heiligtum

Die Gnadenkapelle im Herzen der Stadt ist auf sechseckigem Grundriß aus rotem Ziegelstein, mit geschweiftem Kupferdach, im ländlichen Barockstil erbaut. Das Innere schmücken Bilder, Stuckornamente und ein Fußbodenmosaik. Die Mariendarstellungen an der Decke stammen von Friedrich Stummel. Durch ein großes Rundbogenfenster an der Kapellen-Nordseite ist während der Hauptwallfahrtszeit vom 1. Mai bis 1. November das Gnadenbild auch von außen zu sehen. Man kann in einem schmalen Durchgang hinter dem Altar direkt davor beten.

Das nur 7,5 × 11 cm große und im Laufe der Jahrhunderte stark verblaßte Kupferstichbildchen zeigt die Muttergottes mit weit ausgebreitetem Umhang, auf dem linken Arm das Jesuskind, in ihrer Rechten das Zepter und auf dem Haupt eine Sternenkrone. Links im Hintergrund sieht man die Stadt Luxemburg, rechts die Luxemburger Gnadenkapelle vor den Mauern der Stadt. Das Bild ist in einem vergoldeten Silberrahmen (1664) und auf einer mit Figuren, kostbaren Weihegaben und der Ehrenkrone verzierten Silberplatte (1681) eingefaßt.

Die Kerzenkapelle nebenan, ein Renaissance-Hallenbau mit gotischem Kreuzrippengewölbe, gilt als die eigentliche Wallfahrtskirche. Die meisten Prozessionen halten hier ihren Einzug. Im Zentrum des Hochaltares thront eine stoffbekleidete und gekrönte Statue der Gottesmutter mit dem Jesuskind, dem Gnadenbild nachgeschnitzt. Die mehr als 300 an den Seitenwänden und im Chorraum aufgestellten großen Kerzen und viele Prozessionsbilder dokumentieren die Lebendigkeit der Wallfahrt.

Die mächtige Marien-Basilika ist im Innern mit farbenfrohen Wandmalereien ausgestattet, welche die besondere Stellung Mariens in der Heilsgeschichte zum Ausdruck bringen. Hier finden auch die großen Pilgergottesdienste statt. Daneben schließen sich die Beicht- und die Sakramentskapellen an. Hinter der Kerzenkapelle liegt die modern gestaltete Pax-Christi-Kapelle mit einem Hof, um den ein überdachter Gang mit den Kreuzwegstationen führt. Am Rande der Stadt endet ein weitläufig angelegter Kreuzweg mit eindrucksvollen Stationen im Marienpark vor einer monumentalen Schutzmantelmadonna, die zugleich Gefallenen-Gedächtnisstätte ist.

Die Wallfahrt heute

Jedes Jahr kommen mehr als 600 000 Menschen zur „Trösterin der Betrübten“, vor allem aus dem Rheinland, aus Westfalen, aus den Beneluxstaaten, ja sogar aus Italien und Spanien. Die meisten kommen mit dem Pkw oder Bus, doch gibt es auch Fußwallfahrten aus Köln, aus der Eifel, aus dem Niederrhein und dem benachbarten Ausland. Sogar eine internationale Motorrad-Wallfahrt Mitte Juli hat Kevelaer zum Ziel.

> Ob in Krankheit oder Leid,
> ob in den Anliegen der Kirche oder der Welt:
> *Maria, Trösterin der Betrübten, bitte für uns!*

Lit.: F. Dykmans, Kevelaer – Das Heiligtum am Niederrhein, 1970 – R. Plötz, Die Wallfahrt nach Kevelaer, 1986 – R. Lettmann u. a., Kevelaer, Europa des Glaubens, 1987 – R. Kerkhoff, Kevelaer Stätte der Besinnung, 1988 – M-Lexikon 3, 547–549

Neviges

Am Rande des Ruhrgebietes, nordwestlich von Wuppertal und inmitten der waldreichen Hügel des Bergischen Landes, liegt Neviges, heute Velbert-Neviges (Erzdiözese Köln), die älteste Wallfahrt zur Verehrung der Unbefleckten Empfängnis Mariens und eine der bedeutendsten Gnadenstätten Deutschlands.

Das kleine Gnadenbild

Hier wird als Gnadenbild ein nur 8 × 12 cm großes Andachtsbildchen verehrt, ein Kupferstich aus einem 1661 in Köln erschienenen Gebetbuch. Darauf ist die Jungfrau Maria mit gefalteten Händen zu sehen. Sie steht – nach Offb 12, 1 – vor der Sonne, zertritt mit bloßen Füßen die Schlange, die sich um die Mondsichel windet, und ihr Haupt ist geschmückt mit einem Kranz von zwölf Sternen.
Die Worte über dem Bild „Du bist ganß schön meine Freundin, und ist in dir kein flecken" (Hoheslied 4, 7) weisen Maria als Immaculata aus.

Entstehung

Im September 1680 vernahm der Franziskanerpater Antonius Schirley († 1694) im westfälischen Kloster Dorsten beim Beten eine Stimme, die ihm auftrug, das kleine, von ihm sehr verehrte, Marienbild nach Hardenberg zu bringen. Ein erkrankter Fürst werde genesen, wenn er dorthin wallfahre und den angefangenen Klosterbau zu Ende führe. Das Bildchen wurde in einem Brief nach Hardenberg geschickt und fand in der St.-Anna-Kapelle in Neviges Aufstellung.
Im Sommer 1681 erkrankte der Fürstbischof von Paderborn und Münster, Ferdinand von Fürstenberg, lebensgefährlich. Er hörte von dem Bildchen und gelobte eine Wallfahrt. Schon am 25. Oktober kam der genesene Kirchenfürst zur Dankwallfahrt nach Hardenberg, begleitet vom Landesherrn Johann Wilhelm II., Herzog von Jülich und Berg. Diese „hochfürstliche Wallfahrt" hat das Gnadenbild bekanntgemacht, und nun pilgerte das einfache Volk in Scharen nach Neviges.

Geschichte

Der Fürstbischof ließ den Klosterbau vollenden. 1682 kam der Landesherr erneut nach Neviges, diesmal mit einer Prozession von 5000 Pilgern aus Düsseldorf. 1710 wurde eine „Bruderschaft von der Unbefleckten Empfängnis Mariens" gegründet, und mehrere päpstliche Ablässe bestätigten der Gnadenstätte die kirchliche Anerkennung. Eine wegen des wachsenden Zustroms der Pilger notwendig gewordene größere Kirche erhielt 1728 die Weihe. Das Franziskanerkloster wurde zwar während der Säkularisation und auch wäh-

rend des Kulturkampfes geschlossen, aber die Mönche betreuten als Weltpriester die Pfarrei und Wallfahrtsstätte weiter.
Einen großen Auftrieb erhielt die Wallfahrt durch die Dogmenverkündigung von der Unbefleckten Empfängnis Mariens 1854 und deren Bestätigung durch die Erscheinungen der Hl. Jungfrau in Lourdes 1858. Zum 50. Jahrestag des Dogmas 1904 erfolgte im Auftrag von Papst Pius X. die Krönung des Gnadenbildes durch Kardinal Fischer von Köln. Sie fand in Anwesenheit von 20 000 Menschen, darunter viele Bergleute in ihren Uniformen und mit Grubenlampen, vor der 12. Station auf dem Kreuzberg statt.
1966 entstand der „Mariendom von Neviges" nach dem Entwurf von Gottfried Böhm aus Köln und sehr gefördert durch den Kölner Erzbischof und Kardinal Joseph Frings († 1978). Der monumentale Bau wurde 1968 durch den chinesischen Bischof Chang Tso Huan auf den Titel „Maria, Königin des Friedens" geweiht.

Der Mariendom von Neviges

Im Zentrum des Städtchens gelangt man zuerst zur alten Wallfahrtskirche, einem einschiffigen Bau mit Dachreiter und einer reichen barokken Innenausstattung. Sie dient heute als Pfarrkirche.
An etwas höher gelegenen Gebäuden zur Pilgerbetreuung vorbei kommt man zur modernen Kirchenanlage. Das Bauwerk aus Stahlbeton und zerklüftetem Dach will das „Zelt Gottes unter den Menschen" und ein Rastplatz des pilgernden Gottesvolkes sein. Der Raum ist ausgestattet mit hohen Stehlampen, dreifach übereinanderliegenden Emporen und farbigen Fenstern, die eine stimmungsvolle, geradezu mystische Wärme verbreiten. Im Raum befinden sich ein zentnerschwerer Altarblock aus italienischem Vulkangestein, eine Sakramentssäule, eine Unterkirche als Stätte des Gebetes, der Meditation und Beichte. Gleich beim Kircheneingang links steht in einem Kapellenraum eine Mariensäule. Sie stellt einen Baum dar, aus dem ein Kreuz wächst; aus dem Kreuz tritt Maria mit dem Kind hervor. In den Stamm der Steinsäule ist das kleine Gnadenbild eingelassen.
Zum Wallfahrtsbereich gehören noch der Kreuzberg mit den 14 Kreuzwegstationen und der Marienberg mit Stationen der 15 Rosenkranzgeheimnisse und einer Bergkapelle.

Die lebendige Wallfahrt

Seit 1682 kommt jedes Jahr Ende Juni eine Fußprozession aus Dülmen. Seit 1932 vollziehen diese die „Hardenberger Sturmandacht", bei der sie mit erhobener Schwurhand die Gottesmutter um ihre Fürsprache bestürmen. In der Zeit des Dritten Reiches geduldet, stieg die Zahl der jährlichen Pilger von 100 000 am Anfang dieses Jahrhunderts auf 300 000 heute.
Im Wallfahrtskalender der Franziskaner sind aufgeführt: Wallfahrten der Ordensleute, des Frauenbundes, der Feuerwehr, der Kirchenchöre, der Kolpingsvereine, der Alten und Kranken, ferner Jugend- und Schülertreffs. Die im Ruhrgebiet arbeitenden Polen, Kroaten und Italiener ziehen ebenfalls jedes Jahr nach Neviges.
1978 trafen sich die polnischen Bischöfe hier, darunter Kardinal Karol Wojtyla, der 23 Tage später in Rom zum Papst gewählt wurde.

Lit.: G. Haun, Die Wallfahrt nach Neviges, 1981 – A. Läpple, Deutschland. Deine Wallfahrtsorte, 1983, 94–95 – L. R. Reifenrath, Wallfahrtsstätte Neviges (Kirchenführer), 1990 – M-Lexikon 4, 607–608

WERL

Von Dortmund im Ruhrgebiet in östlicher Richtung ist bald hinter Unna die doppeltürmige Wallfahrtskirche zu sehen, das Wahrzeichen der Stadt Werl (Westfalen, Diözese Paderborn). Etwa 20 Kilometer weiter östlich liegt die alte Hansestadt Soest.

Soest – Werl

Eine Legende will wissen, daß das künstlerisch wertvolle Werler Gnadenbild von einem Kreuzritter aus dem Hl. Land mitgebracht worden sei und sich zuerst auf dem Haßleiberg bei Frondenberg im Sauerland befunden habe. Wahrscheinlicher aber ist der Ursprung des Gnadenbildes im südschwedischen Raum zu suchen. Es dürfte dort um 1170 entstanden und vielleicht von der Ostsee-Insel Gotland, die im 12. Jahrhundert zur Hanse zählte, in die damals reiche Hansestadt Soest gekommen sein. Dort ist es für das Jahr 1351 bezeugt, und schon in vorreformatorischer Zeit wurde es in der Kirche „Maria zur Wiese" verehrt. Bei der Einführung der Reformation in Soest 1531 wurde das Gnadenbild auf dem Dachboden der Kirche abgestellt und blieb 130 Jahre unbeachtet. Auf Anregung des Werler Bürgermeisters verlangte der Erzbischof und Kurfürst von Köln, Maximilian Heinrich, von den Soestern die abgestellte Marienfigur als Sühne für einen Jagdfrevel. Der bischöfliche Landesherr übergab sie am 2. November 1661 dem Kapuzinerkonvent in Werl.

Wallfahrtsgeschichte

Schon bald kamen Pilger aus nah und fern, um die Muttergottes-Statue zu sehen und davor zu beten. Bereits 1667 wurde sie in einer großen Prozession um die Stadt getragen. 1669 konnte eine Wallfahrtskirche auf den Titel „Maria Heimsuchung" geweiht werden. Sie wurde wegen Baufälligkeit 1786/89 durch einen Neubau ersetzt.
Sogar während der Zeit der Aufklärung kamen Prozessionen nach Werl. Doch 1803 wurden sie verboten und 1835 die Kapuziner vertrieben. 1848 nahmen die Franziskaner die Gnadenstätte unter ihre Obhut und betreuen sie bis heute. 1859 erhielt die Kirche durch eine bauliche Veränderung ihre heutige Gestalt. Weil sie aber dem Pilgerstrom nicht mehr gewachsen war, entstand

nach Plänen des Architekten Sunder-Plaßmann aus Münster 1904/06 gleich daneben die heutige Wallfahrtskirche im neuromanischen Stil. Bei der Weihe 1911 wurde das in diese Kirche überführte Gnadenbild im Auftrag von Papst Pius X. gekrönt. Nach dem 2. Weltkrieg lebte die Wallfahrt erneut auf. Eine volkstümliche Ausmalung der Kirche wurde 1960/61 wieder entfernt und das Gotteshaus einer grundlegenden Umgestaltung unterzogen. Seit 1953 trägt die Kirche den Titel Basilika. In jenem Jahr erlebte Werl einen Höhepunkt durch die Wallfahrt von mehr als 50 000 Heimatvertriebenen mit Kardinal Frings und Bundeskanzler Adenauer.

Der Bereich des Heiligtums

Hinter den beiden Kirchen liegt das Franziskanerkloster, in dem viele silberne Votivgaben, die mit Krankenheilungen in Verbindung stehen, sicher verwahrt sind. Ferner lädt ein Kreuzgang im Freien zu Gebet und Betrachtung ein.
Über breite Stufen gelangt man zum Vorplatz. Rechts davon schließt sich die alte Wallfahrtskirche an. Sie wird heute vorwiegend als Beichtkirche genutzt. Nicht allzugroße Pilgergruppen können hier auch Gottesdienste feiern.
Von der Westfassade der großen Wallfahrtsbasilika mit den beiden hohen und spitzen Türmen und einem großen Rundfenster führen Eingänge in das Innere. Hier ist eine ebenfalls vielverehrte Pietà zu sehen, die noch aus der ursprünglichen Ausstattung der Kirche stammt. Im südlichen Seitenschiff stellen acht Glasfenster Szenen aus dem Marienleben dar. Vom nördlichen Seitenschiff gelangt man in einen Nebengang mit drei monumentalen Gemälden aus der Geschichte der Wallfahrt. Den Abschluß dieses Seitenschiffes bildet ein modern gestalteter Tabernakel aus Natursteinen der Alpen, wobei zwölf Bergkristalle eine Lamm-Gottes-Darstellung umgeben. Den Mittelpunkt des Chorraumes bildet der Hochaltar aus Dolomitsteinen. Darüber ist freischwebend ein Bronzekreuz zu sehen, das mit großen und kleinen Bergkristallen besetzt ist. Jaspissteine symbolisieren die fünf Wunden Christi.

Das Gnadenbild

Vor dem Treppenaufgang zum Chor und damit recht volksnah befindet sich das Gnadenbild in der „Marieninsel“. Die Figur, die zu den ältesten und schönsten Mariendarstellungen Europas zählt, ist 68 cm groß und aus Weichholz, das Kind ist aus Eichenholz geschnitzt. Die farbige, zumeist goldene Fassung stammt wie das Schnitzwerk selbst aus der 2. Hälfte des 13. Jahrhunderts. Maria sitzt auf einem Ringpfostenstuhl. Ihre Unterarme ruhen auf den Seitenlehnen, während die offenen Handflächen zum Betrachter zeigen. Mit zwei Fingern der rechten Hand hält sie einen Apfel. Das bekleidete Jesuskind sitzt aufrecht und mit gekreuzten Beinen auf dem Schoß der Mutter. Seine linke Hand hält ein Buch, während sich die Rechte zum Segen erhebt. Sehr ausdrucksstark sind die Gesichter der beiden: freundlich, fast lächelnd, jedoch in die Ferne blickend.
Mutter und Kind tragen Edelmetallkronen. Nur an hohen Festtagen schmückt seit 1911 eine sehr kostbare Krone die Gottesmutter. Die Krone stammt aus dem Jahr 1670 und ist mit Zierat und Edelsteinen versehen, die vornehme Frauen gespendet haben.

Die lebendige Wallfahrt

In Gästebüchern der Franziskaner sind Gebetserhörungen und erlebte Tröstungen in den verschiedensten Sprachen und Schriftzeichen der

Welt zu finden. Die offizielle Wallfahrtszeit dauert vom 1. Mai bis 1. November. Das Patroziniumsfest „Maria Heimsuchung“ wird mit einer Lichterprozession am Vorabend, einer „Großen Prozession“ mit dem Gnadenbild und einem Gottesdienst im Freien gefeiert. Unter den besonderen Wallfahrergruppen sind die Kolpingsöhne, Senioren, Behinderte, Blinde, Kinder und Jugendliche und nicht zuletzt die Heimatvertriebenen aus dem Osten und die portugiesischen Gastarbeiter zu nennen. Mit etwa 250 000 Besuchern ist Werl einer der bedeutendsten Wallfahrtsorte in Deutschland.

Lit.: W. Schürmann, 300 Jahre Wallfahrt nach Werl, 1991 – Ders., Die Madonna von Werl, 1975 – A. Läpple, Deutschland, deine Wallfahrtsorte, 1983, 140–143 – W. v. Rüden, Wallfahrtsbasilika Werl, 1985 – M-Lexikon, Bd. 6

Telgte

Nur wenige Kilometer östlich der Bischofsstadt Münster in Westfalen liegt die Stadt Telgte (Kreis Warendorf) mit der Gnadenstätte der Schmerzhaften Muttergottes, gleich neben der Propsteikirche St. Clemens.

Entstehung und Geschichte

Nach der Überlieferung soll das Gnadenbild aus einer Linde herausgewachsen sein, die noch beim Münstertor steht. 1348 wird in Telgte eine „unser lewen frowen gilde“ erwähnt, das Gnadenbild erst 1455.

Ohne großes spektakuläres Ereignis kam eine Wallfahrt auf. Die Marienfigur selbst mit seinem ergreifenden Ausdruck (um 1370) zog zunehmend die Gläubigen an. Vermutlich stand es zuerst auf Pfählen unter einem Strohdach, ab 1510 in einem steinernen Bauwerk.

Nach dem Niedergang der Wallfahrt durch die Herrschaft der Wiedertäufer und den Dreißigjährigen Krieg lebte sie in der Zeit der Gegenreformation wieder auf. Die heutige Gnadenkapelle ließ Fürstbischof Christoph Bernhard von Galen errichten. 1654 grundgelegt, wurde ihr 1673 ein kleiner rechteckiger Bau mit Glockentürmchen angefügt. Auf einem Prozessionsweg von Münster her sind 1653–63 Doppelbildstöcke entstanden, die auf dem Weg zum Gnadenort die Schmerzen und auf dem Rückweg die Freuden Mariens auf Reliefbildern zeigen.

In der Zeit der Franzosenbesetzung und der Säkularisation mußten alle die Wallfahrt betreuenden Franziskaner Telgte verlassen. Doch das 200. Jubiläum 1854 konnte wieder mit vielen Prozessionen aus der näheren und weiteren Umgebung gefeiert werden. 1904 hat der Kölner Kardinal Fischer im Auftrag von Papst Pius X. das Gnadenbild auf dem Telgter Marktplatz feierlich gekrönt.

Im 2. Weltkrieg blieb die Stadt verschont, was die Einwohner auf den Schutz der Gottesmutter zurückführten. Kardinal Clemens August von Galen verhalf nach dem Krieg der Wallfahrt wieder zu neuer Blüte. Sein Nachfolger, Bischof Michael, weihte 1951 die Diözese Münster der Telgter Gnadenmutter.

Das Gnadenbild

Die Statue der „Schmerzhaften Mutter von Telgte“ ist mit 1,50 m wohl das größte marianische Kultbild Europas. Die Figur aus Pappelholz, ursprünglich farbig gefaßt, zeigt heute eine dunkelbraune Farbtönung. Die sitzende Muttergottes mit schmerzerfülltem Gesichtsausdruck hält mit beiden Händen den starren Leichnam ihres Sohnes auf ihrem Schoß. Früher mit Stoffumhang und Krone geschmückt, trägt Maria als einzigen Schmuck an ihrer rechten Hand einen Ring, den des Bischofs Heinrich Tenhumberg aus Münster. Der ursprünglich herabhängende rechte Arm des Heilands, den viele Pilger zu berühren und zu küssen versuchten und der deswegen schadhaft geworden war, wurde erneuert und in anderer Form angebracht. Die vorher sichtbare große Seitenwunde ist seitdem fast verdeckt.

Die Umgebung

Die Gnadenkapelle ist ein achteckiger barocker Rundbau, eine genaue Nachbildung der uralten Kapelle von Altötting. Das Gnadenbild befindet sich an der Rückwand des Kapellenanbaus, davor ein modern gestalteter Altartisch. Die Kuppel mit Laterne trägt eine vergoldete Muttergottesfigur im Strahlenkranz.
Gleich nebenan erhebt sich die große Propsteikirche aus der Mitte des 16. Jahrhunderts, ein spätgotischer Hallenbau, der auch größeren Pilgergruppen als Gottesdienstraum dient. Seit 1934 gibt es das „Heimathaus Münsterland“ als Wallfahrtsmuseum mit dem berühmten Telgter Hungertuch, mit Kronen und Bekleidungen für das Gnadenbild und vielen Weihegaben. Seit 1975 besteht die Möglickeit, in einer nahen Parklandschaft auf einer Länge von etwa einem Kilometer den Kreuzweg Christi nachzugehen. Die überlebensgroßen modernen Bronzefiguren stammen von dem Bildhauer Heinrich Gerhard Bücker.

Die Wallfahrt

Schon aus dem Jahr 1500 ist in der Pfingstoktav eine „unser leven froven dracht“ (Umzug) durch die Straßen und Fluren der Gemeinde bekannt. Diese „Hillichfahrt“ wird jetzt am Dreifaltigkeitssonntag durchgeführt und dabei das Gnadenbild mitgetragen. Früher gab es sogar Schiffsprozessionen auf dem Dortmund-Ems-Kanal und eine Knüppelprozession, nach dem Handstock der Männer so genannt.
Seit 1852 kommt eine Fußprozession aus Osnabrück. Neben den vielen Pfarrprozessionen gibt

es Wallfahrten der Schützen, der Kirchenchöre, der Kranken, der Senioren und eine Kutschenwallfahrt.
Seit über 600 Jahren zieht die Telgter Schmerzhafte Muttergottes die Menschen aus dem Münsterland, dem Emsland und aus dem Ruhrgebiet an.

Lit.: P. Engelmeier, Propsteikirche St. Clemens und Wallfahrtskapelle Telgte, 1972 – R. Plötz, Unsere Wallfahrtsstätten, 1988, 117–119 – K. H. Engemann, Propsteikirche und Wallfahrtskapelle Telgte (Kirchenführer), 1989

Klüschen Hagis

Die Kirche in dem stillen Buchenwaldtal unterhalb der Burg Gleichenstein (Bischöfl. Amt Erfurt-Meißen) ist der bedeutendste Marien-Wallfahrtsort des katholischen Eichsfeldes.
Auf der großen Nord-Süd-Autobahn E 45 führt die Straße nördlich von Kassel bei der Abzweigung Werratal nach Osten über Witzenhausen nach Heiligenstadt, dann zwölf Kilometer in südöstlicher Richtung nach Dingelstädt und noch einige Kilometer südwestlich zum Pfarrdorf Wachsted.

Legende

Das Gnadenbild soll sich ursprünglich in einer Kirche der nahen Stadt Mühlhausen befunden haben. Zu Anfang des 16. Jahrhunderts war es plötzlich verschwunden. Nach einiger Zeit entdeckte ein Schäfer die kleine Pietà-Figur im Gras unterhalb des Gleichenstein. Der Pfarrer von Wachsted brachte sie in seine Kirche, doch am nächsten Morgen war sie wieder an der Fundstelle. Das soll sich dreimal wiederholt haben, bis die Leute merkten, die Figur solle hier verehrt werden.
Sie errichteten an der schönsten Stelle des Waldtales eine Kapelle und stellten die Figur darin auf. An der Fundstelle entsprang eine Quelle, der Klüschenborn, dessen Wasser als heilkräftig gilt.

Geschichte

Um die Mitte des 14. Jahrhunderts ist am Fuße des Gleichenstein die kleine Ortschaft Neuenhagen entstanden. Viele seiner Bewohner werden auf der Burg Gleichenstein gearbeitet haben. Als diese ihre Bedeutung verlor, haben sie sich andernorts Arbeit gesucht, und die kleine Dorfkirche blieb verlassen zurück. Sie wurde aber regelmäßig mehrmals im Jahr aufgesucht, und es entwickelte sich eine Wallfahrt.
1573 ließ sich ein Einsiedler in dem Tal nieder und kümmerte sich um die Kirche. Der Name „Klü-s'chen" bedeutet: kleine Klause. Auch während der Reformationszeit ist öfter von Wallfahrten nach Klüschen Hagis die Rede. In einer Heiligenstädter Chronik steht geschrieben, daß 1591 Jesuitenpatres zur Wallfahrtsbetreuung eingeladen wurden. Die Jahreszahl 1614 an der steinernen Außenkanzel deutet auf eine Renovierung der Gnadenstätte hin. Der 30jährige Krieg brachte Verwüstungen, doch schon 1652 erhielt die Kirche einen eigenen Priester, weil die Wallfahrer ständig zunahmen. Zwischen 1751 und 1771 wurde die Kirche gründlich erneuert und erhielt ihre heutige Gestalt. Seit 1830 wird Hagis von der Pfarrei Wachsted mitversorgt.

Gnadenstätte und Wallfahrt

Mittelpunkt der im Inneren modern ausgestalteten Wallfahrtskirche ist eine kleine Statue der Schmerzensmutter mit ihrem toten Sohn auf dem Schoß (gotisch, 14./15. Jahrhundert). Sie steht in einem Gehäuse an der Apsis hinter dem Volksaltar. An der rechten Seite ist eine „liebliche Madonna" zu sehen, eine gekrönte Muttergottesfigur mit dem Jesuskind auf dem Arm (spätgotisch). Und rückwärts unter der Empore findet sich eine zweite Pietà-Figur aus dem Spätmittelalter.
In der Zeit vor der Wende, als der Besuch der Christus-Wallfahrt nach Hülfenberg verboten wurde, war Klüschen Hagis der herausragende Wallfahrtsort für die ganze Region.
Seit 1957 findet jedes Jahr am Christi-Himmelfahrtstag eine Männerwallfahrt statt. Die Männer des Eichsfeldes und der weiten thüringischen Diaspora versammeln sich zu einem feierlichen Gottesdienst im Freien. Meist sind es mehr als 15 000, viele zu Fuß, andere in Bussen, mit dem Auto, Motorrad oder Fahrrad oder nach altem Brauch auf Leiterwagen, die mit frischem Grün geschmückt sind. Hauptwallfahrtstag ist „Maria Heimsuchung" (2. Juli) bzw. der Sonntag und Montag danach, die sog. Klüschentage. Am 15. August (Maria Himmelfahrt) hat die Magdeburger Fußwallfahrt die Gnadenstätte zum Ziel.

Lit.: B. Opfermann, Der Wallfahrtsort Klüschen Hagis und seine Geschichte, 1963 – S. Hansen, Die deutschen Wallfahrtsorte, 1991, 473 – G. Baumgärtner, Das Eichsfeld Landschaften, Städte, Wallfahrtsorte, 1992, 75–77

Rosenthal (Oberlausitz)

„Maria von der Linde"

Dieser sächsische Wallfahrtsort (Diözese Dresden-Meißen) ist zu erreichen: auf der Autobahn Dresden–Bautzen bei der Abzweigung Burkau nach Norden bis Kamenz, dann noch weitere 10 Kilometer in östlicher Richtung. Er steht unter dem Patronat des etwa sechs Kilometer südlich gelegenen Zisterzienserinnenklosters Marienstern und ist seit Jahrhunderten im alten katholischen Sorbenland hochgeschätzt.

Legenden und Geschichte

Der sorbische Name Rožant (Pfahldorf) weist auf eine frühslavische Fischersiedlung hin. Der Ort Rosenthal ist bereits 1350 erwähnt. Nach der Legende hat der Gutsherr Lucian von Sernan auf einer Jagd eine schöne Frau erblickt. Er folgte ihr bis zu einem Hügel oberhalb des Ortes, wo sie in einer Linde plötzlich verschwand. Da entdeckte er in einer Höhlung des Baumes eine kleine Figur der Muttergottes mit dem Jesuskind, die deswegen bis heute den Namen „Maria von der Linde" trägt.
Der Edelmann ließ an der Fundstätte eine kleine Holzkapelle errichten, die um 1500 in einer Schrift erwähnt wird. Er, seine Familie und die Nachbarn verehrten die Statue sehr. 1537 wurde die Holzkapelle durch eine aus Stein ersetzt. Um 1600 ließ die Äbtissin Luzia Gunther von Marienstern neben der Kapelle eine Kirche errichten.
1639 wurde das Gnadenbild von den Schweden geraubt, aber auf wunderbare Weise wieder zurückgebracht. Zwischen 1669 und 1686 wird von vielen Wallfahrten zur Abwendung der Pest berichtet. Seit 1754 betreuen Zisterziensermönche die Gnadenstätte. 1766 errichtete man über

der als heilkräftig geltenden Marienquelle eine Kapelle, die 1909 durch ein Brunnenhaus ersetzt wurde. In den Jahren 1776/78 entstand die heutige dreischiffige Hallenkirche im Barockstil.

Der Kirchenbrand und das Gnadenbild

In den letzten Kriegstagen 1945 wurde der Ort beschossen, und die Kirche brannte bis auf die Außenmauern nieder. Das Gnadenbild konnte gerettet werden. Unter großen Opfern der sorbischen Bevölkerung wurde die Kirche wieder aufgebaut und 1947 geweiht. Der Künstler Georg Nawroth gestaltete 1952/53 den Kirchenraum modern aus. Das Gnadenbild in der halbrunden Apsis umgab er mit einem Kranz von zwölf Bildern aus dem Marienleben. 1985 wurden diese wieder entfernt und ein Barockaltar aus dem Kloster St. Marienthal bei Görlitz aufgestellt, in dessen Mitte nun das Gnadenbild aufgenommen ist.

Die nur 22 cm große Figur aus Lindenholz zeigt eine stehende Muttergottes mit langem welligem Haar. Maria trägt auf ihrem linken Arm das unbekleidete Kind mit einem Apfel in der Hand, und hält in ihrer Linken eine Birne (ursprünglich wohl ein Zepter). Die Figur ist um 1460/80 entstanden, die Farbfassung im 17. Jahrhundert. 1928 hat der Meißner Bischof Mutter und Kind mit Edelmetallkronen geziert.

Die Wallfahrt

Nach 1945 ließen sich zahlreiche heimatvertriebene Katholiken im sonst protestantischen Sachsen nieder. Für sie und für die Kriegsheimkehrer wurden eigene Wallfahrten nach Rosenthal organisiert.

Für viele Pilger ist das Kloster Marienstern mit seiner großen Kirche Zwischenstation auf ihrer Weiterfahrt oder Wanderung nach Rosenthal. Der Weg führt durch freundliche Dörfer an Bildstöcken, Wegkreuzen und Kapellchen vorbei zur weithin sichtbaren Wallfahrtskirche.

Besondere Pilgergruppen bilden die Studenten, die Kolpingsfamilien und die Kinder. Große Wallfahrtstage sind der Oster- und Pfingstdienstag, Fronleichnam und die Marienfeste. Da kommen besonders die sorbischen Gemeinden in ihren farbenfrohen Trachten, mit Fahnen, Wimpeln und Marienstatuen, die von schmuck gekleideten Mädchen getragen werden.

Eindrucksvoll gestaltet sich die Dankwallfahrt des Bistums Dresden-Meißen nach der politischen Wende 1989.

Lit.: R. Domaschke, Tausend Jahre Gnadenort Rosenthal, 1928 – J. Derksen, Wir wallen nach Rosenthal, 1954 – E. Schmid, Kloster St. Marienstern und Wallfahrtskirche Rosenthal, 1965 – M-Lexikon 5, 566–567

Maria Einsiedeln

Kaum zehn Kilometer südlich des Zürichsees und nahe dem Sihlsee (Kanton Schwyz) liegt Maria Einsiedeln, schon im 15. Jahrhundert einer der ganz großen Wallfahrtsorte des Abendlandes.

Die Einsiedlerklause

Die Geschichte des Ortes ist eng verbunden mit dem hl. Mönch Meinrad. Er war kurz vor 800 bei Rottenburg am Neckar geboren, kam als Klosterschüler nach Reichenau/Bodensee und wurde dort Priester und Benediktinermönch. Im Jahr 826 zog er sich als Einsiedler in die Gegend südlich des Zürichsees zurück, zuerst am heutigen Etzelpaß, nach etwa zehn Jahren noch tiefer in den „Finstern Wald", wo heute das Kloster „Einsiedeln" steht. Am 21. Januar 861 wurde er hier von zwei Räubern erschlagen. Zwei Raben – heute noch im Wappen des Klosters und der Stadt – verfolgten die Mörder. Diese wurden in Zürich gestellt und hingerichtet. Die Mönche von Reichenau beerdigten den Leichnam Meinrads in ihrem Kloster.
Es siedelten sich weitere Eremiten um die „Meginratescella" an. 1039 wurden die Reliquien des inzwischen als heilig verehrten Meinrads nach Einsiedeln zurückgebracht.

Die Geschichte

Der Domherr Eberhard aus Straßburg kam 934 zur Meinradszelle und faßte die Einsiedler zu einer benediktinischen Gemeinschaft zusammen. 948 wurde die erste Klosterkirche zu Ehren Mariens und des hl. Mauritius konsekriert. Nach der Legende hat Christus selbst, von Engeln umgeben, die Kirche geweiht. Diese „Engelweihe" war bis zur Barockzeit Mittelpunkt einer Wallfahrt. Sie wurde 14 Tage lang gefeiert, wenn der angenommene Engelweihtag, der 14. September, auf einen Sonntag fiel. So kamen 1466 an diesem Tag über 130 000 Menschen zusammen. Ein romanischer Kirchenbau geht auf das Jahr 1061 zurück. Er wurde nach Bränden 1226 und 1465 mehrmals umgestaltet. Sicher bezeugt ist, daß bereits 1226 die Kapelle des hl. Meinrad in den Kirchenbau miteinbezogen war. Die ursprünglich dem Erlöser geweihte Gnadenkapelle wandelte sich im Laufe des 12. Jahrhunderts zu einer Marienkapelle. Schon in dieser alten Kapelle befand sich ein Marienbild. Wahrscheinlich ist die sitzende Muttergottes mit dem Jesuskind auf dem 1239 erstmals erwähnten Konventssiegel ein Abbild des romanischen Gnadenbildes.

Bis zur Reformation war Maria Einsiedeln Ziel vieler Wallfahrer. Der ganze deutschsprachige Raum, aber ebenso Frankreich, Spanien, Italien und Ungarn gehörten zum Einzugsgebiet. Der Ort war auch Sammel- und Rastplatz der Pilger auf dem Weg nach Santiago in Spanien.

Die Klosterkirche

Die heutige prächtige Kloster- und Wallfahrtskirche ist 1719–35 nach Plänen des Klosterbruders Caspar Moosbrugger entstanden. Die innere Ausstattung stammt von Cosmas Damian und Egid Quirin Asam. Die Bilder und Statuen schufen Diego und Carlo Carlone, den Hochaltar Domenico Pocci.

Wer auf dem weiten Platz vor der Klosterkirche ankommt, sieht bewundernd die nach vorne gewölbte barocke Fassade vor sich, eingerahmt von zwei Türmen mit Barockhauben. Links und rechts und nach rückwärts schließen sich in einem großen Geviert die Klostergebäude mit Schule und Ökonomiehof an. Über die breite, geschwungene Freitreppe betreten wir das Gotteshaus, den großen Raum mit acht Seitenaltären, der reichen Stuck- und Freskenausstattung und dem etwas erhöhten Mönchschor mit einem Gemälde der Himmelaufnahme Mariens über dem Hauptaltar.

Die Gnadenkapelle

Zielpunkt der Wallfahrer ist die Gnadenkapelle gleich am Eingang, dem Beter ganz nah, und ähnlich wie in Loreto vom hohen Kirchengewölbe überbaut. 1617 wurde die quadratische Kapelle mit schwarzem Marmor umkleidet, den der Salzburger Erzbischof Marc Sittich gestiftet hatte. 1798 von französischen Truppen zerstört, entstand die Kapelle 1817 neu im klassizistischen Stil. Das Gnadenbild, bis nach Trient in Sicherheit gebracht, konnte bereits 1803 zurückkehren. In der zu den Kircheneingängen hin offenen Kapelle befindet sich die „Wunterthätige Mutter Gottes zu den Einsidlen in der Schweiz“. Die spätgotische Figur, nach dem Klosterbrand von 1465 hier aufgestellt, zeigt eine stehende Maria mit dem Kind auf dem rechten Arm, das in seiner Hand ein Vöglein hält und die Rechte zum Segen erhebt. Das Kleid Mariens ist erdbeerfarben, Kleidersäume und Gürtel golden, Gesicht, Hand und Jesuskind silberschwarz getönt. Seit etwa 1600 ist das Gnadenbild in Stoffgewänder gehüllt, verschiedenfarbig je nach dem Lauf des Kirchenjahres. 1934 wurden Maria und das Kind feierlich gekrönt.

Die Wallfahrt

In der Reformationszeit ging die Wallfahrt zurück, blühte aber im 17. und 18. Jahrhundert wieder groß auf. Im Jahre 1600 wurde eine Rosenkranz-Bruderschaft gegründet, 1729 das kleine „Engelweihfest“ eingeführt, das jedes Jahr gefeiert wird, während das große 1856 auf acht Tage beschränkt wurde.

Eine Eigenart von Einsiedeln sind die großen Votivkerzen, die sog. Standeskerzen, die von Wallfahrern der verschiedenen Schweizer Stände hierhergetragen, heute noch zu sehen sind. Die meisten der übrigen Votivtafeln und -gaben wurden in der napoleonischen Zeit vernichtet. Die Mirakelbücher mit den Gebetserhörungen und Wunderheilungen blieben erhalten.

Maria Einsiedeln ist heute Mittelpunkt des religiösen Lebens in der Schweiz. Neben Gläubigen aus der katholischen Schweiz und allen benachbarten europäischen Staaten kommen zunehmend auch Pilger aus Osteuropa.

Die Stiftskirche ist das Zentrum, um das sich Räume für Film- und Diaschau, ein Kreuzweg auf einer nahen Anhöhe und im Ort ein Panorama (Kreuzesdarstellung), ein Diorama (Krippen-

schau), ein Jugend- und Bildungszentrum befinden. Es gibt auch ein reiches Angebot von Veranstaltungen: die Einsiedler Ferienwoche, Orgel- und Kirchenkonzerte, Vorträge und Meditationskurse, Ausstellungen und im Sommer Theateraufführungen, z. B. Calderons „Welttheater“ auf einer Freibühne vor der Kirche.
Seit 1547 ziehen die Mönche jeden Tag nach der Vesper zur Gnadenkapelle und singen nach einer alten Weise mehrstimmig das „Salve Regina“:

> Sei gegrüßt, o Königin, Mutter der Barmherzigkeit;
> unser Leben, unsre Wonne und unsre Hoffnung, sei gegrüßt!
> Zu dir rufen wir, verbannte Kinder Evas;
> zu dir seufzen wir trauernd und weinend
> in diesem Tal der Tränen.
> Wohlan denn, unsre Fürsprecherin,
> wende deine barmherzigen Augen zu uns,
> und nach diesem Leben zeige uns Jesus,
> die gebenedeite Frucht deines Leibes.
> O gütige, o milde, o süße Jungfrau Maria.

Lit.: O. Ringholz, Wallfahrtsgeschichte von Einsiedeln, 1896 – L. Räber, Einsiedeln im Bild, 1978 – G. Holzer, Einsiedeln Kloster und Kirche U. L. Frau (Gr. Kirchenführer), 1987 – M-Lexikon 2, 308–309

Mariastein

Auf einem Felsplateau, das jäh in ein tief eingeschnittenes Tal des Jura abfällt, liegt südwestlich von Basel im Kanton Solothurn und nahe der französischen Grenze die Wallfahrtsstätte. In der unteren der beiden Höhlenkapellen wird das Gnadenbild „U. L. Frau im Stein“ verehrt.

Geschichte

Die Wallfahrt entstand, als ein kleiner Bub, Sohn einer Hirtin, über die Felsenwand stürzte, aber gesund und unversehrt wieder gefunden wurde. Das Kind berichtete – so die Legende –, eine schöne Frau habe ihn aufgefangen. 1434 ist erstmals eine Marienkapelle „im Stein“ erwähnt. Eine natürliche Höhle in der Felsenwand war zu einer Kapelle umgestaltet worden. Ab 1470 betreuten Augustiner-Eremiten, ab 1515 Benediktinermönche die Gnadenstätte.
Einen großen Aufschwung erlebte die Wallfahrt durch ein zweites „Fallwunder“. 1541 fiel der Junker Hans Thüring Reich von Reichenstein hier in die Tiefe. Er hatte sich zwar verletzt, aber sein Leben behalten. Der dankbare Vater ließ das Ereignis auf einer großen Votivtafel darstellen. 1648 verlegten die Benediktiner ihre Abtei von Beinwil hierher. Kirche und Klostergebäude entstanden. Die Franzosen vertrieben 1798 die Mönche, doch schon 1803 konnten sie zurückkehren. 1874 fiel die Abtei dem Kulturkampf zum Opfer. Nur wenige Mönche blieben zurück. Erst 1970/71 wurde durch Volksabstimmung im Kanton Solothurn das Kloster wiederhergestellt.

Die Gnadenstätte

Die Klosterkirche entstand zwischen 1648 und 1655. Eine Lindenallee führt auf den Kirchplatz

zu der 1830/34 im einfachen klassizistischen Stil errichteten Kirchenfassade. Der Innenraum mit seinem barocken Zierat verdeckt die spätgotische Grundstruktur des Baues. An der Decke des Mittelschiffes sind große Gemälde zu sehen: Maria im Himmel und Maria als Lebensretterin. Den Hochaltar stiftete 1680 der französische König Ludwig XIV. Wenig alte und viele neue Votivtafeln schmücken die Vorhalle der Kirche. Auf der linken Seite des Gotteshauses führt eine Stiege durch einen dunklen Gang zur Reichensteinschen Kapelle (um 1470) mit der Holzfigur einer sitzenden Schmerzensmutter mit sieben Schwertern in der Brust (2. Hälfte des 17. Jahrhunderts).
Über 56 aus dem Felsen gehauene Stufen führt der Weg abwärts zur Felsenkapelle mit dem Gnadenbild „U. L. Frau vom Trost", einer bemalten Steinfigur, vermutlich eine im 17. Jahrhundert entstandene freie Nachbildung einer Holzfigur aus dem 14. Jahrhundert. Vertrauensvoll ist das Lächeln der Gottesmutter und des Kindes auf ihrem rechten Arm. Zepter, Edelmetallkronen und schön bestickte Stoffgewänder sind die üblichen Zutaten.

Die Wallfahrt

Wie seit Jahrhunderten kommen auch heute viele Schweizer, Elsässer und Pilger aus Süddeutschland, im Jahr etwa 120 000 Personen, nach Mariastein.
Eine Besonderheit ist der „Gebetskreuzzug" am 1. Mittwoch jeden Monats mit Beichtgelegenheit, Eucharistiefeier mit Predigt, Rosenkranz und Anbetung. Spezielle Krankentage werden im Juni und August begangen. Seit 1954 erscheint eine eigene Zeitschrift „Mariastein".

Lit.: Kriss 18–20 – Rathgeber 142–143 – H. Haas, Wallfahrtsgeschichte von Mariastein, 173 – E. Baumann, Vom solothurnischen Leimental, 1980, 158–248 – M-Lexikon 4, 308–309

Locarno

Madonna del Sasso

Auf steilem Felsen über der Stadt Locarno (Kanton Tessin) mit prächtigem Ausblick auf den Lago Maggiore erhebt sich das Heiligtum, die berühmteste Wallfahrtsstätte der italienischen Schweiz.

Die Muttergottes-Erscheinung

Die Wallfahrt geht auf eine Erscheinung zurück, die der Franziskanerbruder Bartolomeo d'Ivrea

1480 in der Nacht vor dem Fest Maria Himmelfahrt (15. August) hatte. Als er sich in der Laube des Klosters zur Ruhe legte, sah er an einem gegenüberliegenden Berghang die Gestalt der Muttergottes mit dem Jesuskind. Nach diesem Gesicht ließ er 1485/87 von einem Mailänder Künstler eine Statue anfertigen, die bald als Gnadenbild verehrt wurde.
Auf seine Anregung hin entstand am Ort der Erscheinung ein kleines Bethaus. Er selbst ließ sich etwas unterhalb als Einsiedler nieder. Da der Ort zunehmend Pilger anzog, wurde eine Kirche errichtet, in der der Mönch auch begraben liegt.

Die Wallfahrtsanlage

Nach Art der lombardischen Heiligtümer entstand ein „Sacro Monte" mit Kapellen als Prozessionsweg an einer alten Bergstraße. Zu Anfang des 17. Jahrhunderts wurde die obere Kirche auf dem Felsen (Sasso) gebaut. 1617 geweiht, ist sie ein wundervoller Barockbau. Die Gewölbe des Kirchenschiffes und des Chores tragen reichen Stukkaturenschmuck mit kleinen Putten. Die beiden Figurengruppen der Geburt Christi und der Sendung des Hl. Geistes stammen aus dem Jahre 1621, wahrscheinlich von Francesco Silvia d. Ält. aus Morbio.
Bereits 1618 wurde das Gnadenbild feierlich gekrönt und zum ersten Mal in einer festlichen Prozession durch die Stadt Locarno getragen. Zur Betreuung der Wallfahrer entstand ein Klösterchen, bis 1848 von Franziskanern und seit 1852 von Kapuzinern bewohnt.

Die „Wandernde Madonna"

Nach dem 2. Weltkrieg entstand die Idee, das Gnadenbild auf Pilgerfahrt zu schicken. 1949 machte die „Wandernde Madonna" vier Monate lang eine Besuchsreise durch den ganzen Tessin zu allen Pfarreien der Diözese Locarno. Auf dem Dach eines geschmückten Autos befestigt, wurde die Madonna am Abend vor dem Ortseingang mit Triumphbögen und Inschriften wie „Bienvenuto da noi" (Willkommen bei uns) und „Ave Maria" festlich empfangen. Eine Mitternachtsmesse und eine „Veglia" (Nachtwache) schlossen sich an. Am anderen Tag besuchte die Madonna das Rathaus, die Schulen und, wenn vorhanden, die Fabriken, um nach einer Andacht in der Kirche am Abend ihre Reise fortzusetzen.

Die Wallfahrt heute

Viele Votivbilder bedecken die Wände der Wallfahrtskirche. Die meisten reichen ins 19. Jahrhundert zurück. Es finden sich aber auch moderne Abbildungen mit Autos und Straßenbahnen. An den Aufschriften läßt sich der Einzugsbereich der Wallfahrt erkennen: Kanton Tessin, Oberwallis und deutschsprachige Schweiz, sowie Norditalien, Vorarlberg und Süddeutschland.
Wie die Gnadenstätte zu erreichen ist: Vom Bahnhof Locarno führt eine Seilbahn (Funicolare) nach Madonna del Sasso–Orselina. Es gibt auch eine Postauto-Verbindung Locarno–Orselina und eine ziemlich steile Auffahrt für Pkw mit etwa 80 Parkplätzen vor der Wallfahrtskirche.

Lit.: L. v. Lavertezzo, Madonna del Sasso, 1948 – Kris 20–22 – L. Lüthold-Minder, Das Heiligtum Madonna del Sasso, 1976 – J. Hotz, Wallfahrtskirchen in Europa, 1983 – Il Santuario della Madonna del Sasso, Kirchenführer in vier Sprachen (auch deutsch), 1991

SCHAAN: DUX-KAPELLE

Das Fürstentum Liechtenstein, zwischen der Schweiz und Österreich südlich von Bregenz, verweist sogar in seiner Verfassung auf den katholischen Glauben seiner Bewohner. Das nur 157 Quadratkilometer große Land ist auch unter den besonderen Schutz „U. L. Frau von Liechtenstein" gestellt.

Die Gnadenstätte

Von Vaduz führt die Straße wenige Kilometer nach Norden zum Ort Schaan und dann bergwärts nach Dux zum nahen Frauenkloster und rechts der Straße zum „Dux-Kirchle".
Nachrichten über die Entstehung der Wallfahrtsstätte fehlen. 1726 haben sich die Bewohner von Schaan und Vaduz verpflichtet, die „uhralte Capell Maria zue Trost auf Dux" zu erhalten. Damals wurde die heutige Kapelle errichtet. Der Turm kam 1789 dazu und 1829 eine offene Vorhalle. Die Statue der Muttergottes mit dem Jesuskind auf dem Altar der Kapelle in einer dreifachen ovalen Wolkeneinfassung wird als Gnadenbild verehrt. Die Figur geht auf die Zeit des Barock zurück. Sie ist immer in Stoffgewänder gehüllt. Kopf und Hände sind aus Elfenbein. Mutter und Kind tragen echte Haare und sind bekrönt.

Die Wallfahrt

Wie die z. T. historisch bemerkenswerten Votivtafeln zeigen, galt „Maria Trost" schon früh als beliebter Wallfahrtsort. In unserer Zeit finden hier viele Trauungen statt. Nationale Bedeutung erlangte die Dux-Kapelle, als 1940 – also mitten im 2. Weltkrieg – der damalige Fürst Franz Josef II. von und zu Liechtenstein sich, seine Familie und das Land unter den Schutz „U. L. Frau von Liechtenstein" stellte.
1985 besuchte Papst Johannes Paul II. das Fürstentum und sprach vor der Duxer Kapelle zu Tausenden von versammelten Jugendlichen.

Lit.: H. Wanger, Die Pfarrei Schaan-Planken in Geschichte und Gegenwart, 1991, 216–221

Maria Plain

Schon von weitem ist die Wallfahrtskirche auf dem Plainberg, wenige Kilometer nördlich der Stadt Salzburg, zu sehen. Seit mehr als 300 Jahren wird hier das Gnadenbild „Maria Trost" verehrt.

Regen – Nesselwang – Plainberg

Das Marienbild, über dessen Ursprung nichts bekannt ist, war im Besitz einer Bäckersfamilie in Regen im Bayerischen Wald. Als 1633 der Ort durch Kriegseinwirkungen niederbrannte, blieb das Bild fast unversehrt. Die Frau des Pflegers der Burg Fürsteneck, Argula von Grimming, erwarb es für die Burgkapelle. Ihr Sohn Rudolph brachte es auf das heimatliche Schloß Mülleck (Salzburg) und 1652 auf den neu erworbenen Besitz auf dem Plainberg, wo es bald verehrt wurde.
Rudolph von Grimming ließ für den Plainberg eine Kopie anfertigen und zog sich mit dem Original am Ende einer Wallfahrt nach Maria Einsiedeln als Einsiedler auf den Wankberg bei Nesselwang/Allgäu zurück. Über das Ordinariat Augsburg und den Salzburger Fürstbischof gelangte 1676 das Originalbild wieder nach Maria Plain zurück.

Wallfahrtsgeschichte

Das Originalbild sowie die Kopie zogen zunehmend Menschen auf den Plainberg. Bereits 1653 ereignete sich eine Krankenheilung, die von geistlicher wie von ärztlicher Seite als wundersam erklärt wurde. Auch Votivbilder aus dieser Zeit bezeugen die auffallend starke Zuwendung Trostsuchender zum Gnadenbild „Maria Trost".
1671–74 entstand nach Plänen von Giovanni Antonio Dario die heutige barocke Wallfahrtskirche, die den Benediktinern anvertraut wurde. 1681 wurde eine „Bruderschaft Maria Trost" gegründet, der auch die Kaiserin Eleonore von Österreich, weitere Fürsten und die Salzburger Fürstbischöfe angehörten. 1751 erfolgte die feierliche Krönung des Gnadenbildes. Zwar war die Familie Mozart mit Maria Plain sehr verbunden, doch scheint Wolfgang Amadeus Mozart seine Krönungsmesse nicht zum Krönungsfest 1779 komponiert zu haben. 1952 erhielt die Wallfahrtskirche den Ehrentitel „Basilika".

Die Gnadenstätte

Vom nördlichen Stadtrand von Salzburg führt der Weg zuerst zu vier Kapellen und einer Kreuzi-

gungsgruppe (ca. 1686), welche die fünf Geheimnisse des Schmerzhaften Rosenkranzes darstellen. Die Schmerzenskapelle (1728–34) birgt eine ausdrucksstarke Pietà von Johann Franz Schwanthaler und die Heilig-Grab-Kapelle eine genaue Nachbildung des hl. Grabes in Jerusalem. Längs des alten Wallfahrtsweges stehen 15 Steinsäulen mit den Rosenkranzgeheimnissen.
Unterhalb der Kirche befindet sich die Ursprungskapelle. Hier stellte Rudolph von Grimming 1652 das Gnadenbild zuerst in einen Bildstock, wenig später in eine Holzkapelle. Der heutige Bau von 1710 enthält die Gnadenbild-Kopie von Franz Pereth (1653).
An der doppeltürmigen Fassade der Wallfahrtskirche ist über dem Hauptportal ein Relief der Muttergottes mit dem Kind zu sehen. Im gewölbten Innenraum ist auf dem Hochaltarbild die Aufnahme Mariens in den Himmel (Patrozinium) dargestellt. Über dem Tabernakel befindet sich in einem Silberrahmen mit Strahlenkranz das Gnadenbild, ein schlichtes Gemälde voll Innigkeit. Maria legt behutsam einen Schleier über das vor ihr liegende Kind. Mutter und Kind tragen edelsteinbesetzte Flachkronen. Vor dem Chorbogen hängt von der Decke herab die silbergefaßte Statue der Rosenkranzkönigin.

Die Wallfahrt

Neben Einzelbesuchern kommen in den Sommermonaten viele Bus-Wallfahrer. Besondere Wallfahrtstage sind der 1. Mai, der Sonntag nach Pfingsten, der 15. August und die ersten drei Sonntage im Oktober. Der Strom der Wallfahrer, die vor dem Gnadenbild „Maria Trost" Trost suchen und finden, reißt nicht ab. Der Volksmund nennt Maria Plain den „Hochaltar Salzburgs".

Maria, du Trost der Betrübten, bitte für uns!

Lit.: M. Schellhorn, „Maria Plain", 1951 – F. Hermann, Maria Plain Salzburg (Kirchenführer), 1977 – R. Fischer/A. Stoll, Kleines Handbuch der Österreichischen Marien-Wallfahrtskirchen, Band 2, 1985, 143–144 – M-Lexikon 5, 654

Maria Taferl

Mitten im sagenumwobenen Nibelungengau, auf einer Anhöhe des nördlichen Donauufers zwischen Ybbs und Melk, grüßt die doppeltürmige Wallfahrtskirche schon von weitem. Wer von Westen kommt, fährt bei Ybbs über die Donau, dann fünf Kilometer flußabwärts bis Marbach und zur Kirche hinauf. Wer von Osten anreist, bei Melk über den Strom, flußaufwärts bis Kleinpöchlarn zur Abzweigung aufwärts. Hier, wo sich ein herrlicher Blick auf die Alpenkette bietet, steht das niederösterreichische Marienheiligtum (Diözese St. Pölten).

Entstehung

Seitlich der Kirche ist auf einem Sockel eine Granitplatte, ein keltischer Opfer- und Mahlstein zu sehen. In christlicher Zeit wurde an einer daneben stehenden Eiche ein „Taferl" mit einem Kruzifix befestigt. 1638 wollte ein ortsunkundiger Viehhirte die halbverdorrte Eiche fällen. Er verletzte sich dabei schwer. Als er das Kreuz bemerkte, bereute er seine Tat, und sogleich hörte die Wunde auf zu bluten. 1642 ließ der Dorfrichter Alexander Schinagl die kleine Holzfigur einer Pietà, einer schmerzhaften Muttergottes mit ihrem toten Sohn, an der Eiche anbringen.

Er soll dadurch von seiner tiefen Schwermut geheilt worden sein.
Schon 1659 wurde für die zunehmende Zahl von Betern über dem Eichenstamm mit der Pietà eine Holzkapelle errichtet. In der Folgezeit ist von Wundererscheinungen berichtet. Die verdorrte Eiche hat Blätter getrieben, Lichter waren über dem Gnadenbild zu sehen, Sterne leuchteten zur Mittagszeit, und weißgekleidete transparente Engelsgestalten zogen den Berg hoch. Die Kirche hat diese Erscheinungen zwar nie anerkannt, aber zusammen mit tatsächlichen Gebetserhörungen und Wunderheilungen lösten sie einen ungeheueren Zustrom von Wallfahrern aus.

Geschichte

1660 erfolgte die Grundsteinlegung der heutigen Wallfahrtskirche, die bedingt durch Kriege erst 1724 fertiggestellt und geweiht werden konnte. Ein durch einen zündelnden Ministranten ausgelöster Brand vernichtete 1755 den Eichenstrunk und auch das Gnadenbild. Die Statue wurde nachgeschnitzt, mit dem Aschenbrei des alten bestrichen und wieder aufgestellt.
Andachtsbilder, mit denen man das Gnadenbild berührte, waren beim Volk beliebt. Sie wurden Kranken aufgelegt, als sog. Schluckbilder oder als Talismane gegen Unwetter verwendet. Auch hat man zu dieser Zeit schwere Bußkreuze zum Heiligtum hochgeschleppt. Im Jahre 1760 kamen mehr als 360 000 Wallfahrer aus allen Teilen der österreichisch-ungarischen Monarchie nach Maria Taferl. 1947 wurde die Pfarr- und Wallfahrtskirche durch Papst Pius XII. zur Basilika erhoben.

Kirche und Gnadenbild

Die doppeltürmige, mit barocken Zwiebelhauben versehene Südfassade schaut von der 233 m über der Donau liegenden Anhöhe ins weite Land. Als Baumeister sind zu nennen Georg Gerstenbrand aus Wien, der berühmte Barockbaumeister Jakob Prandtauer als Vollender der Kuppel und Antonio Beduzzi als Maler der Fresken.
Über dem prachtvollen Hochaltar aus Stuckmarmor mit Goldverzierung – er stammt von Mathias Gotz aus Passau – befindet sich in der Mittelnische unter Glas das von einem Strahlenkranz umgebene Gnadenbild. Die nur 38 cm große, farbig gefaßte Lindenholzfigur zeigt eine aufrecht sitzende Muttergottes, die auf ihren Knien den starren Leichnam ihres Sohnes hält. Die Schmerzensmutter trägt eine reich mit Edelsteinen besetzte Krone.
Hinter der Altarwand befindet sich die Sakristei und darüber eine Schatzkammer mit vielen Votivtafeln und Dankesgaben.

Die Wallfahrt

Heutzutage kommen im Jahr mehr als 300 000 Pilger aus allen österreichischen Bundesländern, aus den westlichen und zunehmend auch aus den östlichen Ländern zu diesem Heiligtum. Seit 1969 wird es von Oblatenpatres der Makellosen Jungfrau Maria (OMI) betreut.
Im wohltuenden Abstand von der Wallfahrtskirche befinden sich Andenkenläden, Verpflegungs- und Übernachtungsstätten.

Lit.: Kriss 85 – R. Fischer/A. Stoll, Kleines Handbuch der österr. Marien-Wallfahrtskirchen, 1982, Bd. 1, 115–116 – J. Weichelbaum, Maria Taferl (Großer Kunstführer), 1992 – M-Lexikon 4, 295

Mariazell

„Magna Mater Austriae“

Im Bundesland Steiermark und nahe der niederösterreichischen Grenze liegt, umgeben von einem Kranz von Bergen, der größte Wallfahrtsort Österreichs und einer der bedeutendsten Mitteleuropas.

Entstehung

Im Jahre 1157 schickte der Abt des steierischen Benediktinerklosters St. Lambrecht den Priestermönch Magnus in diese Gegend zur Seelsorge an den Almhirten, Jägern und Holzfällern. Magnus brachte eine Muttergottesstatue mit, die er bei seiner Zelle auf einen Baumstumpf stellte. So entstand der Name Maria„zell". Die Überlieferung nimmt als Tag seiner Ankunft den 21. Dezember an, der jedes Jahr festlich begangen wird. Die Zelle ist urkundlich erstmals 1243 erwähnt.

Geschichte

Eine Legende berichtet, Markgraf Heinrich von Mähren (1198–1222) und seine Gemahlin Kunigunde, beide schwer gichtkrank, zogen nach ihrer wundersamen Gesundung nach Mariazell und errichteten dort eine steinerne Kapelle. Das wurde bekannt, und eine Wallfahrt entstand. Nach einer Inschrift am Portal der heutigen Kirche wurde im Jahre 1200 mit dem Bau der Kirche begonnen.
Eine andere Überlieferung weiß, daß König Ludwig I. von Ungarn nach seinem Sieg gegen eine Übermacht der Osmanen 1366 mit seinem Heer nach Mariazell zog, der Gottesmutter dankte und den Gnadenaltar stiftete. In diesem 14. Jahrhundert erfolgte auch die Umgestaltung des romanischen Gotteshauses in eine gotische Hallenkirche. Das Portal und der 90 m hohe Turm kamen erst im 16. Jahrhundert dazu.
Nach den Wirren der Reformationszeit blühte die Wallfahrt wieder auf. 1644 begann man die Kirche barock auszuschmücken, fügte dem Turm links und rechts Barocktürme mit Zwiebelhauben an und errichtete den Ostteil der heutigen Kirche mit Kuppel und Hochaltar. Von den ausführenden Künstlern seien genannt: Domenico Sciassia aus Graubünden und Joseph Emanuel Fischer von Erlach, der den heutigen Gnadenaltar entwarf. Aus allen Himmelsrichtungen kamen Wallfahrer. Kaiser Ferdinand nannte Mariazell seine Heimat. Er und seine Nachfolger zogen oft hierher, ebenso Maria Theresia mit ihren Kindern. In Mirakelbüchern ist von zahlreichen Wunderheilungen und Gebetserhörungen berichtet.
Nach Aufklärung und Josephinismus erlebte die Mariazeller Wallfahrt im 19. Jahrhundert eine neue Blüte. 1907 wurde die Kirche zur Basilika erhoben. 1983 besuchte Papst Johannes Paul II. den Gnadenort.

Das Heiligtum

Wir betreten die lichtdurchflutete Basilika durch das gotische Hauptportal der für Mariazell charakteristischen Drei-Turm-Fassade. Im Inneren ist bis zur Gnadenkapelle noch die gotische Hallenkirche mit breitem Mittelschiff und zwei schmalen Seitenschiffen zu erkennen, dazu die zehn Seitenkapellen und die Emporengänge darüber. Der Raum ist ausgeschmückt mit Stuckornamenten, Fresken und barockem Zierat. Den Ostteil überspannt eine 50 m hohe längsovale Kuppel, unter der seit 1682 eine Säule mit einer Holzfigur der Muttergottes mit Kind steht. Der monumentale Hochaltar füllt die gesamte Rückwand des Presbyteriums. Auf einer von der Schlange umwundenen Erdkugel steht, flankiert von Maria und Johannes, das Kreuz, von Gott-Vater liebevoll angenommen. Es ist umrahmt von acht hohen Säulen und einer Wolke mit Strahlenglorie und der Hl. Geist-Taube darüber. Genau im Mittelpunkt des großen Gotteshauses befindet sich die gotische, später barockisierte Gnadenkapelle, in einem weiten Bogen nach Westen geöffnet. Auf dem Gebälk sind Figuren der hll. Joseph, Jochaim und Anna zu sehen. Das silberne Gitter hat Kaiserin Theresia gestiftet. Die Kapelle wird von zwei großen Engelsgestalten flankiert. Ziel der Wallfahrer ist das Gnadenbild, eine sitzende Muttergottes mit dem bekleideten Jesuskind auf dem rechten Arm (Linden-

holz, 47 cm groß, spätromanisch). Das Kind hält einen Apfel in der Hand. Die Mutter zeigt auf ihr Kind, ebenfalls eine Frucht haltend. Die Statue ist mit auswechselbarem Mantel und Schleier bekleidet. Viele der Gewänder wurden vom Hochadel gestiftet. Mutter und Kind tragen reich verzierte Kronen.
Im Ostteil der Kirche führen Stiegen auf die Emporengänge mit den Schatzkammern. Hier finden sich unzählige Votivgaben, von wertvollen Geschenken der Habsburger bis zu kleinen Dankesgaben einfacher Leute. Viele Votiv- und Mirakelbilder sind zu sehen. Kostbarster Besitz ist das sog. „Schatzkammerbild", vom ungarischen König Ludwig gestiftet, eine ikonenhafte auf Holz gemalte Muttergottes mit dem Kind, die als Sekundär-Gnadenbild verehrt wird.

Die Umgebung

An die Kirche reihen sich die Michaelskapelle, heute als Kerzenkapelle verwendet, ferner Räume für Vorträge und Filmvorführungen. An Devotionalienläden vorbei erreicht man nach kurzem aber steilen Aufstieg die Heiligen-Brunn-Kapelle mit einer als heilkräftig geltenden Quelle. Anschließend führen Kreuzwegstationen auf den Kalvarienberg zu einer Kreuzigungsgruppe. Von hier aus bietet sich ein herrlicher Blick auf Mariazell und die Berge. Erst 1975/80 wurden renovierte alte Bildstöcke der 15 Rosenkranzgeheimnisse auf den durch Wald und Wiesen führenden Sebastianiweg aufgestellt, der von Pilgergruppen gerne betend und meditierend bis zur vier Kilometer entfernten Sebastianskapelle gegangen wird.

Die Wallfahrt

Die Gnadenstätte wird von den Benediktinern betreut. Vor dem Gnadenaltar finden Hochzeiten und Jubelfeiern statt. Von Mai bis Oktober werden an den Samstagabenden Lichterprozessionen abgehalten. Viele Pilger kommen mit Bussen oder mit der von St. Pölten herführenden Schmalspurbahn. Doch gibt es auch Fußwallfahrten. Eine größere kommt jedes Jahr auf der „via sacra" von Wien.
Der Großteil der Wallfahrer, wohl eine Million jährlich, kommt aus den westeuropäischen Ländern, sogar aus Holland, England und Schweden. Seit der politischen Wende 1989 sind die Tschechen, Slowaken, Slovenen, Kroaten und Polen wieder stark vertreten. Für die Ungarn ist Mariazell seit 500 Jahren ein beliebter Wallfahrtsort. Ihr Primas Kardinal Mindscenty wurde 1975 in der Basilika bestattet, 1991 nach Esztergom überführt.

Mariazell verbindet West- und Osteuropa. Das Gnadenbild trägt die Titel:

„Magna Mater Austriae" (Hohe Mutter Österreichs),
„Mater gentium slavorum" (Mutter der slawischen Völker) und
„Magna Hungariae Domina" (Großherrin Ungarns).

Lit.: Kriss 81–85 – Rathgeber 115–130 – E. Widder, Mariazell Geschichte und Kunst des Gnadenortes, 1977 – O. Wonisch, Mariazell (gr. Kunstführer), 1980 – M-Lexikon 4, 309–311

Maria Saal

Nur wenige Kilometer nördlich der Stadt Klagenfurt in Kärnten führt die Straße rechts zum Ort Maria Saal (Bistum Gurk mit Bischofssitz in Klagenfurt). Wie eine Burg erhebt sich auf einer Anhöhe die Propstei- und Wallfahrtskirche, deren zwei mächtige Türme schon von weitem zu sehen sind.

Der Dom

Etwa um das Jahr 15 vor Chr. besetzten die Römer das Land, und mit den Soldaten und Kaufleuten kam auch die erste Kunde vom Christentum hierher. Im 5. Jahrhundert folgten die Germanen und 590 die Slaven, unter denen das Christentum fast wieder unterging.
Im Jahre 753 schickte der Salzburger Bischof Virgilius den Modestus als Chorbischof mit vier Priestern und weiteren Klerikern nach Karantanien (= Kärnten) zur Christianisierung der Bevölkerung dieses Raumes. Modestus errichtete eine Kirche, die er der Gottesmutter weihte. So wurde Maria Saal Ausgangspunkt der zweiten Christianisierung und vorübergehend Bischofssitz. Die Bezeichnung „Dom" für die Wallfahrtskirche hat sich bis heute erhalten.

Eine schöne Madonna

Der hl. Adalbert, Bischof von Prag, so erzählt eine Legende, ließ kurz vor seinem Tod (997) eine Marienstatue, die er von Loreto mitgenommen hatte, von zwei Adeligen wieder nach Italien zurückbringen. In der Gegend von Villach waren die Zugtiere nicht mehr weiterzubewegen und schlugen von sich aus den Weg nach Maria Saal ein. Zahlreiche Menschen begleiteten das Gefährt die letzte Wegstrecke zum Dom, in dem die Figur Aufstellung fand. Bald kamen Wallfahrer von überall her, um Maria in dieser Darstellung zu verehren.
Das heutige Gnadenbild ist eine farbig gefaßte Steingußmadonna vor einem Strahlenkranz und von Wolkengebilden umgeben im Zentrum des barocken Hochaltares. Die thronende Muttergottes mit dem leicht geneigten Haupt und einem gütigen Lächeln hält die Hand des Jesuskindes, das auf ihrem rechten Knie sitzt und einen Apfel trägt. Die Statue gehört zu den sog. „Schönen Madonnen der Salzburger Schule" und ist um 1420 entstanden.

Die Wallfahrtsgeschichte

Die Wallfahrtskirche mit den beiden Westtürmen ist ein Meisterwerk der Gotik und zwischen 1430 und 1460 entstanden. Zum Bau wurden viele Steine aus der nahen, um 400 untergegangenen

römischen Provinzhauptstadt Virunum verwendet. In der Zeit der Türkengefahr hat man um die Kirche eine Wehranlage errichtet. Als um 1482 die Ungarn den Ort belagerten, aber nach einem Gelübde der Bewohner wieder abzogen, erhielt die Wallfahrt einen neuen Aufschwung.
1669 zertörte ein Brand die Bedachung des Langhauses und der Türme, doch schon 1674 war der Wiederaufbau vollendet. Die barocken Zwiebelabschlüsse der Türme stammen aus jener Zeit. Die Säkularisation (1809) beraubte die Wallfahrtskirche ihrer Wertsachen. Aber das Volk von Kärnten blieb der Muttergottes von Maria Saal weiterhin treu.

Weitere Zeugnisse der Marienverehrung

Im hohen Mittelschiff des Innenraumes ist auf 47 Gewölbefeldern der vollständige Stammbaum Jesu (nach Mt 1, 1–17) aus dem Jahr 1491 zu sehen. Jede Gestalt wächst aus einem Blütenkelch heraus. Diese Fresken wurden später übermalt, aber bei Renovierungsarbeiten 1927 wiederentdeckt.
Im linken Seitenchor steht der „Arndorfer Altar“ (um 1520). Im unteren Teil ist eine Pietà, darüber eine St. Anna-Selbdritt-Figur und oben eine bemerkenswerte Darstellung der Krönung Mariens.
Im linken Seitenschiff befindet sich in der „Sachsenkapelle“ (1451) ein spätgotisches Kreuz mit Maria und Johannes, davor das Modestusgrab in einem kleinen Sarkophag und darüber eine romanische Altarplatte mit einer Modestusfigur (um 1500).
Außerhalb der Kirche, noch bevor man durch einen Torturm die Wehranlage betritt, weist eine Mariensäule auf die Befreiung Wiens von den Türken hin. Sie wurde 1683 in einer feierlichen Prozession von Klagenfurt hierhergebracht.
In der Wehranlage ist auf der Südseite ein zweigeschossiger Rundbau miteinbezogen, ur-

sprünglich eine romanische Taufkapelle, später als Karner (Beinhaus) verwendet, im 15. Jahrhundert mit einem neuneckigen Arkadenaufgang versehen. Die Bezeichnung „Heidentempel“ weist vielleicht auf eine vorchristliche Kultstätte hin. Seit 1991 ist die Kapelle mit einer gotischen Madonna eine Stätte der Besinnung für die Wallfahrer und die „Brüder und Schwestern vom Gemeinsamen Leben“, welche die Pfarrei und Wallfahrt betreuen.
Heute wird Maria Saal hauptsächlich von den Kärntnern, aber auch Pilgern aus Slowenien, Italien und Deutschland besucht. Besondere Wallfahrtstage sind der 12. Juli, der 15. August und der 8. September. Die Menschen tragen ihre Anliegen vertrauensvoll vor die thronende und lächelnde Madonna.

Lit.: N. Grösser/A. Schuberich, Maria Saal in Kärnten, 1931 – F. Schröer, Probstei- und Wallfahrtskirche Maria Saal, 1992 – M-Lexikon 4, 293

Maria Waldrast

Das am schönsten gelegene Marienheiligtum Tirols schmiegt sich an die grünen Berghänge unter den schroffen Felsstürzen der schneebedeckten Serlesspitze. Es liegt 1640 Meter üb. d. Meer. Von Mieders im Stubaital führt ein Sessellift nach oben und nach einer halbstündigen Wanderung zum Heiligtum. Auch von Matrei am Brenner ist der Wallfahrtsort mit dem Kleinbus oder Pkw (Mautgebühr) oder in zweieinhalb Stunden zu Fuß zu erreichen.

Entstehungslegende

Wie auf einem Fresco im Chor der Wallfahrtskirche 1666 von Michael Waldmann d. J. dargestellt wurde, haben zwei Hüterbuben am Ostersonntag 1407 eine Figur der Muttergottes mit dem Jesuskind, in eine Lärche eingewachsen, entdeckt. Von Erwachsenen wurde sie aus dem Baum gelöst und nach Matrei gebracht.

Am Pfingstfest des gleichen Jahres vernahm der Holzfäller Christian Lusch aus Mühlbachl mehrmals den inneren Anruf, für die Statue eine Kapelle zu erbauen. Er solle im Wald einen „grünen Fleck im Moos" suchen, dort rasten, und der Platz für die Kapelle werde ihm kundgetan. Der Holzfäller fand die Stelle, machte Rast (daher der Name Waldrast) und sah vor sich an dem Platz, wo jetzt die Kirche steht, eine Frau im weißen Kleid mit einem Kind im Arm.

Geschichte

Nach langem Zögern gab der zuständige Bischof von Brixen 1414 die Erlaubnis zum Bau der Kapelle, in die 1429 die Muttergottesstatue übertragen wurde. Eine Wallfahrt entstand und breitete sich rasch aus.

Erzherzog Leopold legte 1621 neben der Kapelle den Grundstein für ein Kloster, das den Serviten übergeben wurde, die mit Unterbrechungen bis heute die Wallfahrt betreuen. Der zu klein gewordene Kirchenraum wurde 1624 erweitert und barock ausgestaltet. Die nun beginnende Blütezeit der Wallfahrt dauerte bis 1785, als Kaiser Joseph II. im Zuge seiner überstürzten Reformen die Wallfahrt verbot und das Kloster aufhob. Das Gnadenbild kam nach Mieders.

1844 konnten die Mönche zurückkehren. Vier Jahre später holten sie das Gnadenbild wieder heim, aber erst 1888 war die Restaurierung der schadhaft gewordenen Kirche abgeschlossen. Die Nationalsozialisten hoben 1942 das Kloster erneut auf. Das Gnadenbild war kurz vorher außer Landes gebracht worden. 1945 kehrten Gnadenbild und Servitenmönche wieder zurück.

Das Heiligtum

Die schlichte Kirchenfassade mit dem gedrungenen Spitzhelm des Turmes bietet sich im Innern unter dem Tonnengewölbe als Saalraum mit halbrunder Chornische dar. Die drei Altäre stammen aus der Zeit der Spätrenaissance. Der Hochaltar mit einem Viersäulen-Aufbau zeigt im Altarbild die Aufnahme Mariens in den Himmel und darüber Christus mit einer Krone für seine Mutter.

Das Gnadenbild über dem Tabernakel stellt vor einem Strahlenkranz eine sitzende Muttergottes dar, die ihrem Kind einen Apfel reicht (Schnitzfigur, 60 cm groß, aus dem frühen 15. Jahrhundert). Es war in der Barockzeit stoffbekleidet und mit Schmuck behangen. Seit 1908 ist es bekrönt.

Die Wallfahrt

Im 17. und 18. Jahrhundert kamen Wallfahrer aus dem ganzen Alpenraum nach Maria Waldrast. In einem vierbändigen Werk aus dem Jahr 1778 sind weit über tausend Gebetserhörungen aufgezeichnet. Die ältesten Votivgaben stammen aus dem Jahr 1844. Eine Besonderheit sind die zahlreichen Taufkleidchen von Kindern.
Seit 1981 ziehen an jedem 1. Freitag der Sommermonate Wallfahrer aus dem Wipp- und Stubaital in einer nächtlichen Prozession hierher. Neben dem Patroziniumsfest „Mariä Heimsuchung" (2. Juli) und den Marienfesten werden besonders die drei „Goldenen Samstage" nach Michaeli (29. September) gefeiert. Maria Waldrast ist auch heute noch die am meisten besuchte Wallfahrtsstätte Tirols.

Lit.: Kriss 104–106 – J. Dollinger, Tiroler Wallfahrtsbuch, 1982, 32–35 – R. Fischer/A. Stoll, Kleines Handbuch österreichischer Marien-Wallfahrtskirchen, 2. Band 1984, 166–167 – M-Lexikon 4, 297–298

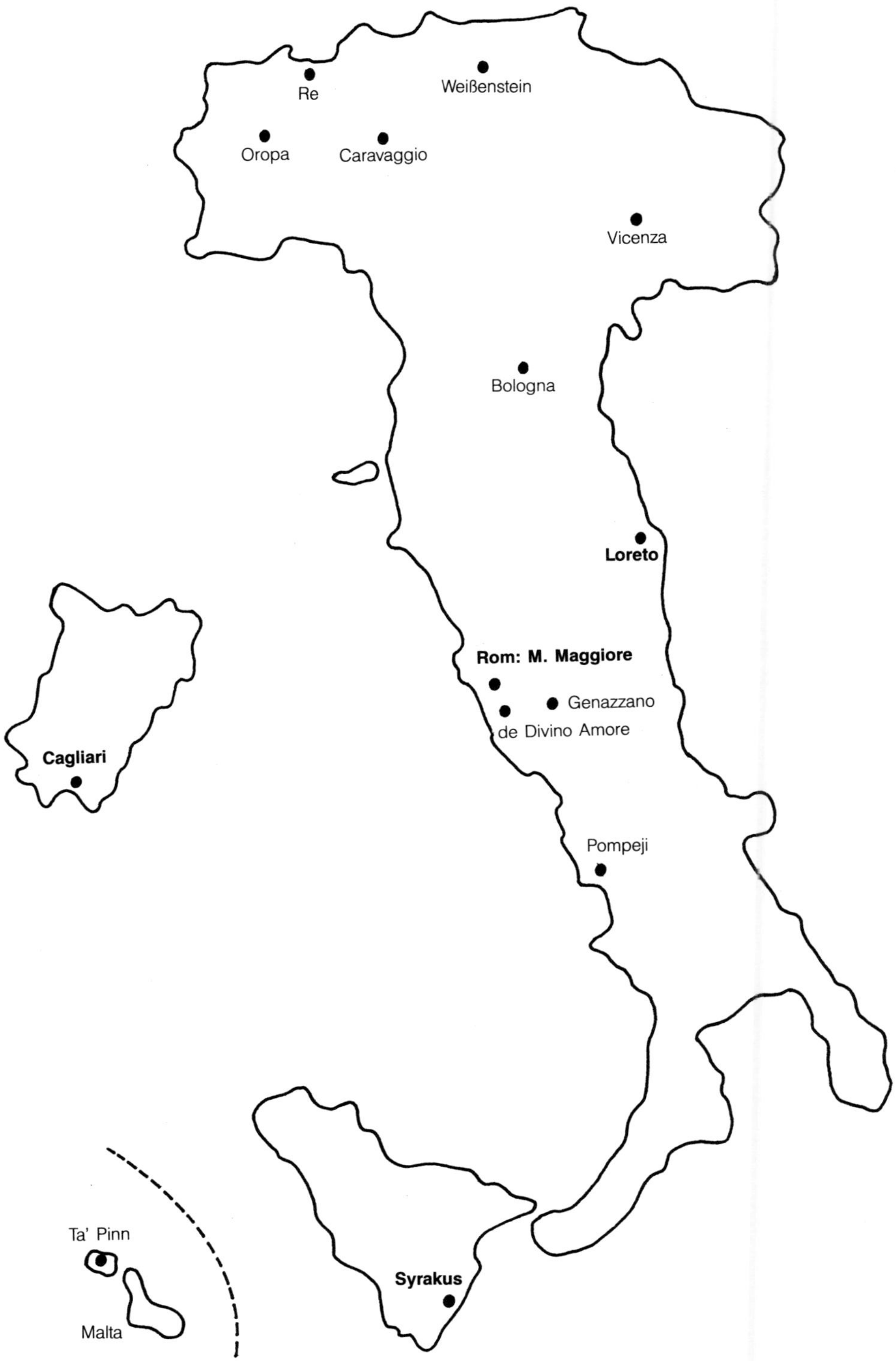
Re
Weißenstein
Oropa
Caravaggio
Vicenza
Bologna
Loreto
Rom: M. Maggiore
Genazzano
de Divino Amore
Cagliari
Pompeji
Ta' Pinn
Malta
Syrakus

DER SÜDEN

Italien
Malta

Weissenstein, ital. Pietralba

Der bekannteste Wallfahrtsort Südtirols (Diözese Brixen-Bozen) liegt etwa 30 Kilometer südöstlich von Bozen auf 1520 m Höhe. Inmitten eines prächtigen Gebirgspanoramas der Dolomiten ist die Gnadenstätte ein Ort der Ruhe und des Gebetes. Die Zufahrt auch mit Bussen ist möglich von Auer/Ora südlich von Bozen über Aldein oder nördlich von Bozen durch das Eggental über Deutschnofen. Es gibt auch eine Busverbindung von Bozen zur Gnadenstätte.

Auffindung des Gnadenbildes

Um die Mitte des 16. Jahrhunderts führte hier der Bauer Leonhard mit seiner Familie ein gottesfürchtiges Leben. Er wurde bei seiner schweren Arbeit häufig von Schmerzen geplagt. Einmal – es war 1553 – stürzte er in eine Schlucht. Da erschien ihm die Muttergottes und versprach Rettung und Hilfe, wenn er ihr zu Ehren eine Kapelle errichte. Er versprach es, wurde gerettet und gesund.
Bei Aushubarbeiten für die Kapelle stieß er auf eine kleine Pietà-Figur, das heutige Gnadenbild. Er stellte es in die kleine, seinem Namenspatron und dem Bauernheiligen geweihte Kapelle.

Geschichte der Wallfahrt

Die Nachricht von der Marienerscheinung und der Rettung des Bauern verbreitete sich rasch und zog Neugierige und Gläubige an. Die kirchliche Behörde unterzog die Ereignisse einer langwierigen Untersuchung, bestätigte aber schließlich den wunderbaren Ursprung der Wallfahrtsstätte. Bereits 1561 entstand neben der Leonhardi-Kapelle eine größere Kirche. Die heutige barocke Wallfahrtskirche wurde 1638–54 errichtet und 1673 geweiht. Ursprünglich unterstand Weißenstein der Pfarrei Deutschnofen. Doch wegen der immer zahlreicheren Wallfahrer vertraute man die Gnadenstätte 1718 dem Servitenorden an, dessen Mönche sich „Diener Mariens“ nennen. In nur drei Jahren entstanden die Klostergebäude links und rechts von der Kirche. Zur 200-Jahrfeier ließ der Prior über dem Chor der Kirche eine Kuppel mit zwei Seitentürmchen aufsetzen.

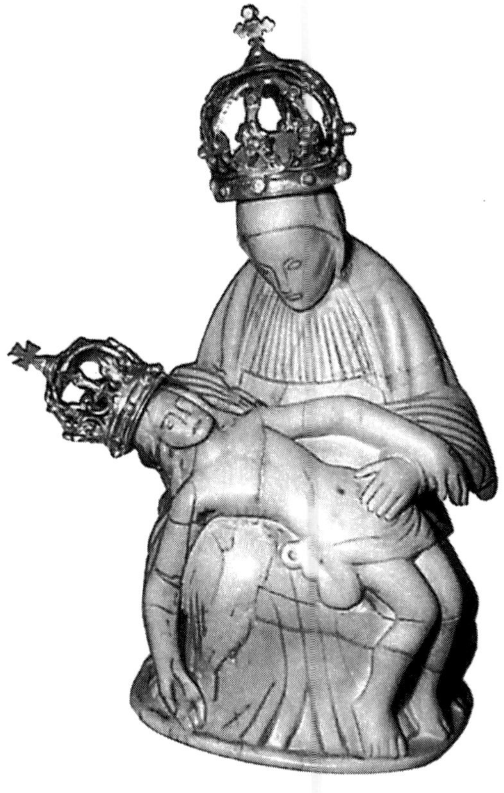

Im Zuge des Josephinismus wurde die Wallfahrtskirche Maria Weißenstein geschlossen, die Wertsachen versteigert und die Mönche vertrieben. Die wundertätige Pietà konnte nach Leifers in Sicherheit gebracht werden. Zeitweise stapelte man in Kirche und Kloster Heu und Brennholz. Als 1836 die Mönche zurückkehren konnten und das Gotteshaus wiederherstellten, setzte auch die

Wallfahrt wieder ein. 1885 wurde das Gnadenbild im Auftrag von Papst Leo XIII. durch den Bischof von Trient gekrönt. 1985 erhielt die Kirche den Titel „Basilika".

Maria Weißenstein

Wer heute auf der Freifläche in Weißenstein ankommt, den lenkt der Blick zur Wallfahrtskirche, vorbei an einer Gaststätte mit Pension, einem Kongreßhaus für Vorträge und Einkehrtage und einem Andenkenladen.
Von den beiden Klosterflügeln gesäumt und von einem Turm mit Zwiebelhaube überragt, bietet das Kircheninnere ein Bild farbenfrohen Barocks. Gleich beim Eingang links ist die Auffindungskapelle. Der kleine Raum mit einer Pietà-Figur (1753) dient auch als Kerzenkapelle. Unter der Empore ist auf einem Rundbild (1894 von A. Siber) die Auffindung des Gnadenbildes dargestellt. Im Zentrum des Hochaltares steht das Gnadenbild. Die nur 15 cm, mit Sockel 21 cm große Figur aus Alabaster zeigt die Schmerzensmutter mit dem Leichnam ihres Sohnes auf dem Schoß. Mutter und Kind tragen edelsteinbesetzte Goldkronen.
Bemerkenswert sind die Deckenfresken von Josef Adam Mölk aus dem Jahre 1753. Sie wurden 1894 zum Teil übermalt, jedoch 1977 wieder freigelegt. Über dem Hochaltar sind Kirche und Kloster dargestellt, darüber das von zwei Engeln getragene Gnadenbild und oben in Latein die Bibelstelle: „Führe sie zu mir, damit ich sie segne!" (Gen 48, 9). Auf den Fresken des Kirchenschiffes ist neben der alttestamentlichen Esther die Kaiserin Maria Theresia abgebildet, die mit dem Gnadenbild in der Hand Maria um Hilfe für ihren kranken Sohn anfleht.

Die Wallfahrt

In den Räumen, die an die Kirche angrenzen, sind Tausende von Ex Voto-Täfelchen ausgestellt. Im Erdgeschoß des linken Klosterflügels wurden 1983 Beichtmöglichkeiten geschaffen.
Papst Johannes Paul I. war schon in seiner Jugend nach Maria Weißenstein gepilgert und besuchte auch als Patriarch von Venedig öfter die Gnadenstätte. 1988 kam auch Papst Johannes Paul II. hierher. Seinem Gottesdienst im Freien haben viele tausend Menschen beigewohnt.
Nicht nur zahlreiche Urlauber, die gerne einen Ausflug in eine schöne Gebirgswelt machen und damit den Besuch der Wallfahrtskirche verbinden, sondern für die Südtiroler und Menschen von weither ist Maria Weißenstein eine Gnadenstätte. Die Gottesdienste an den Sonn- und auch Werktagen werden z. T. in deutsch gehalten.

Lit.: B. A. Saggiorato, La Madonna nel Mondo, 1986, 180–182 – D. Marcucci, Santuari mariani d'Italia, 1987, 103–104 – Zeitschrift „Maria Weißenstein" – M-Lexikon 4, 298

Vicenza

„La Madonna di Monte Berico“

Das Heiligtum im Nordosten der Halbinsel (Provinz Venetien) auf einem Hügel im Südwesten der Stadt gehört zu den meistbesuchten Wallfahrtsorten der Region und der Po-Ebene.

Entstehung

Anfang des 15. Jahrhunderts forderte eine Pestseuche über Jahre hinweg viele Menschenleben in dieser Gegend. Am 7. März 1426 ist einer einfachen Frau, Vincenza Pasini mit Namen, als sie auf dem Hügel vor einem alten Kreuz betete, die Jungfrau Maria erschienen. Sie teilte der Frau mit, die Stadt werde von der Seuche frei, wenn man ihr zu Ehren hier eine Kirche errichte. Erst als am 1. August 1428 die Frau eine zweite Erscheinung hatte, kam es zur Grundsteinlegung. Die Pest ließ nach, je weiter der Kirchenbau voranschritt. Mit tatkräftiger Unterstützung des einfachen Volkes konnte der Bau schon nach drei Monaten fertiggestellt werden, und die Pest war erloschen.
Über die zwei Marienerscheinungen wurde eine Untersuchung der Stadtverwaltung von Vincenza durchgeführt, welche 1430 einen authentischen „Processus“ verfaßte, der heute noch vorhanden ist.

Baugeschichte

Für den wachsenden Zustrom der Bevölkerung mußte die Kirche schon 1476 erweitert werden. 1596 wurde im Süden der Stadt auf den Berg eine Steinstiege mit 194 Stufen angelegt. Zwischen 1688 und 1703 fügte Carlo Borella aus Vicenza der gotischen Kirche die heutige mächtige Barockbasilika an. Ab 1746 errichtete Francesco Muttoni den 700 m langen Wallfahrtsweg auf den Berg, welcher mit 150 Bögen, in Zehnergruppen untergeteilt, die Geheimnisse des großen Rosenkranzes versinnbildlicht. Der Glockenturm entstand erst 1825–52.

Das Heiligtum

Wer heute den Monte Berico hinaufgeht oder mit dem Auto oder Bus auf dem großen Parkplatz ankommt, steht überwältigt vor dem majestätischen Gotteshaus.
Von drei Seiten führen breite Treppen zur Basilika, die in Form eines griechischen Kreuzes angelegt, sich mit gegliederten Barockfassaden an die gotische Kirche anschließt und von einer hochgezogenen Kuppel überwölbt wird. Über den drei Eingängen zeigen Reliefs die Erscheinung Mariens, die Frau vor den Stadtdelegierten und die Grundsteinlegung der Kirche. Im Innern tragen vier korinthische Säulen die mit Stuck und Bildern verzierte Kuppel und ermöglichen den Blick auf die Bögen der gotischen Kirche und den Altar aus Cararamarmor (1928 geweiht).
In einer barocken Nische des Altaraufbaus steht das Gnadenbild, die „Madonna di Monte Berico“. Maria breitet ihren Mantel aus, unter dem kniende Gestalten Schutz suchen (1444 aus einheimischem Stein gefertigt). Die Statue wurde 1900 vom Patriarchen von Venedig, dem späteren Papst Pius X., gekrönt. Ein Gang führt unmittelbar am Gnadenbild vorbei. Die Gläubigen verweilen hier kurz und berühren ein Silbermedaillon, das die Erscheinung der Madonna darstellt.
In der Kirche bzw. ihren Nebenräumen, befinden sich berühmte Gemälde, z. B. Das Abendmahl von Paolo Veronese (1528–88) und eine Pietà von Bartolomeo Montagna (um 1450–1523).

Die Wallfahrt

Seit 1435 bis heute betreuen Mönche des Servitenordens, die sich „Diener Mariens" nennen, die Gnadenstätte. Ein Kloster mit Kreuzgang schließt sich an die Kirche an. Ferner gibt es Räume, in denen viele und kostbare Votivgaben ausgestellt sind und einen modernen 1976 fertiggestellten Beichtraum. Neben einer Mittelschule werden hier theologische Seminare durchgeführt. Ferner erscheint eine Zweimonats-Zeitschrift „La Madonna di Monte Berico".
Es gibt ein Verzeichnis vornehmer Besucher des Heiligtums, darunter sind Kaiser Franz I. von Österreich 1816, Friedrich Wilhelm III. von Preußen 1822, Zar Alexander von Rußland 1822, Kaiser Franz Josef mit Gemahlin Elisabeth 1857 und König Victor Emanuel 1926.
Das Heiligtum ist eine lebendige, international besuchte Gnadenstätte.

Lit.: Kriss 224–227 – J. Hotz, Wallfahrtskirchen in Europa, 1983, 88–89 – D. Marcucci, Santuari Mariani d'Italia, 1987, 114 – M-Lexikon, Bd. 6

Re

Die blutende Madonna

Der kleine Ort in Norditalien (Piemont, Diözese Novarra) liegt im Vigezzotal nahe der schweizerischen Grenze. Er ist auf der Straße oder mit der „Vigezzina"-Eisenbahn zwischen Locarno am Lago Maggiore und Domodosolla im Westen zu erreichen.

Das Blutwunder

Die vielbesuchte Wallfahrtsstätte reicht zurück in das Jahr 1494. Am 29. April jenes Jahres gegen Mitternacht spielte auf der Straße vor der Dorfkirche der jähzornige Giovanni Zuccone mit seinem Freund eine Art Würfelspiel. Als er verlor, warf er einen Spielstein in Richtung Kirche und traf, wohl ohne böse Absicht, ein Bild der Muttergottes mit dem Jesusknaben, das unter einem Laubengang an die Kirchenwand gemalt

war. Der Mesner bemerkte am nächsten Morgen, wie aus der Stirnwunde der Madonna Blut floß. Die Menschen eilten herbei. Das Blut tropfte bis zum Boden und wurde mit weißen Tüchlein aufgefangen.
Der Blutausfluß wiederholte sich mit Unterbrechungen immer wieder, bis nach etwa zehn Tagen am 8. Mai die Wunde vernarbte.
Über dieses Blutwunder gibt es zwei Protokolle der weltlichen Obrigkeit. Noch im gleichen Jahr unterschrieben der Vogt des Vigezzotales Daniele Crespi und vier Notare ein Dokument. Eine zweite ausführlichere Urkunde ist vom Nachfolger Crespis, Angelo Romano, unterzeichnet. Darin wird auch von weiteren Wundern berichtet.

Die Wallfahrtskirche

Der zuständige Bischof Carlo Bescapé förderte den Bau einer Wallfahrtskirche, der für die vielen Pilger notwendig wurde. 1627 konnte sie geweiht werden. Im Zentrum dieser einschiffigen kleinen Kirche steht der Altar mit dem Gnadenbild über dem Tabernakel.
Das hierher übertragene Fresco-Bild (um 1300) zeigt eine sitzende Maria mit einem über den Kopf reichenden dunklen Tuch. In der erhobenen rechten Hand hält sie drei Rosen, während sie mit ihrem linken Arm den vor ihr sitzenden Jesusknaben umfaßt. Die Darstellung ist eine „Maria laktans“, eine stillende Madonna. Unter dem Bild ist zu lesen: „In gremio matris sedet Sapientia Patris“ (Auf dem Schoß der Mutter sitzt die Weisheit des Vaters). Die Stirnwunde und die Blutspuren sind heute nur noch mit optischen Geräten zu erkennen. Hinter dem Altar wird eine Ampulle mit einer kleinen Menge getrockneten Blutes und einigen Stoffteilen aufbewahrt.
Der freistehende Glockenturm geht auf das Jahr 1699 zurück. Die heutige rechts an die alte Kirche

sich anschließende mächtige Basilika ist nach einem Entwurf des Bologneser Architekten Edoardo Collamarini zwischen 1922 und 1958 dem romanisch-byzantinischen Stil nachempfunden. Über dem modernen Freialtar des weiten dreischiffigen Raumes erhebt sich eine 51 m hohe Zentralkuppel. Unter dem Altar befindet sich ein Gottesdienstraum für kleinere Pilgergruppen und eine Weihnachtskrippe. Mehr als 300 Votivbilder, das älteste aus dem Jahr 1658, sind rückwärts in den Seitenschiffen der Basilika ausgestellt.

Die Wallfahrt

Das Wunderbild wurde 1824 und nochmals 1928 feierlich gekrönt. 1948 begann das Gnadenbild eine „Pilgerfahrt" durch alle 381 Pfarreien der Diözese Novarra. Offizielle Wallfahrtstage sind vom 29. April bis 1. Mai (Wundergedächtnistage), der Pfingsmontag mit einer Vigezzopilgerfahrt und der 2. Sonntag im Oktober für Familien mit kleinen Kindern. Seit 1894 besitzt Re ein großes Pilgerheim. Seit 1952 steht das Haus „Maria Unbeflecktes Herz" für Kranke, Exerzitien und Priestertreffen bereit.

Gnadenbild-Kopien

In und an den Hauswänden vieler Häuser und Almhütten des Vigezzotales und der angrenzenden Regionen nimmt das Bild der blutenden Madonna einen Ehrenplatz ein. Bildkopien kamen nach Tirol, Ungarn und mit Auswanderern nach Nord- und Südamerika. In Deutschland befinden sich z. T. freigestaltete Nachbildungen in der Kapuzinerkirche in Dillingen und Emersacker (Diözese Augsburg) und in Götzelhof (Diözese Regensburg).
Die berühmteste Gnadenbild-Kopie von Re hat im 17. Jahrhundert der Schornsteinfeger Bartolomeo Ricolt nach Klattau/Böhmen (heute Klatovy/Tschech. Rep.) gebracht, wo sich am 8. Juli 1685 vor vielen Zeugen das Blutwunder wiederholt haben soll. Das Bild befindet sich heute in der dortigen Pfarrkirche und wird hochverehrt. Jedes Jahr am 2. Sonntag im Juli wird es in einer Prozession durch die Stadt getragen.

Lit.: E. Manni, La Madonna di Re, 1948 – D. Marcucci, Santuari Mariani d'Italia, 1982, 76–78 – M-Lexikon 2, 196 (Dillingen) und 5, 415 – (Kirchenführer deutsch), Die Wallfahrtskirche von Re, o. J.

CARAVAGGIO

Santa Maria del Fonte

Die Stadt liegt etwa 40 Kilometer östlich von Mailand in der Provinz Bergamo (Diözese Cremona). Von ihr führt in südlicher Richtung eine Wallfahrtsallee zu dem bedeutendsten Marienheiligtum der Lombardei.

Die Erscheinung

Am 26. Mai 1432 gegen 5 Uhr nachmittags ist hier, ungefähr zwei Kilometer von der damaligen Siedlung Caravaggio entfernt, die Hl. Jungfrau der 32jährigen Gianetta (oder Giovanetta) erschienen. Sie war verheiratet mit dem trunksüchtigen und gewalttätigen Bauern und Soldaten Francesco Varoli und hatte unter ihm viel zu leiden.
Gianetta pflückte damals Gras auf der Wiese, und sie weinte wegen ihres traurigen Lebens. Die Hl. Jungfrau, gekleidet wie die Frauen jener Gegend, ermutigte sie, Vertrauen zu haben und nach wie vor zu beten. Die Gottesmutter vertraute ihr auch eine Botschaft an die Priester und das Volk an.

Die Botschaft der Hl. Jungfrau

Die Botschaft ist hauptsächlich ein Aufruf zum Frieden:

- Frieden im eigenen Herzen und in den Familien durch Bekehrung, Gebet und Sonntagsheiligung,
- Frieden innerhalb der christlichen Kirchen. Die Trennung von der Ostkirche wurde immer tiefer, und es gärte in vielen Ländern Europas, was schließlich zur protestantischen Abspaltung führte.

- Frieden unter den Staaten. Caravaggio lag im Grenzbereich von Mailand und Venedig, die sich damals bekriegten. Die Gegend durchzogen immer wieder Söldnertruppen, die Not, Krankheiten und Sittenverderbnis brachten.

Die Bäuerin gab die Botschaft der Hl. Jungfrau an die Geistlichkeit und die Fürsten weiter. Sie wurde sogar an den Höfen der Sforza und des Kaisers von Konstantinopel empfangen. Und schon ein Jahr später, 1433, schlossen Mailand und Venedig Frieden.

Das Heiligtum

Die Hl. Jungfrau hat auch den Wunsch geäußert, daß hier eine Kapelle erbaut werde. Nach dem Bekanntwerden der Erscheinung strömten die Menschen herbei, Neugierige, Marienverehrer und Hilfesuchende. Bald wurde eine Kapelle errichtet und 1451 geweiht.

Der Bau der heutigen mächtigen Wallfahrtskirche wurde angeregt durch den Erzbischof von Mailand, den hl. Karl Borromäus, und den Bischof von Cremona und späteren Papst Gregor XIV., Niccolo Sfondrati. Die Kirche ist zwischen 1565 und 80 unter dem Architekten Tibaldi Pellegrino entstanden. Die Basilika hat über einem kreuzförmigen Grundriß eine hochgezogene Kuppel mit Lampe und Kreuz. Der Hochaltar unter der Kuppel, ähnlich wie in St. Peter in Rom mit einem von vier Säulen getragenen Baldachin (1710/20) steht über der Erscheinungsstelle. Sie ist auf der Rückseite des Altares zu sehen mit der Figur der Hl. Jungfrau, die sich der vor ihr knienden Frau zuwendet. Die Madonna wurde 1710 feierlich gekrönt.
Unter der Kirche befindet sich auf dem früheren Niveau des Erdbodens eine fünfteilige Krypta. Hier fließt eine Quelle, deren Ursprung auf den Fußabdruck Mariens zurückgehen soll. Das Wasser gilt als heilkräftig. Die Wallfahrer trinken es und benetzen damit ihre Augen. Die Kirche umgibt ein geräumiger und abgegrenzter Wallfahrtsbezirk. Außerhalb davon sind Andenkenläden, Gaststätten und Übernachtungsmöglichkeiten.

Die Wallfahrt

Seit 1932 wird die Gnadenstätte von Diözesanpriestern betreut. Hauptwallfahrtstage sind der 26. 5. (Erscheinungstag), der 15. 8. und der 16. 9. Papst Johannes Paul II. hat 1981 dem Heiligtum einen Besuch abgestattet. Die vielen Auswanderer aus der Lombardei haben die Verehrung der „Madonna del Fonte", der Hl. Jungfrau der Quelle, auch im Ausland, so in Brasilien, verbreitet.
Auch wenn sich die Zeiten und Gegebenheiten geändert haben, die Botschaft der Hl. Jungfrau von Caravaggio ist unverändert aktuell und

wichtig: der Friede im eigenen Herzen und in den Familien, der Friede innerhalb unserer Kirche und der Friede unter den Völkern.

Lit.: F. Banletti, Madonna de Caravaggio in Montagnana di Pinè, 1953 – M-Lexikon 1, 653–654 – A. Biazzi, Santa Maria del Fonte in Caravaggio, 1991

Oropa

„Regina Montium" – Königin der Berge

In der Provinz Piemont liegt westlich von Mailand die Stadt Biella. Von hier geht es in nordwestlicher Richtung zwölf Kilometer zu einem 1180 m hoch gelegenen, künstlich terrassierten Hang. Umgeben von den mehr als 2000 m hohen, oft auch im Sommer schneebedeckten Bergen liegt eines der ältesten Marienheiligtümer Europas.

Die Statue des hl. Eusebius

Der hl. Eusebius von Vercelli († 370) war Glaubensbote dieser Region und kämpfte gegen den Arianismus. Er wurde deswegen verbannt. Vor seiner Rückkehr hielt er sich ein Jahr in Jerusalem auf. Von dort brachte er nach der Überlieferung eine Marienstatue nach Oropa mit, in deren Bergeinsamkeit er sich mit Gefährten zurückzog. Die Statue stellte er in einer einfachen Hütte auf. Es entstand eine Gebetsstätte und aus einem roh behauenen Stein ein Altar. Das Alter und die Herkunft der Statue sind umstritten. Die 132 cm große Figur aus Zedernholz zeigt Maria in der Darstellung Jesu im Tempel. Während das Kind eine Taube trägt, die bei dieser Gelegenheit geopfert werden mußte, hält seine Mutter in der rechten Hand ein Geldstück, das auf den Loskauf ihres Sohnes hinweist. Diese Art der Gestaltung läßt tatsächlich auf eine sehr frühe Entstehung schließen. Andere datieren die Statue in die Zeit um 1300. Gesichter und Hände sind von schwarzer Farbe. Maria trägt ein golddurchwirktes Kleid und einen blauen Mantel.

Wallfahrtsgeschichte

Das Heiligtum wurde über Jahrhunderte hinweg von Eremiten betreut. Nach stürmischen Zeiten durch die Goten, Hunnen und Langobarden, durch die Ungarn und Sarazenen konnte nach der Jahrtausendwende eine Wallfahrt aufblühen. Oropa wird erstmals 1294 urkundlich erwähnt. Zwischen 1600 und 1620 wurde eine Kirche errichtet, die heute noch Zentrum der Wallfahrt ist. Durch die Unterstützung des Hauses Savoyen kam es zu einer starken Belebung der Wallfahrt. Ende des 17. Jahrhunderts gründeten zwei Prinzessinnen aus diesem Adelsgeschlecht die „Figli della Madonna" (Töchter Mariens), die bis heute die Wallfahrer versorgen. Seit 1620 findet alle 100 Jahre eine feierliche Krönung des Gnadenbildes statt; die letzte war 1920 in Anwesenheit von 150 000 Gläubigen.
1774 faßte man den Plan für eine zusätzliche, größere Wallfahrtskirche. Erst 1885 begann man mit dem Bau, 1945 konnte er schließlich fertiggestellt und 1960 geweiht werden.

Die Wunder der Madonna

Auf zahlreichen Votivtafeln und in Mirakelbüchern festgehalten sind viele Gebetserhörungen

und Wunderheilungen. Giovanni Perron zum Beispiel aus dem nahen Aostatal wurde von den Türken die Zunge abgeschnitten, weil er sich zum katholischen Glauben bekannte. Er machte als Bettler mit einem Glöckchen auf sich aufmerksam. Am 25. August 1720, bei der 2. Krönung, hat er sein Sprechorgan wiedererhalten. Adele Mainardi aus Mailand war seit vier Jahren total gelähmt. Bei einem Gottesdienst einer Krankenwallfahrt 1949 stand sie plötzlich auf und ging nach vorne, um der Gottesmutter zu danken.
Bei den wiederholten Pestseuchen, bei Hungersnöten und Naturkatastrophen wandten sich die Menschen dieser Region an ihre Madonna. Die Piemontesen verdanken es auch ihrem Gnadenbild, daß die Provinz, die zu den größten Industriegebieten Italiens zählt, im 2. Weltkrieg vom Luft- und Landkrieg verschont geblieben ist.

Die Wallfahrtsanlage

Über eine Rampe kommt man zu einem Vorplatz, der beiderseits von Bauten für einfache Pilgerunterkünfte, Restaurants und Andenkenläden eingefaßt ist. Durch die „Porta regia" (Königspforte) gelangt man in einen Innenhof, der von Klosteranlagen und von der alten Wallfahrtskirche umgeben ist. Diese dreischiffige Basilika mit kreuzförmigem Grundriß umschließt die Hütte, in der Eusebius die Muttergottesfigur aufgestellt haben soll. Die 1910 entdeckten Fresken zeigen u. a. rechts vom Altar eine stillende Madonna und an der Decke die Krönung Mariens. Hier hat auch das Gnadenbild seinen Ehrenplatz.
Weiter oben erhebt sich die neue Wallfahrtskirche. Durch eine Säulenvorhalle gelangt man in den achteckigen Hauptraum, über den sich eine gewaltige, 80 m hohe Kuppel wölbt. Dieser moderne Raum ist mit Bronzetüren, Fresken, Reliefs und Statuen auf den sechs Seitenaltären

und einem Marmortabernakel auf dem Hauptaltar ausgestattet.
An einem gegenüberliegenden Hang laden 19 Kapellen, davon zwölf mit Darstellungen aus dem Marienleben, zwischen 1620 und 1720 errichtet, zu Gebet und Betrachtung ein.

Die Wallfahrt

Besonders zu den Marienfesten kommen große Scharen von Pilgern nach Oropa. Berühmt sind die Mitternachtsgottesdienste an Weihnachten. Ferner werden die Jahrestage der Krönungen des Gnadenbildes und das Patrozinium am 2. Sonntag im Mai festlich begangen. Am 1. Maisonntag

kommt jährlich eine Prozession von Biella, in Erfüllung eines Gelübdes in der Pestzeit des Jahres 1599.
Unter den Millionen von Pilgern, die seit Jahrhunderten das Heiligtum von Oropa aufsuchen, waren Mitglieder des Hauses Savoyen, Päpste und nicht zuletzt der hl. Johannes Don Bosco.

Lit.: Kriss 220–224 – J. Ladame, Notre-Dame de tout l'Europe, 1984, 13–19 – D. Marcucci, Santuari mariani d'Italia, 1987, 78 – M-Lexikon 5, 25

Bologna

Vergine de San Luca

Am Nordende des Apennin liegt die Hauptstadt der Region Emilia-Romagna mit dem das Stadtbild bestimmenden Heiligtum auf dem Monte Guardia, einem Hügel im Südwesten der Stadt.
Von der Autobahn A 1, Ausfahrt Bologna Süd, sowie von der Porta Saragozza in der Nähe des Fußballstadions führen Fahrstraßen auf die Anhöhe. Seit 1931 gibt es auch eine Drahtseilbahn. Am besten aber stimmt man sich auf die Gnadenstätte ein, wenn man den 1674–1739 errichteten Säulengang mit 666 Bögen und 15 Kapellen mit den Rosenkranzgeheimnissen zu Fuß und betend zurücklegt.

Ein Lukas-Bild?

Die örtliche Überlieferung weiß von einem griechischen Pilger Theodokos Kmnega, der 1160 in Gegenwart des Bischofs von Bologna zwei frommen Frauen, Azzolina und Beatrice mit Namen, ein Muttergottesbild übergab. Er sagte, es stamme aus der Sophienkirche in Konstantinopel, sei ein Werk des hl. Lukas und solle hier in der alten Lukas-Kapelle auf dem Guardia-Berg, welche die beiden Frauen betreuten, aufgestellt werden (vgl. zu den sog. „Lukas-Bildern" Seite 183).
In Wirklichkeit handelt es sich hier in Bologna um eine Ikone vom Typ der Hodegetria (Wegweiserin) aus dem 12. Jahrhundert. Maria weist mit ihrer rechten Hand auf den Jesusknaben zu ihrer Linken hin, der seine Hand zum Segen ausstreckt. Das Bild ist auf Leinwand gemalt und mit Gips auf einer Holztafel befestigt.

Geschichte

In der Kapelle aufgestellt, zog das Bild bald Beter und Hilfesuchende an. Unter dem Bischof Gherardo wurde 1194 der Grundstein für ein größeres Heiligtum gelegt und daneben ein Nonnenkloster errichtet.
Als im Jahre 1433 eine große Dürre die Ernte in dieser Region in Gefahr brachte, ließ der damalige Erzbischof das Gnadenbild in die Stadt hinuntertragen und in einer Kirche aufstellen. Der ersehnte Regen stellte sich ein, und die Stadtobrigkeit bestimmte, das solle jedes Jahr wiederholt werden. So wird bis heute am Samstag vor dem Fest Christi Himmelfahrt das Gnadenbild in die Stadt hinuntergetragen, in einer Kirche zur allgemeinen Verehrung aufgestellt und am Abend des Festtages in feierlicher Prozession wieder nach San Luca zurückgebracht.
Die heutige Wallfahrtskirche wurde von Carlo Francesco Dotti ab 1723 errichtet und 1765

geweiht. Das Gnadenbild, mit einer Silberplatte bedeckt, die nur die Gesichter von Maria und Jesus freiläßt, erfuhr 1603 durch Flachkronen für Mutter und Kind eine Ehrung. 1857 erfolgte eine weitere Krönung durch Papst Pius IX. Bei einer Restaurierung 1898 erhielt das Bild eine neue, reichgeschmückte und vergoldete Silberplatte, auf der unter der Heilig-Geist-Taube zwei Engel eine große Krone über der Gottesmutter halten.

Das Heiligtum

Das Äußere der Kirche präsentiert sich dem Besucher als großartige Barock-Architektur. Der Zentralbau wird überragt von einer mächtigen Kuppel, während neben dem Halbrund des Chores ein verhältnismäßig niedriger Turm steht. Das Innere zeigt einen ovalen Raum mit drei Kapellen auf jeder Seite. Von dem mit Marmor und Zierat reich ausgestatteten Chorraum führen links und rechs des Altares Stufen zur Apsis der Kirche empor, in der sich das Gnadenbild für alle sichtbar befindet.
Die Fresken über dem Altarraum und unter der Kuppel zeigen die Verherrlichung der Hl. Jungfrau als Schutzpatronin von Bologna. Die Altarbilder in den Seitenkapellen stammen von berühmten Künstlern, z. B. die Himmelfahrt Mariens von Francesco Pavona, die Krönung Mariens von Donato Creti, ferner die Darstellung, wie Maria und das Kind dem hl. Dominikus einen Rosenkranz überreichen, darunter die 15 Rosenkranzgeheimnisse von Guido Reni.

Die Wallfahrt

Viele Pfarreien der Stadt und des Umlandes halten jedes Jahr Prozessionen zum Heiligtum di San Luca. Es wird von Diözesanpriestern und

Dominikanerinnen betreut. Hauptwallfahrtstage sind Maria Himmelfahrt und das Fest des hl. Lukas (18. Oktober). Die Basilika ist täglich schon um 7 Uhr morgens geöffnet. Im Sommerhalbjahr werden unterhalb der Kirche Devotionalien-Stände aufgebaut.
Unter den vielen Besuchern war 1982 auch Papst Johannes Paul II. Zu jeder Tageszeit beten Einzelpersonen oder Gruppen den Säulengang hoch, um dann direkt vor dem Gnadenbild ihre Anliegen und die der Kirche und der Welt der Madonna vorzutragen.

Lit.: M-Lexikon 1, 530–531 – G. B. Faresin, Maria Regina d'Europe, 1988, 200–201 – J. Cassoli, La Madonna di S. Luca e il suo santuario in Bologna, 1989

Loreto

Das Hl. Haus von Nazaret

Die Stadt, heute mit mehr als zehntausend Einwohnern in der italienischen Region Marken, kaum 20 Kilometer südlich von Ascona entfernt, auf einem Hügel 127 m ü. d. M. unweit der adriatischen Küste, birgt die neben Lourdes und Fatima wohl bedeutendste Marien-Wallfahrtsstätte unseres Kontinentes.

Der legendäre Engelsflug

Nach einer aus dem 15. Jahrhundert stammenden Überlieferung sollen 1291 Engel das Haus der Hl. Familie in Nazaret (ital. Santa Casa) durch die Lüfte zuerst nach Dalmatien auf den Berg Trsat (siehe Seite 196) und 1294 auf die andere Seite der Adria getragen haben. Sie stellten es anfangs in einem Lorbeerhain (Lauretum – Loreto) ab. Wegen der einsamen Lage kam es 100 Schritte weiter an einen Platz, der zwei Brüdern gehörte. Als diese über die Opfergaben der herbeieilenden Pilger in Streit gerieten, fand das Hl. Haus schließlich seinen jetzigen Platz mitten auf einer Straße, wie Bodenuntersuchungen ergaben.
Tatsächlich besitzt die Santa Casa, heute im Zentrum der großen Kathedrale, kein Baufundament. Auch sind drei seiner Mauern bis zur Höhe von etwa drei Metern mit mehr als tausendjährigem Baumaterial errichtet.
Gegen die Legende ist zu sagen, die Gestalt des Hauses entspricht nicht der Wohnungsform der damaligen Zeit in Palästina. Auch wurde Nazaret schon 1263 zerstört. Wahrscheinlich haben Kreuzfahrer Steine und Mauerreste auf Schiffen mitgenommen und in Loreto zu einem Haus zusammengestellt. Bemerkenswert: Rinaldi Antici, Führer einer Gruppe von Kreuzfahrern aus den Marken, war beim Kreuzzug Friedrichs II. (1228 ff) Landvogt von Nazaret. Er starb bei der Verteidigung der Stadt. Seine Söhne stritten sich um den Besitz des Hl. Hauses.

Zur Geschichte

Ob Engelsflug oder Transport von Mauerteilen auf Schiffen, Tatsache ist, mit Beginn des 14. Jahrhunderts ergoß sich ein Strom von Pilgern zu diesem Haus. Aus ganz Europa kamen Pilgergruppen nach Loreto, wie auch Münzfunde belegen. Im Jahre 1450 pilgerte Papst Nikolaus V. hierher, was der Wallfahrt einen neuen Aufschwung brachte.
Die heutige mächtige Basilika mit der riesigen Kuppel ist 1468–1487 im Mischstil von Gotik und Renaissance entstanden. Architekt war Marino di Marco Cedrino. Die Kuppel schuf Giuliano da Sangallo. Auch Bramante war am Bau beteiligt. Von ihm stammt das erste Modell der Marmorverkleidung der Santa Casa. Der heutige Glockenturm stammt aus der Zeit 1751–54.

Das Heiligtum

Wer heute von dem weitläufigen Platz aus über die Freitreppe die Basilika betritt, läßt voll Bewunderung den fast 100 m langen, dreischiffigen und prachtvoll ausgestatteten Raum auf sich wirken. Herrlich auch die Mosaiken in der Kuppel mit Themen aus dem Marienleben. Ein Rundgang mag sich anschließen an den sog. „Nationalkapellen" vorbei, den dreizehn großen Seitenkapellen, die einzelnen Ländern gewidmet sind. Schließlich aber wird man angezogen von dem Hl. Haus direkt unter der Vierungskuppel. Der einfache, rechteckige Raum (9,5 × 4 m) mit einem 4,30 m hohen Tonnengewölbe ist von einem Renaissance-Gehäuse umschlossen mit

üppiger Marmorverkleidung, Statuen und Reliefdarstellungen. Die Wände im Innern sind vom Altar und einem Brand im Jahre 1921 geschwärzt. Reste von Fresken sind noch zu sehen. Ein kleiner Anbau hinter dem Altar wird als „Küche der Muttergottes" bezeichnet.
Über dem Altar steht das Gnadenbild, eine Figur aus Zedernholz, auch als „Schwarze Madonna" bezeichnet. Die Muttergottes hält das Jesuskind auf ihrem linken Arm, wobei die Köpfe nahe zusammen und fast auf gleicher Höhe sind. Beide tragen Edelmetallkronen und sind in einen langen, kostbaren Umhang gehüllt.
1797 wurde die Figur nach Frankreich entführt und Loreto fast vollständig ausgeplündert. Doch Napoleon ließ sie Papst Pius VII. übergeben, und so konnte sie 1803 wieder in Loreto aufgestellt werden.
Die heutige Figur ist eine getreue Nachbildung jener aus dem 14. Jahrhundert, die 1921 einem verheerenden Brand zum Opfer fiel.

Die lebendige Wallfahrt

Unter den vielen Millionen Loretopilgern waren Päpste, Staatsmänner, wie Kaiser Ferdinand II. von Österreich und der bayerische Kurfürst Maximilian, Heilige, wie Karl Borromäus und Franz von Sales, Philosophen, wie Descartes, Dichter, wie Torquato Tasso, und die Besatzung des Columbus-Schiffes, die sich auf der Rückkehr von Amerika nach Loreto verlobt hatte.
In der Zeit der Gegenreformation entstanden zahlreiche Nachbildungen des Hl. Hauses und des Gnadenbildes von Loreto, die ältesten nördlich der Alpen in Böhmen, Wien und Brüssel, also in damals von den Habsburgern beherrschten Gebieten. Von den vielen Loretokapellen seien genannt: Lugano in der Schweiz, St. Andrä im Lavantal in Österreich und Reutberg, Thyrnau und Bühl am Alpsee in Bayern.

Auch heute ist Loreto ein Wallfahrtsort mit großer Ausstrahlung. In der Hauptpilgerzeit im Mai ist der Platz vor der Basilika von Menschen gedrängt voll.
Aus den Anrufungen, mit denen die Gottesmutter allabendlich gegrüßt wurde, ist die Lauretanische Litanei entstanden, 1531 erstmals erwähnt.
Im Andenken an den legendären Engelsflug der Santa Casa haben Flieger, Ballonfahrer, ja sogar Astronauten die Gottesmutter von Loreto zu ihrer Schutzpatronin erkoren.

> Reich ist die Christenheit an Gnadenbildern,
> Zu denen wallend ein gequältes Herz
> Kann Ruhe finden. Manch schwere Bürde
> Ward abgeworfen in Lorettos Haus.
> Friedrich Schiller, in: Die Braut von Messina

Lit.: Kriss 228–233 – Rathgeber 220–223 – W. Plötzl, Loreto in Bayern, JbVK 2 1979, 187–218 – K. Müller-Gräffshagen, Hl. Stätten der Christenheit, 1985, 213–217 – M-Lexikon 4, 151–155

Rom: S. Maria Maggiore

„Maria, Salus Populi Romani"

Die päpstliche „Basilika major", nicht allzuweit vom Bahnhof Termini auf dem Monte Cispio des Esquilin-Hügels gelegen, gehört zu den ältesten Kirchen der Ewigen Stadt, zu den sieben Hauptkirchen Roms und gilt als Mutterkirche aller Marienkirchen der katholischen Welt.

„Maria Schnee“

Ob eine erste Kirche Mitte des 4. oder 5. Jahrhunderts gebaut worden ist, läßt sich heute nicht mehr eindeutig feststellen. Eine Überlieferung besagt, sie sei unter Papst Liborius (352–366) errichtet worden. Der reiche Senator Johannes, dessen Ehe kinderlos geblieben war, stellte für den Bau seinen ganzen Besitz zur Verfügung. In der Nacht vom 4. auf den 5. August, also mitten im heißen Sommer des Jahres 352 soll auf dem Esquilin Schnee gefallen sein. Deswegen trägt die Kirche auch den Namen „Maria Schnee“. Vom Klerus und Volk begleitet, zog der Papst herbei und bezeichnete den Platz zum Bau der Kirche.

Baugeschichte

In Erinnerung an die Verkündigung des Dogmas von der Gottesmutterschaft Mariens auf dem Konzil zu Ephesus 431 ließ Papst Sixtus (432–440) das damals sicher bescheidene Gotteshaus in eine prächtige Basilika umgestalten, deren Grundsubstanz heute noch erhalten ist. Dabei wurden Baumaterialien aus römischen Ruinen verwendet, wie die 40 Marmorsäulen im Langhaus belegen.
Unter Papst Nikolaus V. (1288–1292) erhielt die Kirche ihre heutige Apsis. Die herrlichen Mosaiken auf dieser Halbkuppel gehen auf Jacopo Torriti (um 1295) zurück. Bei den Mosaiken auf dem Triumphbogen, der das Mittelschiff abschließt, wurden frühere Reste eingearbeitet oder nachgeahmt. Papst Alexander VI. (1492–1503) stiftete die herrliche Kassettendecke im Hauptschiff, die mit dem ersten Gold aus dem neuentdeckten Amerika geschmückt sein soll. 1586 entstand die rechte der kuppelüberwölbten Seitenkapellen, die Capella Sistina, benannt nach Papst Sixtus V. (1585–1596), und 1611 dann die linke, die Capella Borghese oder Paolina, nach Papst Paul V. (1605–1621).
Der mit 75 Meter höchste Campanile Roms wurde 1377 hochgezogen. Unter Clemens X. (1670–1676) entstand die jetzige Barockfassade mit der mächtigen Freitreppe und einem Obelisken auf der tiefer gelegenen Piazza dell'Esquilino. Unter Papst Benedikt XIV. (1740–1758) bekam die Kirche nach Plänen von Ferdinando Fuga ihre Eingangsfassade. Davor, auf der Piazza S. M. Maggiore, steht seit 1614 eine 14 m hohe antike Säule mit einer Muttergottesstatue aus Bronze.

Das Innere der Basilika

Betritt man die Basilika durch eines der vier Tore – das fünfte wird nur zu einem Hl. Jahr geöffnet –, so umfängt einen die erhabene Weiträumigkeit und die Stille des Gotteshauses. Soweit nicht schon bei der Baugeschichte erwähnt, sei noch auf einige Kostbarkeiten hingewiesen:
Über den Säulenreihen des breiten und 86 m langen Mittelschiffes sind auf 27 Mosaikbildern Szenen aus dem Alten Testament und auf dem Triumphbogen Begebenheiten aus dem Leben Jesu und seiner Mutter dargestellt. Das wunderbare Mosaik in der Apsis-Halbkuppel zeigt auf einem dunkelblauen, sternenübersäten Himmel Jesus, der seine auf einer gemeinsamen Thronbank sitzende Mutter krönt. Darunter befindet sich ein kleines Mosaik mit der entschlafenen Maria, darüber Jesus, der die Seele seiner Mutter in Kindsgestalt auf dem Arm hält.
Unter dem von einem Baldachin überdachten Papstaltar liegt die Confessio, in der in einem Schrein fünf Bretter der Krippe von Bethlehem aufbewahrt werden, davor die kniende Gestalt des Papstes Pius IX. (1846–1878).

MP
ΘΥ

Das Gnadenbild

In der (linken) Capella Paolina thront in dem mit Lapislazuli, Jaspis und Achat reich geschmückten Altaraufbau das hochverehrte Gnadenbild „Maria, Salus Populi Romani" – Maria, Heil des Römischen Volkes. Das Alter dieser Ikone konnte noch nicht festgestellt werden. Wahrscheinlich ist sie im 12. Jahrhundert nach einem byzantinischen Vorbild entstanden.
Maria in Halbfigur ist in ein dunkelrotes Maphorion (über den Kopf reichenden Umhang) gekleidet. Ihr Blick ist ernst und in die Ferne gerichtet. Sie sieht aus wie eine vornehme Dame, hält die Hände lässig überkreuzt und trägt ein höfisches Taschentuch mit langen Fransen. Aller Schmuck und die Kronen aus dem Marianischen Jahr 1954 hat man ihr neuerdings wieder abgenommen bis auf einen Ring am rechten Mittelfinger. Der Jesusknabe auf ihrem linken Arm im golddurchwirkten Gewand hält in der linken Hand ein Buch. Seine Rechte ist wie die der Mutter im Segensgestus.
Oben im Altaraufbau ist ein Relief zu sehen, wie der Papst die Umrisse der Kirche in den Schnee zeichnet.

Die Wallfahrt

Mit Erlaubnis des Papstes Pius V. (1566–1572) ließ der hl. Franz Borgia sieben Kopien des Gnadenbildes anfertigen, von denen er eine den Jesuiten nach Ingolstadt übersandte. Sie befindet sich heute in einer der linken Seitenkapellen des dortigen Liebfrauen-Münsters und wird als „Dreimal Wunderbare Mutter" sehr verehrt. Allein in Bayern gibt es noch weitere zwölf „Maria Schnee"-Bilder, die Mittelpunkt einer Wallfahrt wurden.
Eugenio Pacelli, der 1899 vor dem Gnadenbild in S. M. Maggiore sein erstes hl. Meßopfer feierte, ließ als Papst Pius XII. das Bild zur Dogmenverkündigung der leiblichen Aufnahme Mariens in den Himmel am Allerheiligentag 1950 nach St. Peter bringen.
Die Santa-Maria-Maggiore-Basilika gehört nicht nur zum Besuchsprogramm jedes Romreisenden und Kunstinteressierten, das Gnadenbild wird von den Römern und Besuchern aus aller Welt hochverehrt.

Lit.: Rathgeber 165–169 – E. M. Jung-Inglessis, Römische Madonnen, 1989, 145–147 – S. Montanari, Die Marienkirchen Roms, 1989, 41–45 – F. J. Brems, Wir sind unterwegs ... 500 bayr. Marienwallfahrtsorte, 1992, 111–113 und 308 – M-Lexikon 5, 525–527

Rom: Madonna del Divino Amore

Heiligtum der Mutter der Göttlichen Liebe

Der vielbesuchte Gnadenort liegt auf einem Hügel in der römischen Campagna im Süden der Ewigen Stadt. Von der großen Ringstraße ist er bei der Ausfahrt Via Adreatina nur zwei Kilometer entfernt. Die Buslinie 218 führt vom Platz vor der Lateranbasilika und die Linie 318 von der Piazza Ostiense hierher.

Das Bild am Torturm

Im 18. Jahrhundert war die Umgebung Roms noch durch weite Ebenen, Schafherden, Überre-

ste römischer Bauten und Ruinen alter Herrschaftshäuser geprägt. Auf einer kleinen Anhöhe mit Ruinen eines alten Schlosses, dem Castel di Leva (Löwenschloß), war an einem Torturm ein Bild der Muttergottes gemalt. Hirten, die im Winter in dieser Gegend ihre Herden weideten, pflegten vor dem alten Gemälde den Rosenkranz zu beten.
Im Frühjahr 1740 war ein Pilger unterwegs nach Rom, verirrte sich und kam in die Gegend des heutigen Heiligtums, als einige Schäferhunde wütend und bellend auf ihn zustürzten. In seiner Not bemerkte er das Bild am Turm und rief „Maria, hilf!" Augenblicklich wurden die Hunde ruhig und ließen ihn weiterziehen. Der Pilger erzählte das Ereignis vielen Leuten, und so verbreitete sich die Verehrung der Hl. Jungfrau an diesem Ort. Tag und Nacht – so eine Nachricht – kamen Menschen, um vor dem Tor-Bild Maria um ihre Hilfe zu bitten.

Geschichte

Die Inspektion eines römischen Vikars vor Ort hatte zur Folge, daß 1742 das Bild vom Turm abgelöst und in eine nahe Kirche gebracht wurde. Doch schon 1745 konnte das hochverehrte Gnadenbild nach Castel di Leva zurückgebracht werden. Den blumengeschmückten Wagen begleiteten zahlreiche Menschen, auch Mitglieder von Bruderschaften und sogar eine Abteilung päpstlicher Grenadiere. Innerhalb eines Jahres wurde die heutige Kirche errichtet und 1750 geweiht.
Doch etwa ab 1840 erlag das Heiligtum einem schnellen Verfall. Die Gebäude wurden z. T. in Bauernhöfe und Viehställe umgewandelt. Das religiöse Leben beschränkte sich auf zwei Monate im Winter. Die übrige Zeit lag die Kirche fast verlassen da und wurde gelegentlich sogar zur Ablagerung von Heu verwendet.
Als Diebe 1930 in die Kirche eindrangen und ausraubten, war dies der Anlaß für den Besuch eines Apostolischen Visitators mit dem Ergebnis, dem Ort einen ständigen Priester zuzuweisen. Unter Don Umberto Terenzi erlebte die Gnadenstätte einen Neuanfang. Eine Buslinie von Rom hierher wurde eingerichtet, auf dem Giebel die weiße Statue einer Immaculata aufgestellt und eine Kongregation der „Töchter der Mutter der Göttlichen Liebe" gegründet.

Die Retterin Roms

Im 2. Weltkrieg war der Hügel Kriegsschauplatz. Es kam im Winter 1943/44 zu Bombardierungen. Das Gnadenbild war nach Rom gebracht worden, „nicht um Sicherheit zu finden, sondern um Sicherheit zu geben", wie Zeitungen schrieben. Zuerst in S. Lorenzo in Lucina aufgestellt, konnte die Kirche die Scharen der Beter bald nicht mehr fassen, und so wurde das Bild in die Ignatiuskirche gebracht, wo ganz Rom die Madonna um Hilfe anrief. Als die Römer versprachen, das Heiligtum in Castel di Leva zu restaurieren, ging ganz unvorhergesehen und schnell der Krieg an der Ewigen Stadt vorbei.
Die Menschen strömten in die Kirche oder zogen am überfüllten Gotteshaus vorbei, um der Hl. Jungfrau ihren Dank zu bekunden. Am 11. Juni 1944 kam auch Papst Pius XII., um der „Retterin Roms" zu danken. Im Herbst jenes Jahres wurde das Gnadenbild im Triumphzug auf den „Hügel der Madonna" zurückgebracht.

Gnadenstätte und Wallfahrt

Die Kirche auf dem Hügel bietet sich als einfacher Bau dar mit seitlichem Glockenaufsatz. Über dem Altar befindet sich das ikonenhafte Gnadenbild der „Madonna del Divino Amore" (14. Jahr-

hundert). Von zwei Engeln eingerahmt ist Maria als Halbfigur im blaugrünen Kleid mit Kopftuch zu sehen. Sie weist auf den Jesusknaben zu ihrer Rechten hin, der die Hand zum Segen hebt. Man erkennt, daß das Bild über lange Zeit am Torturm der Witterung ausgesetzt war. Doch das Gesicht der Gottesmutter blieb unversehrt und zeigt Schönheit und Milde. Oberhalb ist ein Stück mit der von Strahlen umgebenen Hl. Geist-Taube angefügt. Der Hl. Geist ist Ausdruck der göttlichen Liebe. So ist Pfingsten hier auch Hauptwallfahrtsfest.
Auf der linken Seite des Kirchenschiffes schließen sich Räume an, die übervoll sind von Votivbildern und Opfergaben. Um die Kirche gruppieren sich ein Kindergarten, ein Waisenhaus für Mädchen, ein Zentrum des sozialen Dienstes in Krankenhäusern, das Haus der „Töchter der Mutter der Göttlichen Liebe“, ein Pilgerheim, eine Lourdesgrotte und ein Freialtar. Ein lebendiger Ausdruck der Verehrung des Gnadenbildes durch die Römer ist die traditionelle Fußwallfahrt an jedem Samstag zwischen Ostern und Oktober. Um Mitternacht zieht man vom Axum-Obelisk (Piazza di Porta neben dem Circus Maximus) weg und kommt nach 15 Kilometer zur Morgenmesse um 5.30 Uhr an der Gnadenstätte an. Seit 1974 betreuen Oblatenpriester die Wallfahrt. Papst Johannes Paul II. war am 1. Mai 1979 hier. Von den mehr als 200 „Hausmadonnen“ der Ewigen Stadt zeigen nicht wenige das Gnadenbild „del Divino Amore“.

Lit.: P. Pietra, La Madonna del Divino Amore, 1958 – Ders., (Kleinschrift in deutsch), 1982 – D. Marcucci, Santuari mariani d'Italia, 1987, 45–46

Pompei/Pompeji

„Königin des hl. Rosenkranzes“

Die Stadt liegt im Süden von Neapel am Fuße des Vesuv, dessen Ausbruch am 14. August 79 n. Chr. etwa 20 000 Menschen den Tod brachte. Die erst seit 1748 freigelegten Ruinen mit Mosaiken, Fresken und Statuen ziehen jedes Jahr Tausende von Touristen an.

Die neue Stadt

Pompei, neben dem antiken Ruinenfeld entstanden, ist heute wieder voll pulsierenden Lebens. Die Häuser werden überragt von dem 80 m hohen Turm des Marienheiligtums. Die neue Stadt verdankt sehr viel dem unermüdlichen Einsatz von Bartolo Longo, den man auch den „Apostel von Pompei“ nennt.
1841 bei Brindisi geboren, studierte er Rechtswissenschaft. Durch die Freundschaft mit dem Dominikanerpater Alberto Radente trat er dem 3. Orden des hl. Dominikus bei und erhielt den Namen „Fra Rosario“. Er lernte die verwitwete Gräfin Marianna de Fusco kennen, die er später auch heiratete. Sie bat ihn, ihr Erbe zu verwalten. So kam er 1872 in das Tal von Pompei, wo die Gräfin Landbesitz hatte. Und hier vernahm er eine innere Stimme: „Verbreite den Rosenkranz!“ Er versprach, die Gegend nicht eher zu verlassen, bevor er den Wunsch der Madonna erfüllt habe. Nach dreijährigem Bemühen, unter den Landbewohnern das Rosenkranzgebet zu fördern, konnte er 1876 eine „Bruderschaft des hl. Rosenkranzes“ gründen.

Das Gnadenbild aus Leinwand

Um die Begeisterung der Bevölkerung zu erhalten, suchte er nach einer bildlichen Darstellung der Rosenkranzkönigin. P. Radente hatte ein solches Bild für 3,40 Lire bei einem Trödler in Neapel gekauft. Er hatte es einer Tertiarin geschenkt, die es an B. Longo weitergab. Es war ein Stück Leinwand in sehr schlechtem Zustand und verschmierten Farben.
Der zuständige Bischof von Nola äußerte den Wunsch, für die armen Leute hier eine Kirche zu errichten und spendete einen ersten Betrag. Bartolo Longo ließ das Bild restaurieren und in einem vergoldeten Rahmen zur Verehrung aufstellen. Am 8. Mai 1876 wurde der Grundstein zur Kirche gelegt. Bartolo Longo sammelte nun in ganz Italien und mehreren europäischen Ländern, darunter auch in Deutschland, Geld für den Kirchenbau. So entstand durch viele kleine Gaben das Marienheiligtum von Pompei.
Vom 13. Februar bis 19. März 1876 ereigneten sich acht Wunder. Darunter war ein krankes Mädchen aus Neapel, das plötzlich geheilt wurde, nachdem es eine Spende für den Bau der Rosenkranzkirche versprochen hatte.
1884 erschien eine eigene Zeitschrift „Il Rosario es la Nuova Pompei" in eigener Druckerei mit angeschlossener Druckerschule. Das war der Beginn der caritativen Einrichtungen im Umkreis des Heiligtums. Es entstanden zwei Waisenhäuser, ein Heim für Kinder, deren Eltern im Gefängnis waren, und ein Haus für geistliche Übungen. 1891 wurde die herrliche Rosenkranzkirche von Kardinal La Valette im Beisein von 74 Bischöfen und Tausenden von Gläubigen geweiht. 1901 erhielt sie den Titel „Basilika". Der Campanile wurde erst 1925 fertiggestellt.
Bartolo Longo starb 1926. Er wurde zu Füßen des Gnadenbildes begraben und 1980 seliggesprochen.

Die Rosenkranz-Basilika

Über einen weiten Platz gelangt man zur Eingangsfassade des von einer mächtigen Kuppel überwölbten Gotteshauses. Im Zentrum der herrlich ausgestatteten Basilika befindet sich das Gnadenbild auf einem Thronaufbau, vor dem 15 goldene Lampen hängen, die 15 Rosenkranzgeheimnisse symbolisierend. Auf dem Bild ist die Muttergottes mit dem Jesuskind zu sehen. Davor knien der hl. Dominikus und die hl. Katharina von Siena und empfangen den Rosenkranz. Das Gnadenbild ist geradezu übersät mit Brillanten, die von Personen aus aller Welt für erlangte Hilfe gespendet wurden. Die Gottesmutter wurde 1887 im Auftrag von Papst Leo XIII. mit einer Brillanten-Flachkrone geschmückt. Das Gesicht der Himmelskönigin wirkt geheimnisvoll und wie verklärt. Viele Pilger weinen, wenn sie das wundertätige Gnadenbild sehen.
1979 besuchte Papst Johannes Paul II. das Heiligtum und sprach vor Tausenden von Menschen: „Möge die Jungfrau des hl. Rosenkranzes in Güte herabblicken auf unsere Familien, auf Italien, auf Europa und die Welt, wie der ehrwürdige Longo zu beten pflegte."

„Königin des hl. Rosenkranzes, bitte für uns!"

Lit.: F. Weiss, Marienwallfahrten um den Erdkreis, 1970, 59–63 – J. Lüthold-Minder, Die Rosenkranzkönigin von Pompej und ihr Advokat Bartolo Longo, 1981 – M-Lexikon 4, 144–145 und 5, 268

Syrakus (Sizilien)

„Madonna della Lacrime"

Die Hafenstadt am Ostufer der Insel Sizilien war durch ihre zentrale Lage im Mittelmeerraum im Laufe der Geschichte der Verbindungsring zwischen den Völkern und Kulturen des Ostens und des Westens und ist es bis heute. Hier entwickelte sich seit 1953 einer der größten Marien-Wallfahrtsorte Europas.

Die Madonna weint

In einer einfachen Kammer des ebenerdigen Hauses Via degli Orti Nr. 11 der Vorstadt Santa Lucia lag die 20jährige Antonina, seit sechs Monaten verheiratet mit dem Arbeiter Angelo Jannuso. Ihre Schwangerschaft brachte ihr große Beschwerden und schmerzhafte Krämpfe. Durch eine Blutvergiftung befand sie sich in akuter Lebensgefahr und verlor zeitweise ihre Sehkraft. Über dem Bett hing das Relief einer Madonna in Halbfigur aus Gips. Das Ehepaar hatte es als Hochzeitsgeschenk bekommen.
Am Morgen des 29. August 1953 blickte die Frau zur Madonnenfigur und bemerkte, wie aus den Augen der Hl. Jungfrau Tränen hervorquollen, die sogar auf das Kissen herabtropften. Das wiederholte sich mehrmals an diesem und den folgenden drei Tagen. Auf ihr Rufen eilten Nachbarn herbei und sahen ebenfalls die weinende Madonna. Wie ein Lauffeuer ging es durch das Stadtviertel und ganz Syrakus: „La Madonna piange!" (Die Madonna weint).
Um der Neugier der immer zahlreicher herbeieilenden Menschen entgegenzukommen, stellte man die Statuette zuerst auf einen Tisch im Hausflur, am nächsten Tag an die Außenmauer des Hauses und tags darauf in den Vorgarten eines Nachbarhauses. Viele begannen laut zu beten, andere aber schüttelten den Kopf. Die glaubensfeindliche Presse schrieb von Massenpsychose und Überspanntheit. Am letzten Tag, dem 1. September, untersuchte auf Einladung der Erzbischöflichen Kurie eine Ärztekommission einen Kubikzentimeter der Flüssigkeit und stellte fest, sie enthält die gleichen Substanzen wie menschliche Tränen.
Die Menschen warteten in langen Schlangen in der Sommerhitze, bis sie zum Madonnenbild kamen, um dort für einen Augenblick zu beten. Viele versuchten mit Wattebäuschchen die Tränen aufzufangen. So beschlossen der Erzbischof und der Bürgermeister, die Statue auf dem nahen Euripidesplatz unter einer überdachten Steinsäule aufzustellen. Zur Übertragung waren etwa 20 000 Menschen zusammengeströmt.

Die Stellungnahme der Kirche

Schon am 2. September kam der Erzbischof, um die Figur zu sehen. Wenige Tage später betete er vor dem Bild mit den Menschen den Rosenkranz. Die sizilianischen Bischöfe äußerten sich am 12. September einstimmig: „. . . Es besteht kein

Zweifel an der Wirklichkeit des Weinens." In einer Rundfunkansprache sagte Papst Pius XII. am 17. Oktober: „Da die Verehrung Mariens so tief glühend im sizilianischen Volk verwurzelt ist, wen könnte es da wundern, daß sie . . . eine eurer berühmten Städte gewählt hat, um in jüngster Zeit ausgezeichnete Gnaden auszuteilen!"
Zum 10. Jahrestag sprach der Erzbischof von Catania von einer „Botschaft ohne Worte, denn was kann überzeugender sein als die Tränen einer Mutter!"

Die Wallfahrt und das Heiligtum

Nicht nur die schwangere Antonina wurde von ihren Beschwerden frei und brachte an Weihnachten jenes Jahres einen gesunden Sohn auf die Welt. Im Zimmer des Weinens konnte Nuncio Vinci seinen seit Jahren gelähmten Arm plötzlich wieder bewegen. Auch ein 10jähriges Mädchen wurde von einer Kinderlähmung geheilt. Innerhalb eines halben Jahres ereigneten sich 600 Krankenheilungen, die durch eine Ärztekommission sorgfältig überprüft wurden. Zahlreiche Bekehrungen „veränderten das Antlitz von Syrakus", wie der Erzbischof erklärte.
In wenigen Jahren überschritt die Zahl der Pilger eine Million und stieg weiter. Das machte den Bau einer Wallfahrtskirche notwendig. Aus einem international ausgeschriebenen Wettbewerb gingen die französischen Architekten Michel Andrault und Pierre Parat als Sieger hervor. 1966 wurde mit dem Bau an der Piazza della victoria begonnen, und nach zwei Jahren intensiver Arbeit konnte am 6. März 1968 die Krypta geweiht werden. Am 1. September wurde das Marien-Relief unter dem Jubel der Bevölkerung dorthin übertragen.
Rings um diese Unterkirche mit einem Durchmesser von 90 Metern sind Statuengruppen mit den Botschaften von La Salette, Lourdes, Fatima und Syrakus errichtet worden. Auch entstanden Darstellungen der 15 Rosenkranzgeheimnisse. 1987 begannen die Arbeiten zur Errichtung der Oberkirche, die in gewölbten Rippen pyramidenartig die Krypta überragt. In der Nähe des Ortes, an dem die Madonna Tränen vergossen hat, soll eine kleine Gnadenkapelle entstehen.
Zahlreiche Pilger aus vielen europäischen Ländern und aus Übersee kommen, um vor dem Gnadenbild inständig zu beten. Und es gibt überall in der Welt Nachbildungen der „Madonna der Tränen", so in Vietnam und Japan, in Kenia und den USA. Der frühere Primas von Polen, Kardinal Wyszinski, sprach vor dem Gnadenbild die Worte: „Maria, weine nicht! Wir wollen alles tun, damit du nicht mehr weinen mußt!"

Lit.: Rathgeber 93–102 – J. Ladame, Notre Dame de tout l'Europe, 1984, 277–284 – Die Madonna der Tränen, Mitteilungsblatt des Wallfahrtsortes in Siracusa/Sizilien (auch in deutsch), o. J. – M-Lexikon Bd. 6

Cagliari (Sardinien)

„Nostra Signora di Bonaria"

Im Süden der Insel Sardinien liegt in einer geschützten Bucht ihre Hauptstadt Cagliari. Über der Stadt mit vielen Zeugnissen ihrer wechselvollen Geschichte erhebt sich die Wallfahrtskirche Bonaria.

Entstehungslegende

Um 1330 errichtete hier der Orden der Mercedarier ein Kloster. Der Mönch Carlo Catalon sah

eines Tages beim Gebet folgende Szene vor sich: Während eines schweren Gewitters näherte sich dem Hafen ein Gast, von dem die Stadt großen Segen zu erwarten habe.
Am 25. März 1370 trat das vorausgesagte Ereignis ein. Ein Handelsschiff auf dem Weg von Spanien nach Italien geriet vor Sardinien in einen schweren Sturm. Die Matrosen warfen Handelsware über Bord, auch eine schwere Kiste, deren Inhalt man nicht kannte. Sobald die Kiste im Wasser war, beruhigten sich die Wellen, und die Kiste schwamm unterhalb des Klosters ans Ufer. Zwei Mönche trugen sie ohne Mühe zur Kirche hinauf. Zu aller Überraschung wurde darin eine Statue der Muttergottes mit dem Jesuskind gefunden, das heutige Gnadenbild.
Diese Legende ist auf vier Tafeln (um 1500) in der Kirche dargestellt. Auch die Kiste ist noch zu sehen.

Das Gnadenbild

Die nur 56 cm große, künstlerisch wertvolle Figur ist byzantinisch-griechischer Herkunft. Das dunkle, ausdrucksstarke Gesicht der Madonna umwallt langes Haar, das auf die Schultern fällt. Ihr Kleid ist karmesinrot, ihr Umhang dunkelblau. Die rechte Hand Mariens befindet sich in einer Stellung, als habe sie ein Zepter oder eine Kerze gehalten. Auf dem linken Arm trägt sie das unbekleidete Kind, das eine (Welt-)Kugel hält.
Die kostbaren Kronen, mit denen man Mutter und Kind 1870 schmückte, wurden 1923 gestohlen. Papst Pius XI. ließ 1926 die Figur erneut krönen.

Die Wallfahrtskirche

Die Statue, im Zentrum der Kirche aufgestellt, erfreute sich vom ersten Augenblick an größter Beliebtheit. Weil sich die alte Kirche wegen des Zustroms der Pilger als zu klein erwies, errichtete man zu Beginn des 20. Jahrhunderts einen großartigen Neubau mit hohem Mittelschiff, Querschiff und hochgezogener Kuppel darüber. Er wurde am 22. April 1926 vom päpstlichen Legaten geweiht.
Zahllose Ex voto-Gaben schmücken die Innenwände der Wallfahrtskirche, darunter Ruder, Segelteile, Takelagen und Schiffsmodelle vom einfachen Segelboot bis zum modernen Dampfer. Ein silberner Anker, den die Königin Margherita zum Dank für die glückliche Heimkehr des Duce degli Abruzzi vom Nordpol spendete, ist besonders erwähnenswert.
Mit einem Schiffsmodell, das hier geopfert wurde, hatte es eine besondere Bewandtnis. Eine fromme Pilgerin ließ nach ihrer Rückkehr vom Hl. Land ein kleines Schiff aus Elfenbein an einer Hanfschnur gegenüber dem Gnadenbild aufhängen. Der Kiel des Schiffsmodells zeigte eigenartigerweise immer die Richtung des Windes nicht in der Bucht, sondern auf hoher See an, so daß sich die Kapitäne danach richten konnten. Eine Kommission hat 1592 diese Besonderheit bestätigt. Erst als 1850 ein Marmoraltar aufgestellt und die Schnur durch eine Eisenkette ersetzt wurde, hörte die wundersame Zeichensetzung auf.

Die Wallfahrt

Das Gnadenbild wird als Patronin der Stadt und der Insel Sardinien verehrt. Ihr zu Ehren feiern die Bewohner der Städte und Dörfer der Insel eigene Feste. Die staatlichen und kirchlichen Würdenträger pflegen vor Antritt ihres Amtes der Madonna von Bonaria einen Besuch abzustatten.
Besonders die Fischer und Seeleute verehren sie als ihre Schutzfrau. Viele Küstenstädte in Italien

und Spanien, ja sogar in Südamerika, pflegen ihren Kult. Auch soll sich der Name der Stadt Buenos Aires in Argentinien von Bonaria (schöne Aussicht) herleiten.

Lit.: Kriss 251–253 – Rathgeber 249–250 – D. Marcucci, Santuari mariani d'Italia, 1982, 85–87

Ta' Pinu (Malta)

Im Nordwesten der kleineren Insel Gozo befindet sich in der Nähe des Dorfes Gharb das berühmteste Marien-Heiligtum der Maltesischen Republik.

Die Feldkapelle

Das Heiligtum ist der Himmelfahrt Mariens geweiht. Für das Jahr 1545 ist aufgezeichnet, daß hier eine kleine Feldkapelle renoviert wurde. Im Jahre 1575 sollte sie abgerissen werden, doch als ein Arbeiter mit der Spitzhacke den ersten Schlag ausführen wollte, brach er sich den Arm. So ließ man die Kapelle stehen. 1587 ging sie in den Besitz des Philipp Gauci über, der sie restaurieren und darin das 1619 gemalte heutige Gnadenbild aufstellen ließ. Von da an wurde das kleine Heiligtum „Ta' Pinu" (vom Philipp) genannt.

Der Aufruf zum Gebet

Am 22. Juni 1883 um halb elf Uhr vormittags vernahm die an der Kapelle vorbeigehende Bäuerin Karmni Grima mehrmals eine Stimme,

die sie zum Gebet rief. Sie betrat die Kapelle und verrichtete wie gewohnt ihre Gebete. Die Stimme, die vom Bildnis der Hl. Jungfrau kam, bat sie, drei Ave Maria zu beten, in Erinnerung an die drei Tage, an denen ihr Leib vor der Himmelaufnahme im Grab lag.
Diese Begebenheit wurde trotz versuchter Geheimhaltung bekannt und zog viele Besucher an. Im Laufe der Zeit kam es auch zu wunderbaren Heilungen. Die Verehrung der „Muttergottes von Ta' Pinu" breitete sich aus.

Die Basilika auf freiem Feld

Einige Jahre nach der Erscheinung wurde der Bau einer größeren Kirche beschlossen, nicht zuletzt

wegen der steigenden Zahl der Wallfahrer. Die Arbeiten begannen erst 1920 und konnten 1936 abgeschlossen werden. Der Architekt Andra Vassallo und der Baumeister Vittor Vella wählten als Baumaterial den heimischen Kalkstein, der eine rosa-gelbliche Patina annimmt und zu jeder Tageszeit eine eigene Helligkeit ausstrahlt.
Die Kirche mit dem hohen, freistehenden Glockenturm ist im neuromanischen Stil erbaut und hat den Grundriß eines von einer Kuppel überwölbten lateinischen Kreuzes. Im Innern mit den zwei breiten Seitenschiffen und einem hohen Mittelschiff steht der Freialtar unter der Vierungskuppel, von einem auf vier Säulen ruhenden Baldachin überragt. Die Altar-Mosaikbilder in den Seitenkapellen zeigen Szenen aus dem Marienleben. Der helle Naturstein und die Buntglasfenster haben in dem großen Raum eine eigenartige Farbwirkung.
In einer kleinen Seitenkapelle links vom Altar liegt das Grab der 1922 verstorbenen Karmni Grima. Im rechten Querschiff führt eine Türe zu einem Raum mit Votivgaben, unter denen, der geographischen Lage von Malta entsprechend, viele Schiffsmodelle sind.
Die Apsis der Kirche bildet die alte, heute reich ausgeschmückte Ta' Pinu-Kapelle. Über dem Altar befindet sich in einem vergoldeten Rahmen das hochverehrte Gnadenbild. Es zeigt über dem von Apostelfiguren gesäumten Steingrab die zum Himmel auffahrende Gottesmutter in einer hellen Wolkenöffnung und von Engeln umgeben. Maria steht auf der Mondsichel, und ihr Haupt ist mit einem Sternenkranz umrahmt. Zwei Engel halten eine Edelmetallkrone über sie, mit der sie 1935 Kardinal Lepisier gekrönt hat. In jenem Jahr erhielt die Wallfahrtskirche auch den Ehrentitel „Basilika".

Die Wallfahrt

Von der einheimischen Bevölkerung hochverehrt und von Touristengruppen besucht, bildet Ta' Pinu eine Oase der Gnade und des Friedens. Hauptwallfahrtstag ist der 14. August. Papst Johannes Paul II. befand sich 1990 unter den Betern und hat die Mariendarstellung auf dem Gnadenbild mit einem Diadem verziert.
Ein Kreuzweg mit überlebensgroßen Stationsfiguren führt auf eine gegenüberliegende Anhöhe. Von hier aus bietet sich ein schöner Blick auf das Heiligtum.

Lit.: N. J. Cauchi, The Shrine of the blessed Virgen „Ta' Pinu", 1983 – (Faltblatt) Ta' Pinu Shrine (viersprachig, darunter auch deutsch) – Cicerone-Reiseführer Malta, 1993, 249–250

Covadonga
Merixtel
León
Montserrat
Zaragoza
Nazaré
Fatima
Lluc
Valencia
Guadalupe
Sevilla
Rocío
Candelaria

DER SÜDOSTEN

Portugal
Spanien
Andorra

Fatima

„Nossa Senhora do Rosario"

Der Marien-Wallfahrtsort, der zu den größten der Welt zählt, liegt im Herzen Portugals, etwa 130 Kilometer nördlich der Hauptstadt Lissabon und 50 Kilometer von der atlantischen Küste entfernt.
Der Name ist arabisch. Die Lieblingstochter Mohammeds hieß so. Eine örtliche Sage weiß von einer maurischen Fürstentochter dieses Namens, die sich im 12. Jahrhundert aus Liebe zu einem christlichen Ritter taufen ließ und hier ihre letzte Ruhestätte fand.

Die Situation um 1917

1910 war in Portugal eine Revolution ausgebrochen. Die Freimaurer beschlagnahmten das ganze Kirchenvermögen. Viele Kirchen wurden geschlossen, katholische Schulen verboten, Ordensleute vertrieben. 1917, im Jahr der Erscheinungen und mitten im 1. Weltkrieg, brach in Rußland die kommunistische Oktoberrevolution aus. Die Bewohner von Fatima und Umgebung, in der Mehrzahl einfache Bauern und Schafhirten, hatten mit der Außenwelt wenig Berührung. Am Sonntag ging man in seine Kirche, und in den Familien wurde täglich der Rosenkranz gebetet. In dem kleinen Weiler Aljustrel bei Fatima lebten damals die drei Seherkinder Lucia dos Santos (10 Jahre), ihr Vetter Francisco Marto (9 Jahre) und dessen Schwester Jacinta (7 Jahre). Wie in der Gegend üblich, paßten sie auf eine kleine Schafherde auf.
Schon 1916 hatten die Kinder dreimal eine Engelsgestalt gesehen, die sie auf die Erscheinungen der Hl. Jungfrau vorbereitete. Der Engel betete mit ihnen für die Bekehrung der Sünder. Einmal hielt der Engel einen Kelch in der Hand und darüber eine Hostie. Er reichte den Kindern die hl. Kommunion.

Die Erscheinungen der Hl. Jungfrau

Sechsmal ist die Jungfrau Maria zwischen Mai und Oktober 1917 erschienen.
Am 13. Mai befanden sich die Kinder mit ihren Schafen in einer Mulde, die Cova da Iria (Friedensmulde) heißt. Plötzlich um die Mittagszeit werden sie von einem Blitzstrahl erschreckt. Die Kinder befürchten ein Gewitter und wollen die Herde nach Hause treiben. Ein zweiter Lichtschein läßt sie gebannt stehenbleiben. Da sehen sie über einer Steineiche eine schöne junge Frau in einem strahlend weißen Gewand und einem hellen Umhang, der über den Kopf bis zum Boden reicht. In ihren gefalteten Händen hält sie einen Rosenkranz mit einem goldenen Kreuz. Die Dame beruhigt die Kinder und sagt, sie sollen bis zum Oktober an jedem 13. hierher kommen. Sie ermuntert sie zum Rosenkranzbeten und zur Sühne.
Bei der 2. Erscheinung gehen etwa 40 Leute mit. Die Hl. Jungfrau sagt zu Lucia, sie müsse noch längere Zeit auf Erden bleiben, um

> „die Andacht zu meinem Unbefleckten Herzen zu verbreiten. Wer sie übt, dem verspreche ich das Heil."

Obwohl die Kinder viel verspottet werden, kommen am 13. Juli mehr als 4000 Menschen zur Mulde. Die Kinder erleben bei dieser Erscheinung einen Blick in die Hölle. Die Hl. Jungfrau tröstet die erschreckten Kinder und verkündet ihnen eine wichtige, bis heute bedeutsame Botschaft:

> „Wenn man tut, was ich euch sage, werden viele Seelen gerettet werden, wird Rußland sich bekehren und der Welt eine Zeit des Friedens geschenkt werden. Wenn nicht, werden verschiedene Nationen vernichtet werden. Am Ende aber wird mein Unbeflecktes Herz triumphieren."

Neben der Höllenvision und der geforderten Weihe der Welt an das Unbefleckte Herz Mariens erfahren die Kinder noch ein sog. „drittes Geheimnis", über das sie aber schweigen. Maria gibt noch die Anweisung, jedem Gesetzchen des Rosenkranzes anzufügen:

> „Mein Jesus, verzeih uns unsere Sünden, bewahre uns vor dem Feuer der Hölle, führe alle Seelen in den Himmel, besonders jene, die deiner Barmherzigkeit am meisten bedürfen."

Am 13. August warteten 18 000 Menschen vergebens auf die drei Kinder. Sie waren drei Tage eingesperrt. Man versuchte mit Drohung und Gewalt, ihnen das Geheimnis zu entlocken. Doch sie schwiegen. Die Hl. Jungfrau erschien ihnen am 19. August, als sie in einer Senke in der Nähe des Hügels Cabaco ihre Schafe weideten. Die Botschaft dieses Tages lautete:

> „Betet, betet viel und bringt Opfer für die Sünder!"

Am 13. September sahen mehr als 20 000 Menschen eine Lichtkugel von Osten heranschweben und weiße Flocken wie Blütenblätter vom Himmel fallen. Die Hl. Jungfrau forderte die Kinder auf, weiterhin den Rosenkranz zu beten. Und im Oktober werde sie ein Wunder wirken, damit alle glauben.

Am 13. Oktober hatten die großen Zeitungen Portugals angekündigt, die Jungfrau werde ein Wunder wirken. Obwohl es heftig regnete, hatten sich mehr als 70 000 Menschen in der Cova da Iria versammelt. Sie sahen eine weiße Wolke, die sich schützend um die Kinder legte. Die Botschaft dieses letzten Erscheinungstages war:

„Ich bin Unsere Liebe Frau vom Rosenkranz. Man bete weiterhin den Rosenkranz. Ich will, daß man hier eine Kapelle errichtet. Man beleidige den Herrn nicht mehr, der bereits so sehr beleidigt worden ist."

Da zeigte plötzlich Lucia zum Himmel und rief: „Seht, die Sonne!" Das sog. „Sonnenwunder" wurde von den meisten der Anwesenden, aber auch von vielen gesehen, die kilometerweit entfernt waren. Nach glaubwürdigen Augenzeugenberichten drehte sich die Sonne dreimal um sich selber, und Strahlenbündel in allen Regenbogenfarben gingen von ihr aus und fielen auf die Anwesenden. Dann verfärbte sich die Sonne blutigrot und schien in drei Bewegungen auf die Erde zu stürzen. Die Menschen sanken vor Angst in die Knie und flehten um Barmherzigkeit. Und alle erlebten, daß in diesen wenigen Minuten ihre durchnäßten Kleider völlig trocken wurden. Sie riefen: „Wir haben ein Zeichen Gottes gesehen!"
Während Francesco 1919 und Jacinta 1920 starben, ist die Hl. Jungfrau 1925 der Lucia erneut erschienen, als sie Postulantin der Dorotheenschwestern in Pontevedra (Spanien) war. 1948 trat Lucia in das Karmeliterinnenkloster in Coimbra ein, wo sie als „Schwester Marie vom Unbefleckten Herzen" lebt.

Die Botschaft von Fatima

Gott ließ uns Menschen durch die makellose Jungfrau Maria und über drei unschuldige Kinder einen dringenden Aufruf zum Gebet, zur Bekehrung und zur Buße für die Sünden der Welt zukommen. Dadurch könne drohenden Katastrophen Einhalt geboten und der Welt eine Zeit des Friedens geschenkt werden. Neben einem persönlichen christlichen Leben ist die Verbundenheit der Menschen untereinander angesprochen. Auch der endzeitliche Charakter der Botschaft ist nicht zu übersehen. In der Formulierung vom „Herzen Mariens" kommt die Liebe Gottes zu uns Menschen zum Ausdruck, vermittelt durch die Gottesmutter.
Was das sog. „dritte Geheimnis" angeht: Lucia soll es 1943 aufgeschrieben und 1960 in einem versiegelten Umschlag über den zuständigen Bischof von Leira an Papst Johannes XXIII. weitergeleitet haben. Ob es Aussagen über die Endzeit der Welt enthält, darüber gibt es viele Spekulationen.

Die Entwicklung zur Großwallfahrt

1919 entsteht an der Stelle der Erscheinungen eine kleine Kapelle. Sie wird 1922 von Glaubensfeinden gesprengt, aber bald wieder errichtet. Als Ergebnis einer 1922 eingesetzten bischöflichen Untersuchungskommission verkündet 1930 der zuständige Bischof in einem Hirtenbrief: „Die Visionen der Kinder sind glaubwürdig. Die Verehrung der Jungfrau von Fatima ist offiziell gestattet."
Der Strom der Wallfahrer schwillt von Jahr zu Jahr mehr an. Zum 25. Jahrestag der Erscheinungen 1942 weihte Papst Pius XII. feierlich die Kirche und die ganze Welt dem Unbefleckten Herzen Mariens. 1947 tritt eine Statue der Jungfrau von Fatima eine Wallfahrt durch das Nachkriegseuropa an, die der Papst als „Reise der Wunder" bezeichnet.
Zum 50. Jahrestag am 13. Mai 1967 kommt Papst Paul VI. nach Fatima, trifft die Seherin Lucia, und zusammen zeigen sie sich den Gläubigen. Papst Johannes Paul II., auf den am 13. Mai 1981 auf dem Petersplatz in Rom ein Attentat verübt worden ist, besucht 1982 Fatima, um hier der Hl. Jungfrau für seine Errettung zu danken. Und hier vollzieht er die Weihe Rußlands an das Unbefleckte Herz Mariens.

Das Heiligtum

Erst die Ereignisse von 1917 haben in der bis dahin abgelegenen Gegend eine Stadt mit vielen Pilgerherbergen, Klosterhospizen und Devotionaliengeschäften entstehen lassen. Die einstige „Friedensmulde" ist heute das zentrale „Santuario". Der große 700 m lange und 200 m breite Platz, umgeben von Krankenhospiz, Wallfahrtsleitung und Exerzitienhaus, zieht sich von einem 25 m hohen Metallkreuz über eine Herz-Jesu-Statue in der Mulde zur Basilika hinauf.

Etwas seitlich steht am Ort der Erscheinung die kleine Kapelle. Lange Zeit war sie von einer einfachen Holz- und Ziegelkonstruktion überdacht, seit einigen Jahren wurde sie durch eine größere Stahlbetonkonstruktion ersetzt. Das Gnadenbild vor der Kapelle in einem sicheren Gehäuse hat der portugiesische Künstler Josè Ferreira Tedim aus brasilianischem Zedernholz geschnitzt. Die Statue wurde 1946 feierlich gekrönt. Vor der Figur steht ein Altartisch für Eucharistiefeiern. Ständig sind an der Gnadenstätte Beter anzutreffen. Viele Einheimische legen die letzten 300 Meter eines markierten Weges zum Heiligtum auf Knien zurück und umrunden ebenso die Kapelle.

Die große Rosenkranzkirche, 1928–51 im Mischstil von Klassizismus und Neubarock errichtet und 1954 zur Basilika erhoben, ist der krönende Abschluß des Platzes. Von dem 65 Meter hohen Turm mit seinen 61 Glocken ertönt zu jeder vollen Stunde die Melodie des Fatimaliedes. Den Turmabschluß bildet eine acht Tonnen schwere Krone aus Bronze mit einem nachts hell leuchtenden Kreuz darüber. Links und rechts der Basilika runden Kolonnaden den Platz ab mit Heiligenfiguren darüber und Kreuzwegstationen aus farbiger Keramik an den Wänden. Direkt vor der Basilika ist ein überdachter Freialtar für die großen Gottesdienste aufgestellt. Mehrere Portale führen in den großen Hallenraum mit Tonnengewölbe. In 14 Altarnischen sind die Rosenkranzgeheimnisse dargestellt. Das 15. Geheimnis, die Krönung Mariens, ist über dem Hochaltar zu sehen. Im Querschiff links und rechts befinden sich die Gräber der beiden Seherkinder Jacinta und Francisco.

Erwähnenswert ist die Anbetungskapelle an der rechten Seite der Kolonnaden. Das Allerheiligste ist hier Tag und Nacht zur Anbetung ausgesetzt. Ein Fresko an der Stirnwand stellt den Triumph des Unbefleckten Herzens Mariens dar und das große Glasfenster in der Rückwand ein modern gestaltetes Sonnenwunder.

Ja, lehre und führ' uns, wir folgen Dir gern,
Du Gütige, Milde, Du Mutter des Herrn!

Die Wallfahrt heute

Fatima hat wie wohl sonst kein Wallfahrtsort eine mächtige Ausstrahlung über Länder und Kontinente. Durch Filme und Bücher und die wiederholten Pilgerfahrten einer Fatima-Statue durch große Teile der Welt wird die Aufmerksamkeit immer wieder auf die Botschaft von Fatima gelenkt. Es gibt Fatima-Gebetskreise, ein Fatima-Weltapostolat und Fatimakirchen und -kapellen sogar in Indien, Korea und Neuguinea. Auch werden in vielen Pfarreien die Fatimatage begangen mit Rosenkranzgebet, Meßopfer mit Ansprache und Sühneanbetung.
Am Ort der Erscheinungen selbst ist zwischen Mai und Oktober jeden Abend Lichterprozession und jeden Sonntag große Eucharistiefeier. Zum 13. der Monate Mai bis Oktober sind Gruppen von Portugiesen oft mehrere Tage zu Fuß unterwegs zu ihrem Nationalheiligtum. Am späten Vormittag wird das Gnadenbild zum Freialtar getragen. Nach einem feierlichen Gottesdienst in mehreren Sprachen ist Krankensegnung und Abschiedsprozession. Beeindruckend, wenn die reich mit Blumen geschmückte Statue „U. L. Frau von Fatima" zur Kapelle zurückgetragen wird und Zehntausende, Hunderttausende mit weißen Tüchern winken. Und immer wieder ertönt: „Auf Wiedersehn, Jungfrau. Fatima ade!"

Lit.: A. J. Fuhs, Fatima und der Friede, 1983 – O. Bohr, Rom–Moskau–Fatima, 1987 – K. Lechner, Pilgerwege: Fatima, 1988 – Bischof Graber deutet die Botschaft, 1988 – M-Lexikon 2, 444–451 – Zeitschrift „Bote von Fatima", hrsg. vom Institutum Marianum Regensburg

Nazaré

Der Ort, dessen Name sich von Nazaret herleitet, liegt an der Atlantikküste in Mittelportugal. Das typische Fischerdorf und der malerische Badeort wird überragt von der Wallfahrtskirche am Rande des nördlichen Steilufers Sítio, von wo sich ein weiter Blick über die Küstenlandschaft bietet.

Die Statue aus dem 5. Jahrhundert

Nach der Legende hat der hl. Hieronymus († 420 in Betlehem) die heute als Gnadenbild verehrte Statue der Muttergottes mit dem Jesuskind dem hl. Augustinus († 430) geschenkt, der sie an das Kloster Cauliniana bei Mérida (Spanien) weitergab.
Um das Jahr 700 mußte der letzte Westgotenkönig Rodrigo vor einem Maureneinfall flüchten und zog sich an die Atlantikküste zurück. Der Mönch Romano, der ihn begleitete, nahm die Figur mit und stellte sie an der Felsklippe auf. Nach seinem Tod verwahrte man sie in einer Felsenhöhle, wo sie vergessen wurde. Im 12. Jahrhundert entdeckten Hirten die Statue und errichteten für sie eine kleine Kapelle.
Nach einer anderen Überlieferung war ein Gefolgsmann König Manuels, der Ritter Fuas Roupinho, am Morgen des 14. September 1182 zur Jagd geritten. Im Nebel beobachtete er einen Hirsch und jagte hinter ihm her, bis er plötzlich am Rande einer Felsklippe stand. Der gejagte Hirsch stürzte ins Meer. Das Pferd des Ritters hielt sich wenige Augenblicke, nur auf den Hinterbeinen stehend, über dem Abgrund. In seiner Not rief der Ritter die Hl. Jungfrau an. Das Pferd drehte sich und fand wieder festen Boden. Zum Dank für seine Rettung ließ der Ritter an dieser Stelle eine Kapelle errichten.

König Dom Fernando legte 1377 den Grundstein für eine größere Kirche, in der die Statue der „Nossa Senhora da Nazaré" Aufstellung fand. Die heutige doppeltürmige Wallfahrtskirche entstand im 17. Jahrhundert.

Die Gnadenstätte

An der Stelle, wo der Ritter einst Rettung fand, steht eine einfache Kapelle mit einem flachen Pyramidendach und einer Muttergottesfigur im Inneren. Die Steinsäule daneben trägt das Kreuz der Christusritter. Eine Inschrift erklärt, daß der portugiesische Seefahrer Vasco da Gama nach seiner Indienfahrt 1499 hierherkam, um der Gottesmutter Dank zu sagen für ihre Hilfe bei der Entdeckung des Seeweges nach Indien.
Auf der anderen Seite des mit einigen Palmen bestandenen Platzes führt eine halbrunde sich verjüngende Steintreppe zur Wallfahrtskirche. Im Innenraum sind reich vergoldete Schnitzarbeiten. Über einen Gang links gelangt man in einen rückwärtigen Raum und über eine enge Stiege direkt vor das Gnadenbild. Die nur etwa 40 cm große Holzfigur ist eine der ältesten Mariendarstellungen in Europa und das wohl älteste Marien-Kultbild überhaupt, das an einem Wallfahrtsort verehrt wird. Maria trägt echte weiße Menschenhaare. Die Farbfassung im Gesicht blättert schon ab. Die Figur ist in einen goldbestickten Umhang gehüllt, mit Ketten und Anhängern behangen. Maria und das Jesuskind, das sich auf dem Arm der Mutter eng an ihre Brust schmiegt, sind mit goldenen Kronen geschmückt.

Die Wallfahrt

Nicht nur für Touristen und Fatima-Pilger ist der Besuch dieses Heiligtums ein Erlebnis. Jedes Jahr am 15. August (Maria Himmelfahrt) und am 8. September (Maria Geburt) ist die Kirche mit dem alten, hochverehrten Gnadenbild Ziel vieler Wallfahrer.

Lit.: C. V. da Silva Barros, Vier Madonnenaltäre, 1978, 63 ff – J. Ladame, Notre Dame de tout l'Europe, 1984, 27–29 – M-Lexikon 5, 278

Sevilla

Gnadenbilder der Stadt

Im Südwesten Spaniens, in einer weiten vom Fluß Quadalquivir bewässerten Ebene, liegt die Provinzhauptstadt von Andalusien und Sitz eines Erzbischofs.
Die iberische Kolonie wurde 45 vor Chr. von Cäsar erobert und vom hl. Isidor († 636) christianisiert. Die Stadt kam 712 für mehr als 500 Jahre unter den Einfluß der islamischen Mauren und wurde 1248 von Ferdinand III. dem Heiligen, König von Kastilien, zurückerobert.
In der Stadt befindet sich eine ganze Reihe von Madonnenbildern und -statuen, die vom Volk verehrt werden. Zwei seien hier aufgeführt.

Nuestra Senora de los Reyes

In der Stadtmitte erhebt sich die Kathedrale, mit 116 m Länge und 76 m Breite eines der größten Gotteshäuser der katholischen Welt. Sie wurde zwischen 1402 und 1519 anstelle einer früheren Moschee errichtet, von der noch der untere Teil des „Giralda“-Turmes erhalten ist. Außen noch ganz im gotischen Stil, zeigt das Innere schon Renaissance-Charakter. Durch mehrere prachtvolle Portale gelangt man in einen fünfschiffigen Innenraum, der mit einem Kranz von Kapellen und mit vielen Kunstwerken ausgestattet ist.
Die Capilla Real (Königliche Kapelle) an der Stelle der Apsis, mit den Grabmälern mehrerer spanischer Könige, wurde 1576 im plateresken Stil vollendet. Über dem Altar thront „U. L. Frau der Könige“, die als Patronin der Stadt hochverehrt wird. Die Muttergottes hält ihre Hände zu beiden Seiten des Jesusknaben, der frei auf ihren Knien sitzt (Lärchenholz, Mitte des 13. Jahrhunderts). Maria ist in Stoffkleider und einen weiten über den Kopf reichenden Umhang gehüllt. Auch der Knabe trägt königliche Gewänder. Beide sind mit Edelmetallkronen geschmückt.
Der Überlieferung nach soll König Ludwig der Heilige von Frankreich die Statue dem kastilischen Staatsoberhaupt zum Geschenk gemacht haben.

Macarena

Die Semana Santa (Karwoche) zieht jedes Jahr Zehntausende von Gläubigen nach Sevilla. Vom Palmsonntag bis Karsamstag finden allabendlich – am Karfreitag auch noch morgens – Umzüge statt. Auf den „pasos“ (Tragegestelle) werden unter einem Baldachin und mit vielen Kerzenlichtern und Blumen geschmückte Figuren aus der Leidensgeschichte Jesu durch die Straßen der Stadt getragen. Voraus gehen Bruderschaftsmitglieder in langen Büßergewändern und mit über das Gesicht reichenden spitzen Kapuzen. Den Figuren folgt eine Musikkapelle, die mit Trompetenklängen und Trommelwirbeln die Menschen beiderseits der Straße und auf den Balkonen in eine fast ekstatische Stimmung versetzt. Immer wieder sind sog. „saetas“ (leidenschaftliche Klagerufe) zu hören.
Ein Teil der „pasos“ ist der Darstellung der schmerzhaften Muttergottes gewidmet. Die berühmteste ist die „Nuetra Senora de la Esperanza“ – U. L. Frau der Hoffnung, nach einem Ort am Rande der Stadt auch „Macarena“ genannt. Die stehende Muttergottes hält wie fragend beide Hände vor sich ausgestreckt, und Tränen sind auf ihrem schmerzerfüllten Gesicht zu sehen. Die Statue ist in goldbestickte Gewänder und über den Kopf reichende Schleier und Umhänge gehüllt. Über ihrem Haupt und hinter der edelsteinbesetzten Krone ist ein Sonnengebilde aus Edelmetall mit Strahlen- und Sternenkranz zu sehen.

Auch außerhalb der Karwoche wird diese Schmerzensmutter in Macarena hoch verehrt. Jeden Tag sind vor diesem Gnadenbild Menschen anzutreffen, die bei „U. L. Frau der Hoffnung" Trost und Hoffnung schöpfen.

Lit.: F. Weiß, Marien-Wallfahrten um den Erdkreis, 1970, 115–117 – J. Ladame, Notre Dame de tout l'Europe, 1984, 285–290 – M-Lexikon Bd. 6

Rocío

„Die weiße Taube"

Der kleine Ort Rocío (sprich: rosio) liegt am Rande ausgedehnter Sümpfe im Quadalquivir-Delta im Westen Andalusiens (Provinz Huelva), etwa 15 Kilometer vom Städtchen Almonte entfernt.

Legende und Geschichte

Im 15. Jahrhundert soll ein Jäger, der mit seinen Hunden durch die Wälder streifte, am Fuß eines Baumes eine ziemlich verwitterte Marienfigur gefunden haben, die wahrscheinlich während der Zeit der islamischen Besetzung (zwischen dem 8. und 13. Jahrhundert) hier versteckt worden war. Die in Leinwand gehüllte Statue trug die Aufschrift: „Unsere rettende Frau". Der Jäger nahm sie mit, machte unterwegs eine Rast und schlummerte ein. Als er erwachte, war das Bild verschwunden. Er eilte zurück und sah es wieder an der Fundstelle. Die sonderliche Kunde verbreitete sich rasch in der ganzen Gegend. Von Almonte zogen die Menschen in einer Prozession mit kirchlichen und weltlichen Behörden in den Wald, um dem Marienbild Ehre zu erweisen.
Eine Kapelle wurde errichtet und der Baumstumpf, vor dem das Bild gefunden worden war, zum Altar umgestaltet. Daneben entstand eine Einsiedelei für einen Franziskanermönch aus Almonte. Die Menschen aus ganz Andalusien sprachen bald von „Unserer Frau von Rosinas" (dem früheren Namen von Rocío). Weitere Titel sind bis heute „Die heilige Hirtin" und liebevoll „Blanca Paloma", die weiße Taube. 1653 hat die Stadt Almonte die Hl. Jungfrau zu ihrer Schutzpatronin erkoren. Ein Erdbeben zerstörte 1755 das kleine Heiligtum fast vollständig. An seiner

Stelle entstand die heutige in verschwenderischer Fülle ausgestattete Wallfahrtskirche. Sie wurde 1915 einer gründlichen Renovierung unterzogen. Das Gnadenbild, eine Holzstatue, die mehrmals restauriert wurde, stammt in der heutigen Form aus dem Ende des 17. Jahrhunderts. Das liebliche Gesicht der Madonna ist von einem kreisförmigen Schmuckband umgeben und die gekrönte Figur in prachtvolle Gewänder gehüllt. Auch das kleine Jesuskind vor der Muttergottes ist gekrönt und stoffbekleidet.

Das Fest der Jungfrau

Jedes Jahr an Pfingsten wird über mehrere Tage die „Romeria del Rocío" gefeiert, eines der wichtigsten andalusischen Feste. Menschen aus ganz Spanien, besonders aber aus den Provinzen Sevilla, Huelva und Cadiz, versammeln sich in und um den kleinen Ort.

Schon am Freitag vor Pfingsten treffen die buntgekleideten Wallfahrer zu Fuß, auf Pferden oder den klassischen Ochsenkarren ein. Die Wallfahrt wird von den Hermandades, den Bruderschaften, organisiert. Die Hauptbruderschaft wurde schon 1648 gegründet. Die inzwischen über 70 Nebenbruderschaften kommen in geschmückten Wagenkolonnen angefahren. Jede führt ein überreich ausgestattetes Gefährt mit einer Figur der „Simpecados" (wörtlich: ohne Sünde) mit. Am Samstag ziehen die einzelnen Bruderschaften zur weit geöffneten Kirche, um der verehrten Madonna ihre Aufwartung zu machen.

Am Pfingstsonntag versammeln sich bis zu 1,5 Millionen Menschen zu einem feierlichen, oft von einem Bischof zelebrierten Gottesdienst. Am späten Abend zieht die Mutterbruderschaft mit Tamburinspielern, Fahnenträger, Musikkapelle und der „Simpecado" von der Kirche aus, die einzelnen Bruderschaften zu besuchen. Jede besuchte Bruderschaft singt ein Lied zu Ehren der Muttergottes und schließt sich dem Zug an. In diesem Überschwang an Farben, Klängen und Gefühlen gipfelt das Fest.

Am Pfingstmontag wird das Gnadenbild der „Virgen del Rocío" aus der Kirche geholt und in einer feierlichen Prozession durch den Ort getragen. Nach der Rückkehr verabschieden sich die Menschen wehmütig mit dem Ruf „Adieu, weiße Taube!", und eines der farbenfrohesten und faszinierendsten Wallfahrtsfeste der Welt findet seinen Abschluß.

An einem Wochenende um den 21. September ist Rocío wieder, wenn auch nicht im selben Ausmaß, Ziel einer Wallfahrt.

Lit.: Kriss 256–258 – Rathgeber 186–187 – M. Bot, MISERERE, de grote boedebedevaarten in Europa, 1984 – F. R. Paturi, Reisen zu Gott, 1989, 122–131

Guadalupe

Von der Hauptstadt Madrid aus erreicht man in südwestlicher Richtung die spanische Provinz Extremadura. In diesem kargen Landstrich zwischen den Tälern des Tejo und des Guadiana, in einer der Schluchten der Sierra (= Gebirgskette) de Guadalupe, liegt der gleichnamige Ort mit dem gewaltigen Klosterkomplex. Er birgt das neben Montserrat bedeutendste Marienheiligtum des Landes.

Legende und Geschichte

Der Ursprung des Klosters reicht wahrscheinlich in die Zeit der Westgotenherrschaft zurück. Bereits damals wurde ein Muttergottesbild verehrt.
Die Geschichte des heutigen Gnadenbildes ist wie bei den meisten Wallfahrtsorten von Legenden umrankt. Es soll um das Jahr 600 von Konstantinopel nach Rom gekommen sein. In einer Pestzeit ließ es Papst Gregor der Große durch die Straßen der Ewigen Stadt tragen, bis schließlich die Seuche erlosch. Der Papst übergab die Marienfigur dem Erzbischof von Sevilla. Bis 711 dort verehrt, wurde sie vor dem Ansturm der Mauren in die Extremadura gebracht und vergraben.
In der 1. Hälfte des 14. Jahrhunderts entdeckte ein Hirte die Figur, als er eine entlaufene Kuh wiederfand. Das scheinbar leblose Tier sprang plötzlich auf und trabte davon. Eine an dieser Stelle errichtete kleine Kapelle wurde schon bald viel besucht. Bereits 1327 ist neben der Kapelle ein Kloster erwähnt.
Im Jahre 1340 kam es zur Entscheidungsschlacht mit den Mauren bei El Salado. Der Sieg des Christenheeres unter König Alfons XI. wurde der Hilfe der Gottesmutter zugeschrieben. Der König beschenkte das Kloster reichlich mit Kriegsbeute. Über Jahrhunderte war das Kloster dem spanischen Orden der Hieronymiten anvertraut. 1906 haben die Franziskaner Kloster und Kirche übernommen.

Das Gnadenbild

Wer über die hohe Freitreppe die dunkle dreischiffige Klosterkirche betritt, findet als Blickfang auf einem Podest über dem Hochaltar das vielverehrte Gnadenbild. Von der 1 m hohen Holzfigur der Jungfrau Maria ist außer dem Gesicht nur noch die rechte Hand zu sehen, die ein Zepter hält. Brokat- und Seidengewänder, mit Diamanten und kostbarem Schmuck behangen, bedecken die Figur. Fachleute schätzen das Alter des Kunstwerkes auf mehr als 1500 Jahre. Kerzenruß hat das majestätische Antlitz der gekrönten Madonna dunkel gefärbt. Das Jesuskind auf ihrer linken Seite wurde später hinzugefügt.

Kloster und Kirche

In dem Mauergeviert der Klosteranlage, an der fünf Generationen gebaut haben, ist ein großer Kreuzgang aus der Zeit von 1389–1406 erhalten. Die Kirche selbst stammt aus dem Anfang des 16. Jahrhunderts, ebenso ein weiterer Kreuzgang im gotisch-maurischen Stil. Der Chor der Kirche wurde 1744 barockisiert.
Nicht nur das Gotteshaus ist mit Kunstwerken reich ausgestattet. Die Schenkungen der spanischen Könige füllen die Schatzkammern des Klosters mit unermeßlichen Reichtümern. Vor allem in der Zeit der Konquistadoren, als verwegene Männer wie Cortez oder Pizarro die Neue Welt für die spanische Krone in Besitz nahmen, wurde „U. L. Frau von Guadalupe" mit Weihegaben geradezu überhäuft. Daß an diesen Schätzen auch das Blut unzähliger Indianer klebt, darf nicht übersehen werden.
Neben Schmuckarbeiten sind kostbare Kirchengewänder, Meßgewänder und liturgische Geräte aufbewahrt. Auch eine Reihe von Gemälden des spanischen Malers Zurbaran, der zwischen 1638 und 1647 hier tätig war, ist zu sehen, ebenso eine Lampe des türkischen Flaggschiffes, das bei der Seeschlacht von Lepanto 1571 erbeutet worden war.

Die Wallfahrt

Spanische Könige, angefangen bei den katholischen Majestäten Ferdinand und Isabella, pilgerten nach Guadalupe. König Heinrich IV. liegt sogar hier begraben. Bis heute ist Guadalupe eine vielbesuchte Marien-Wallfahrtsstätte, nicht nur für die Menschen der Extremadura, sondern auch aus Kastilien und León. Sie zählt zu den wichtigsten Nationalheiligtümern.

Lit.: Kriss 266–268 – Rathgeber 143 – H. Fink, Auf Pilgerstraßen durch Europa, 1980, 170–185 – Müller-Gräffshagen, Hl. Stätten der Christenheit, 1985, 193 bis 197 – M-Lexikon 3, 14

Valencia

„Unsere Liebe Frau der Verlassenen"

In einer weiten, fruchtbaren Ebene an der Küste des Mittelmeeres liegt die Provinzhauptstadt, die schon 138 vor Chr. von den Römern gegründet wurde. Die Basilika im Schatten der Kathedrale birgt das Gnadenbild, das weit über die Grenzen des Landes hinaus verehrt wird.

Eine Predigt mit Wirkung

An einem Fastensonntag des Jahres 1409 ging der Superior der Merzedarier-Mönche zur Kathedrale, um beim Hauptgottesdienst die Predigt zu halten. Da beobachtete er, wie einige junge Leute einen geistig Behinderten quälten. Der Geistliche schritt ein und trieb die Gruppe auseinander. In seiner Predigt wies er auf diese Ärmsten der Armen hin und wie schön es wäre, wenn es für sie ein Heim gäbe, damit sie nicht auf der Straße schlafen müßten. Dieser Vorschlag wurde von einigen Kaufleuten und vom Stadtrat aufgegriffen, und schon zwei Monate später gab es ein Hospital. Es war das erste sog. „Irrenhaus" der Welt. Die Gründer und Freunde des Werkes nannten das Heim „Nuestra Senora de los Desamparados" – „Unsere Liebe Frau der Verlassenen", noch bevor es für diese Bezeichnung ein Bild oder eine Statue gab.
1413 wurde eine „Bruderschaft der Jungfrau der Unschuldigen" gegründet, die sich um das christliche Begräbnis der am Galgen Hingerichteten, der Schiffbrüchigen und von unbekannten Toten kümmerte. Es entstand auch eine Einrichtung für weibliche Waisen, die das Volk „Jungfrauen der Maria" nannte. Ferner wurde die Pflege von Kranken und Unfallgeschädigten miteinbezogen. So entstand in Valencia eine Wohltätigkeits-Bewegung unter dem Schutz der Hl. Jungfrau.

Die Statue der Jungfrau Maria

Die Mitglieder der Bruderschaft suchten für ihr Werk nach einer bildlichen Darstellung der Gottesmutter. König Alfons III., der Großherzige, ließ eine Holzfigur der Hl. Jungfrau in natürlicher Größe anfertigen, und zwar mit flachem Rücken, um sie auch den sozial Ärmsten beim Begräbnis auf den Sarg legen zu können, wie es in Valencia üblich war.
Die Statue hatte man zunächst in einem Schrein in der Spitalkirche aufbewahrt. Bei besonderen Gottesdiensten und wichtigen Treffen der Bruderschaft wurde sie mit einem Stoffmantel umhüllt und unter einem Baldachin aufgestellt. Da die Figur häufig bei Prozessionen mitgetragen

wurde, nannte das Volk sie bald „die umherziehende Jungfrau“.
Hinter der mächtigen Kathedrale entstand eine Bruderschaftskapelle, in der 1603 die Statue ihren Platz fand. Um die Menge der Gläubigen aufnehmen zu können, war bald eine Erweiterung notwendig, und so entstand zwischen 1652 und 67 die heutige Kirche. Baumeister war Diego Martinez Ponce de Urrama. Über einem ovalen Grundriß wölbt sich eine Kuppel, die 1701 Antonio Palomino mit einem Glorienbild der Jungfrau Maria ausmalte. Seit 1923 trägt die Kirche den Titel „Basilika“.

Das Gnadenbild befindet sich heute im Zentrum des Hochaltares. Durch das viele Umhertragen mußte es wiederholt ausgebessert werden. Die Gottesmutter und das Jesuskind auf ihrem linken Arm sind in prächtige Stoffgewänder gehüllt. Maria hält in ihrer Rechten eine goldene Rose und Lilienblüten. Sie trägt eine Perücke aus echten Haaren. Mutter und Kind sind mit edelsteinbesetzten Kronen geschmückt. Das Haupt Mariens umgibt ein Sternenkranz.
Papst Leo XIII. rief das Gnadenbild zur Schutzherrin der Stadt und Papst Johannes XXIII. des ganzen valencianischen Landes aus.

Die Verehrung durch das Volk

Das ganze Jahr über, besonders aber im Marienmonat Mai, erfährt „U. L. Frau der Verlassenen“ die südländisch geprägte Verehrung der Bewohner Valencias und seiner Umgebung. Der 2. Sonntag im Mai gilt als der „Tag der Hl. Jungfrau“. Am Vormittag wird ein feierlicher Gottesdienst auf der Plaza de la Virgen vor der Basilika abgehalten. Das Gnadenbild wird in die Kathedrale getragen und volksnah im Presbyterium aufgestellt. Beeindruckend ist, daß, kaum hat der Priester nach der Meßfeier den Altar verlassen, die Menschen von allen Seiten auf ihre „Virgen“ zuströmen, ihren Stoffumhang zu berühren versuchen und ihre Kinder hochheben, die das Gewand Mariens küssen. Am Spätnachmittag wird das Gnadenbild durch die Altstadt getragen. Dichtgedrängt stehen die Menschen in den engen, mit Blumen und farbigen Tüchern geschmückten Straßen und bringen ihre Freude und Verehrung zum Ausdruck, indem sie mit kleinen Glöckchen läuten.
Der Kult der Schutzfrau Valencias hat sich weltweit verbreitet. Es entstanden Bruderschaften in vielen Städten Spaniens und in Palma di Mallorca. Mehrere Hospize wurden gegründet wie in Valladolid und Madrid. Sogar in Übersee werden Gnadenbild-Kopien verehrt, so in Buenos Aires, Caracas, Mexico, Bombay und Manila.

Lit.: Kriss 263–265 – Rathgeber 187–189 – J. Ladame, Notre Dame de tout l'Europe, 1984, 145–152 – M-Lexikon, Bd. 6

Montserrat

„Moreneta" – Die kleine Braune

Rund 30 Kilometer nordwestlich von Barcelona (Provinz Katalonien) erhebt sich aus der Ebene ein bizarres, bis über 1200 m hohes Gebirgsmassiv mit scharfen Zacken und Scharten: der Montserrat (wörtlich: der zersägte Berg).
Zufahrt mit Bahn oder Linienbus von Barcelona, kombiniert mit der Schwebebahn, zum Kloster. Auf der Autobahn: Abzweigung Martorell bei Barcelona nach Monistrol und dann auf einer kurvenreichen, aber sicheren Straße nach oben zum 725 m ü. d. M. gelegenen Heiligtum.

Legende und Geschichte

Auf dem heiligen Berg soll schon zur Römerzeit ein Tempel der Göttin Venus gestanden sein. Später haben sich christliche Eremiten hier niedergelassen.
Im Jahre 717 belagerten die islamischen Mauren das christliche Barcelona. In der dortigen Kirche St. Justus befand sich das heutige Gnadenbild. Im Schutz der Dunkelheit gelang es, die Figur aus der Stadt zu bringen und in einer Höhle auf dem Montserrat zu verbergen. Erst im Jahre 880 haben Hirten das Gnadenbild wiederentdeckt. Nach der Legende wollte man es nach Manresa bringen, aber die Zugtiere weigerten sich, den Platz zu verlassen. Der Graf von Barcelona, Sifredo el Velloso, ließ nun vor der Felsenhöhle eine Kapelle für die Marienfigur errichten. Diese „Cueva de la Virgen" ist heute noch zu besichtigen.
Um 1025 entstand unter Oliba, dem Abt von Ripoll und Bischof von Vic, ein kleines Benediktinerkloster mit einer romanischen Kapelle, dessen Portal noch vorhanden ist. Die heutige mächtige Basilika wurde 1559 im Stil der Renaissance zu bauen begonnen und 1592 geweiht. Von napoleonischen Truppen 1811 zum großen Teil zerstört, entstanden die Gebäude neu: 1880 die Apsis und 1900/01 die Fassade der Basilika im neuromanischen Stil.

Die Wallfahrt des Mittelalters

In einer Handschrift des 12. Jahrhunderts findet sich bereits ein Hinweis auf die große Zahl der Pilger. Die Nachricht von Krankenheilungen ließ eine lebhafte Wallfahrt entstehen. König Alfons der Weise aus Kastilien verherrlichte 1221 in sechs Cantigas die auf dem Montserrat geschehenen Wunder.

Über die Grenzen Spaniens hinaus wurde Montserrat bekannt durch Pilger, die vor ihrer gefährlichen Überfahrt ins Hl. Land oder, auf dem Seeweg nach Barcelona gekommen, vor ihrer Weiterreise nach Santiago de Compostela sich dem Schutz der „Moreneta“ anvertrauten. Durch Jahrhunderte war Montserrat eines der religiösen und auch kulturellen Zentren des christlichen Abendlandes.
Bauern und Tagelöhner waren unter den Pilgern genauso wie Fürsten und Könige. Hier erhielten König Ferdinand und seine Gemahlin Isabella von Kastilien die Nachricht von der Entdeckung Amerikas. Hier erfuhr Karl V. von seiner Wahl zum Kaiser des Heiligen Römischen Reiches Deutscher Nation. Dem Gnadenbild von Montserrat opferte der baskische Offizier Ignatius von Loyola seinen Degen, und hier traf er 1522 die Entscheidung zur Gründung des Jesuitenordens. Unter den Besuchern waren auch Heilige wie Aloysius von Gonzaga und Vinzenz Ferrer.

Das Heiligtum

Die Pilger, die auf der Fläche zwischen Felsenwand und Schlucht ankommen, drängt es zur Placa de Santa Maria mit der Fassade des Klostereingangs, dem gotischen Kreuzgang und den Eingängen zur Kirche, die 1881 unter Papst Leo XIII. zur Basilika erhoben wurde.
Der durch die Lichter zahlreicher Votivlampen in geheimnisvolles Dunkel gehüllte Innenraum wird überspannt von einem Kreuzgewölbe, dessen Bögen auf dicken Pfeilern ruhen. Im Halbrund des Chorraumes mit dem Gestühl für die Mönche steht der Altar, ein großer Felsblock aus dem Gebirge. Hoch darüber ist durch ein Rundbogenfenster das Gnadenbild zu sehen.
Vom Vorplatz der Kirche führt rechts ein Tor durch einen Seitengang der Basilika und einen schmalen Aufgang zum kleinen Raum unmittelbar vor das Gnadenbild. Die Figur (romanisch, 12. Jahrhundert, aus Lindenholz) zeigt Maria mit einem unergründlichen Gesichtsausdruck. Sie sitzt auf einem Pfostenstuhl und hält in ihrer Rechten die Weltkugel. Das Kind auf ihrem Schoß hebt segnend die Hand und hält in seiner Linken eine Frucht. Die ursprünglich farbig, heute im Goldton gefaßte Statue wird wegen der dunklen Tönung der Gesichter und Hände von den Katalanen liebevoll „Moreneta“ – „Die kleine Braune“ genannt. In einem alten Volkslied wird sie auch als „Schwarze Aprilrose“ besungen. Viele Beter heben vertrauensvoll ihre Hände zum Gnadenbild empor und berühren oder küssen die Hand Mariens und die Weltkugel, die sie trägt.

Das Wallfahrtsleben

Die Verehrung der Menschen kommt in den vielen täglich geopferten Kerzen zum Ausdruck. Krücken, silberne Gliedmaßen und Wachsfiguren zeugen von Wunderheilungen. Die älteste Votivtafel von ganz Europa aus dem Jahr 1325 ist hier zu sehen.
Viele Brautpaare geben sich vor ihrer „Moreneta“ das Ja-Wort. Berühmt ist der Knabenchor „Escolania“ der angegliederten Klosterschule, vor allem durch den Gesang des „Salve“ und der Montserrat-Hymne „Virolai“ jeden Mittag (außer Juli) um 13 Uhr. Zu den großen Wallfahrtsfesten wie „Maria Geburt“ (8. September) kommen die Einheimischen in ihren Festtrachten. Nach den feierlichen Gottesdiensten und auch an vielen Sonn- und Festtagen führen sie vor der Basilika in südländischer Lebensfreude ihre „Sardenas“-Tänze auf.
Vom Platz vor der Basilika führt der Eingang in ein Museum mit Gemäldegalerie, biblischer Abteilung und Ausstellung der gespendeten Juwelen. Etwas weiter unten beginnt ein monumentaler Kreuzweg, der von Bäumen angenehm beschattet auch einen herrlichen Ausblick bietet.

Am Ende befindet sich eine Marienkapelle aus dem Jahr 1910, ein beliebter Gebetsort vieler Wallfahrten. Es gibt auch einen Raum für einen Diavortrag, Andenkenläden und Gebäude, in denen Pilger untergebracht und versorgt werden. Die Verehrung der Hl. Jungfrau von Montserrat hat sich besonders in Italien, Österreich und Böhmen und mit der Entdeckung Amerikas in Mexico, Chile und Peru verbreitet. Eine Antilleninsel trägt seit 1493 den Namen Montserrat.
Montserrat ist eine Begegnungsstätte für mehr als eine Million Pilger oder Touristen im Jahr aus vielen Ländern Europas und der Welt. In einem spanischen Lied auf die Gnadenmutter von Montserrat heißt es:

> Leuchtender Stern, Klarheit ohne Schatten,
> Du stehst den Sündern bei in allen Nöten.
> Du bist im großen Sturm Hafen der Sicherheit.
> Wir bitten: Sei uns allen Beschützerin!

Lit.: Kriss 268–272 – M. Boix, Was ist Montserrat? Ein Berg, eine Wallfahrtsstätte, ein Kloster, eine geistige Gemeinschaft, 1992 – Molas i Rifà, Offizieller Reiseführer Montserrat, 1992 – M-Lexikon 4, 502–503

Zaragoza

„Virgen del Pilar“

Im Nordosten der iberischen Halbinsel liegt am rechten Ufer des Ebro die Provinzhauptstadt, deren Name sich von „Caesaraugusta“ herleitet. In der mächtigen Basilika wird eine kleine Statue, die „Jungfrau auf dem Pfeiler“, als Nationalheiligtum verehrt.

„Ich bin bei euch . . .!“

Eine Legende berichtet, der Apostel Jakobus hat diese Figur im Jahre 40 nach Spanien mitgebracht. Die Hl. Jungfrau ließ ihn wissen, er solle ihr zu Ehren dort eine Kirche errichten, wo er die meisten Bekehrungen vollbringe. Und hier hat er gleich acht Personen zum Christentum geführt. In der Nacht darauf erschien ihm Maria und sagte, hier sei der Ort, sie zu ehren, und fügte an: „Ich bin bei euch bis ans Ende der Zeiten!“
Der Apostel hat daraufhin mit seinen Gefährten eine Kapelle von etwa acht Schritt Breite und 16 Schritt Länge errichtet, die erste Kirche zu Ehren der Gottesmutter überhaupt auf der Welt.

Das große, großartige Heiligtum

Sicher ist, daß die Gnadenstätte bis in älteste Zeiten zurückreicht und Zeugnis ablegt von einer die Jahrhunderte überdauernden Marienverehrung. Aus dem Jahre 1022 berichten Urkunden, daß zahlreiche Pilger zur Kirche der „Hl. Jungfrau auf dem Pfeiler“ strömten. Auf den Fundamenten eines Gotteshauses aus dem 13. Jahrhundert, das wieder ein früheres ersetzte, wurde die heutige Basilika „Nuestra Senora del Pilar“ 1691 von Ventura Rodriquez zu bauen begonnen, und

die Fertigstellung zog sich bis Ende des 19. Jahrhunderts hin.

Im Zentrum des 130 mal 68 Meter großen Bauwerks erhebt sich eine gewaltige Kuppel, umgeben von zehn kleineren Kuppeln, an den vier Ecken erheben sich hohe Türme. Das Innere bildet die prachtvoll ausgestattete, von Kapellen umrahmte Pfeilerhalle. Der Blick wird sofort gefangen von der hl. Kapelle unter der Zentralkuppel, in der sich rechts neben dem Altar das Gnadenbild befindet. Die nur 36 cm große Holzstatuette der Muttergottes mit dem Jesuskind auf ihrem linken Arm – Mutter und Kind tragen Edelmetallkronen – ist in ein je nach Festzeit verschiedenfarbiges Dreiecktuch gehüllt, das die 1,75 Meter hohe Säule fast verdeckt. In der Nähe werden die Votivgaben sicher verwahrt, darunter wertvolle Schmuckstücke, vor allem von den spanischen Habsburgern gestiftet.

Aber noch mehr als der Schmuck beeindruckt das Vertrauen der Menschen, das der Gottesmutter entgegengebracht wird. Unter den vielen Betern waren die Könige von Aragon, Ferdinand der Katholische, die meisten spanischen Könige, General Franco und der jetzige König Juan Carlos. Päpste haben den Besuchern des Heiligtums Ablässe gewährt und ein eigenes Fest für den 12. Oktober anerkannt. 1948 erhob Pius XII. die Kirche zur „Basilika Major“. Papst Johannes Paul II. besuchte 1984 zum zweiten Mal die Gnadenstätte.

Das Wunder von Calanda

In der Nähe der Basilika erinnert eine Straße „Gallo de Miraculo“ an ein spektakuläres Wunder. In Calanda, einem Ort 15 Kilometer südlich von Zaragoza, wurde 1619 Miquel-Juan Pellicer, Sohn frommer Bauern, geboren. Mit 17 Jahren fiel er von einem Karren, den zwei Maulesel zogen, und ein Rad des Wagens zerquetschte sein rechtes Bein. Im Krankenhaus von Zaragoza mußte ihm das Bein amputiert werden. Vor der Operation hatte er sich zum Heiligtum geschleppt, um zu beten. Nach der Amputation kehrte er zurück, um der hl. Jungfrau zu danken. Er war fortan unter den Bettlern vor der Basilika anzutreffen. Jedesmal wenn das Öl der 77 Lampen vor dem Gnadenbild erneuert wurde, rieb er sein Bein damit ein, obwohl der Arzt ihm das untersagt hatte. Nach etwa zweieinhalb Jahren kehrte er nach Calanda zurück, und da geschah es. Am Morgen des 29. März 1640 erwachte er mit zwei gesunden Beinen. Nach drei Tagen konnte er wieder normal gehen.

Der zuständige Abt ordnete eine Untersuchung an, die nach etwa einem Jahr die Wunderheilung anerkannte. Vierundzwanzig Menschen bezeugten das Wunder, unter ihnen der Arzt, der die Amputation vorgenommen hatte.

„. . . bis ans Ende der Zeiten!"

Die Zusage der Hl. Jungfrau, immer bei ihnen zu sein, spürten die Bewohner von Zaragoza besonders, als im Spanischen Bürgerkrieg 1936 die Rotarmisten die Wallfahrtsbasilika bombardierten, aber nur eine Bombe explodierte und auch diese außerhalb der Kirche. Der Jubel des Volkes kannte keine Grenzen. Das Gnadenbild wurde mit Blumen geradezu überschüttet. Am Abend jenes Tages zogen der Erzbischof, der General, die Behörden und eine große Menschenmenge durch die Stadt und sangen Lieder zum Preis der „Virgen". Der General hängte dem Gnadenbild die höchste Auszeichnung um, die er verleihen konnte, und bekleidete es mit dem „mando" eines Generals in den spanischen Nationalfarben.
Heute sind zu jeder Tageszeit Menschen vor dem Gnadenbild anzutreffen. Brautpaare legen ihren Brautstrauß zu Füßen der Madonna nieder. Viele nähern sich auch von rückwärts dem Gnadenbild, um es zu berühren und zu küssen. Das Fest der „Jungfrau auf dem Pfeiler" am 12. Oktober wird nicht nur in ganz Spanien, sondern auch bei den spanisch sprechenden Völkern Südamerikas gefeiert.

Lit.: P. Galindo, La Virgen del Pilar y Espana, 1940 – J. Ladame, Notre Dame de tout l'Europe, 1984, 5–11 – B. A. Saggiorato, La Madonna nel mondo, 1986, 234–235 – M-Lexikon 5, 225–226

León

„Virgen del Camino"

Die Provinzhauptstadt in Nordspanien ist aus einem römischen Legionslager hervorgegangen. Aus Legíon wurde León. Nach zweimaliger Zerstörung durch die Mauren wurde León Hauptstadt des asturischen Königreiches und war im Mittelalter Pilgerstadt auf dem Weg nach Santiago de Compostela.
Sechs Kilometer westlich des Stadtkerns mit der gotischen Kathedrale Sta. Maria de Regla und der Basilika San Isidoro liegt an der alten Pilgerstraße das Heiligtum „Virgen del Camino" – der Hl. Jungfrau auf dem Weg.

Die Erscheinung des Hirten

Die Wallfahrt hat ihren Ursprung in der Marienerscheinung eines Hirten am 2. Juli 1505 an der Stelle der heutigen Kirche, damals noch Acker- und Weideland. Die in den Jahren nach der Erscheinung von einem unbekannten Meister geschnitzte Pietà-Figur wurde 1508 erstmals als „Virgen del Camino" bezeichnet.
Außer den St. Jakobs-Pilgern, die hier eine Rast einlegten, kamen zunehmend gläubige Menschen aus der Stadt León und der Umgebung zum Erscheinungsort. Es entstand eine einfache Stätte der Marienverehrung, die von Eremiten betreut wurde. Im 17. Jahrhundert war der Besuch der Gnadenstätte so angewachsen, daß man eine große doppeltürmige Wallfahrtskirche errichtete.

Die moderne Kirche

Der Wallfahrtsort steht unter der Obhut der Dominikaner. Und ein Mönch dieses Ordens, Francisco Coello, war es, der als Architekt an die Stelle der alten Kirche das heutige moderne Gotteshaus erbaute. Grundsteinlegung war 1955. Der Bau entstand zwischen 1958 und 1961. Die Skulpturen schuf José M. Subirachs, die Fenster stammen vom Dominikanerbruder Domingo Iturgaiz.

Über dem Eingang sind vor einem Fenster in der vollen Breite der Kirchenfassade die Figuren der 12 Apostel zu sehen, in der Mitte und etwas erhöht Maria mit der Hl. Geist-Taube vor sich. Im Kircheninneren befindet sich eine schon fast abstrakte Kreuzesdarstellung. Die Wände des rechteckigen Chorraumes sind mit Natursteinen hochgezogen. Die Apsiswand ist ausgefüllt mit einer hohen barocken Retabel, die noch aus der alten Kirche stammt.

In diese Wand und über dem Volksaltar ist das Gnadenbild eingefügt. Unter einem silbernen Baldachin sitzt die Schmerzensmutter, die den Leichnam ihres Sohnes, der ihr zu entgleiten droht, mit beiden Händen festhält. Die Gestalt Mariens ist in einen weiten Stoffumhang gehüllt. Sie trägt eine überdimensionale Edelmetallkrone, mit der sie am 30. Oktober 1930 von Kardinal Pedro Segura in Anwesenheit des spanischen Thronfolgers geschmückt wurde.

Der Wallfahrtsbereich

Neben der Kirche erhebt sich der 53 m hohe, vom Boden bis zum Kreuz spitz zulaufende moderne Turm. Er ist auch die 12. Station eines Kreuzweges, der um den weiten Wallfahrtspark neben dem Gotteshaus führt. Es gibt einen Andenkenladen und einen Saal, in dem Ex voto-Tafeln und Geschenke ausgestellt sind.

Auf der gegenüberliegenden Straßenseite neben dem Dominikanerkloster mit einem Studienkolleg stehen Räumlickeiten für Besinnungstage und Exerzitien, ferner Pilgerunterkünfte zur Verfügung.

Das Jahr über kommen Einzelpilger, Gruppen und Schulklassen zum Heiligtum. Auch viele Brautpaare geben sich vor dem Gnadenbild das Ja-Wort. In der Hauptwallfahrtszeit der Monate September und Oktober sind es aus den umliegenden Orten und Städten die Fußprozessionen, die von Hermanades (Bruderschaften) organisiert sind. Die Marienwoche vom Michaelitag (19. September) bis 5. Oktober endet mit einer großen Prozession.

Die „Virgen del Camino“ wird als Patronin der ganzen Region León hochverehrt.

Lit.: H. Domke, Spaniens Norden, 1973, 241–252 – J. Salvador y Conde, La Virgen del Camino, 1980 – A. Vinayo, León, 1981 – M-Lexikon 4, 98

COVADONGA

„La Santina" – Die Heilige

Im Norden des Landes (Provinz Asturien), 40 Kilometer östlich der Bischofsstadt Oviedo und 15 Kilometer vom Meer entfernt, liegt in einem engen Tal, von Bergen umgeben, das Heiligtum, das eng mit der Geschichte Spaniens verbunden ist.

Ausgangspunkt der Reconquista

An einer senkrechten Felsenwand, aus der in wasserreichen Zeiten der Dewa hervorbricht und tief in ein Becken stürzt, gibt es eine Grotte, die früher von einem Einsiedler bewohnt war und die heute das Zentrum des Marienheiligtums bildet. Hier gab es wohl schon sehr früh ein marianisches Kultbild, denn der Name Covadonga leitet sich her von Cova dominica – Grotte der Herrin.
Als im Jahre 711 die Moslems an der iberischen Südküste landeten und ihr Angriff wie eine Flutwelle bis zu den Pyrenäen brauste, sammelte Graf Pelayo eine Gruppe geflohener Christen in der schwer zugänglichen Gegend von Covadonga. Und hier halfen die Festung der Berge, die dichten Wälder und die Gottesmutter Maria – die „Grotte der Herrin" diente Pelayo als Hauptquartier –, daß in der Schlacht von Covadonga, die sich auf verschiedene Gefechte zwischen 718 und 722 erstreckte, die Christen als Sieger hervorgingen. Pelayo wurde daraufhin vom Volk zum König von Asturien ausgerufen.
So wurde Covadonga zum Ausgangspunkt der Befreiung des Landes und das Tor zur spanischen Geschichte.

Die Hl. Grotte

Der Anblick ist unvergleichlich schön, wenn der Pilger zu Fuß oder auf der kurvenreichen, aber gut ausgebauten Straße mit dem Auto oder Bus in Covadonga ankommt, die Basilika sieht, aber zunächst der Hl. Grotte in der Felswand sich zuwendet.
Gesäumt von zwei liegenden Löwen aus Cararamarmor liegt der untere Platz, von dem aus die Pilger die Liturgiefeiern in der Grotte mitverfolgen können. Eine „Treppe der Gelübde" mit 101 Stufen führt zur Grotte empor. Viele legen sie auf Knien und den Rosenkranz betend zurück. Auf engen Kurven kann man auch höher hinaufgehen oder fahren und durch ein in den Felsen gehauenes Tunnel bequem zur Grotte gelangen.

Hier findet sich das Gnadenbild von Covadonga, eine Muttergottes-Statue, die vom Volk zärtlich „La Santina" – Die Heilige – genannt wird. Sie stammt aus dem 15. Jahrhundert und wurde nach einem Brand der Grotte 1777 vom Domkapitel von Oviedo dem Heiligtum geschenkt. Drei Engel bilden das Fußstück, darauf steht Maria mit lieblichem Gesicht und trägt das kleine Jesuskind, das sich ihr zuwendet, auf dem linken Arm und eine goldene Rose in der rechten Hand. Mutter und Kind sind bekrönt und in reichverzierte Gewänder und Umhänge gehüllt. Die „Santina" wurde 1919 geraubt und nach Paris gebracht, um als Geisel gegen eine hochgestellte Persönlichkeit ausgetauscht zu werden. Erst 1939 wurde sie wiederentdeckt und in einem unbeschreiblichen Triumphzug nach Spanien und nach verschiedenen Aufenthalten in Loyola, Valladolid, León, Oviedo und anderen Orten in die Grotte zurückgebracht.
In der Grotte werden auch die Sarkophage von Pelagio und Alfons I., dem Katholischen, aufbewahrt. Links vom Gnadenbild schließt sich eine Sakramentskapelle an.

Der obere Teil des Heiligtums

Etwas weiter oben führt der Weg an Gebäuden für den berühmten Knabenchor von Covadonga und Andenkenläden vorbei zur Basilika de la Virgen. Diese wurde aus Rosen- und Marmorstein zwischen 1877 und 1891 doppeltürmig im neuromanischen Stil errichtet. Sie wird während der Sommermonate nachts angestrahlt und bietet einen unvergeßlichen Anblick.
Das Innere birgt wertvolle Schätze: ein Gemälde von Madraze mit der Ausrufung Pelayos zum König, ein Gemälde von V. Carduco mit der Verkündigung an Maria und eine wunderschöne Muttergottes-Figur von Sansó. Auf dem Platz vor der Basilika ist seitlich ein Denkmal Pelayos in Ritterrüstung und einem Kreuz zu sehen, geschaffen von G. Zaragozas. Gegenüber birgt ein Museum kostbare Opfergaben und Geschenke, so ein Elfenbeinkreuz aus dem 16. Jahrhundert und eine mit mehr als tausend Brillanten besetzte Krone für die „Santina", ein Geschenk des asturischen Volkes zur kanonischen Krönung des Gnadenbildes im Jahre 1918.

Die Wallfahrt

Der Schreiber dieser Zeilen hat im Maimonat Einzelpilger und Gruppen, jede Person mit dem Pilgerstab, in Richtung Covadonga unterwegs gesehen. Neben Schulklassen kommen Pfarrgemeinden, Vereine und Senioren in Bussen aus ganz Nordspanien und dem benachbarten Ausland. Ein Hotel und eine Pilgerherberge stehen für Übernachtungen bereit.
Papst Johannes XXIII. vertraute der Gottesmutter, unter Anrufung von Covadonga, die geistige Wiedereroberung (Reconquista) der Welt an.

Lit.: H. Domke, Spaniens Norden, der Weg nach Santiago, 1973, 260–269 – E. de la Huerga, Covadonga, 1986

Lluc auf Mallorca

Auch die spanische Inselgruppe der Balearen im westlichen Mittelmeer besitzt eine marianische Wallfahrtsstätte. Von der Stadt Palma auf der Hauptinsel Mallorca führt eine Straße nordwärts zur ausgedehnten Klosteranlage de Lluc. Der Name kommt vom lat. lucus (Hain) und verweist auf die mit Zypressen und Steineichen bewachsene Fläche, 500 m über dem Meer, und im Hintergrund die schroffen mehr als 1000 m hohen Gipfel der Sierra de Tramuntana.

Legende und Geschichte

Nach der Vertreibung der Mauren 1230 kamen christliche Siedler hauptsächlich aus der spanischen Provinz Katalonien. Die Klosteranlagen und auch der Knabenchor lassen auf eine gewisse Ähnlichkeit mit Montserrat schließen.
Die Legende berichtet, ein Mönch und ein Hirte haben eine Muttergottes-Statue zwischen den Felsen der Berge gefunden und sie in der Pfarrkirche von Escorsa aufgestellt, doch am nächsten Tag befand sie sich wieder an der Fundstelle. Das hat sich noch zweimal wiederholt, bis man schließlich die Figur an ihrem Platz beließ.
Zum ersten Mal wird 1247 eine Kapelle „Santa Maria de Lluc" in einem Testament erwähnt. Und von Pilgern, die nachts vor einem Bildnis der Muttergottes beteten, wissen wir aus dem Jahr 1273. Die zunehmende Zahl der Pilger, auch von den Nachbarinseln Menorca und Ibiza, aus dem Gebiet von Valencia und von Sardinien, machten es notwendig, den über steile Felsen und gefährliche Schluchten führenden Weg instandzusetzen. Diesen Wallfahrtsweg säumen Steinsäulen, die auf Medaillons einen Lobpreis zu Ehren der Gottesmutter darstellen. 1456 wurde ein Kollegiats-Stift errichtet. Schon im 15. Jahrhundert sind auch die Sängerknaben erwähnt, die wegen ihrer blauen Soutanen „blavets" genannt, bis heute zur Ehre Gottes und seiner gebenedeiten Mutter ihre Lieder erklingen lassen.

Kirche und Gnadenbild

Die heutige Kirche wurde zwischen 1622 und 1684 nach Plänen von Jaume Blanquer als Renaissancebau in Kreuzesform mit Zentralkuppel errichtet. Wegen ihrer Schönheit verlieh ihr König Karl III. von Österreich den Titel „Königliche Kapelle". 1962 hat sie Papst Johannes XXIII. zur Basilika erhoben.

In der Mittelnische über dem Hochaltar befindet sich das verehrte Gnadenbild. Die stehende Muttergottes (61 cm groß, aus Marmorstein)

ermuntert mit ihrem feinen Lächeln zu vertrauensvollem Gebet. Sie beugt sich etwas nach rechts und zeigt mit ihrer rechten Hand zum Jesuskind auf ihrem linken Arm. Das bekleidete Kind hält ein aufgeschlagenes Buch mit den Buchstaben Alpha und Omega vor sich. Die ursprünglich farbig gefaßte Figur ist nachgedunkelt, so daß sie liebevoll auch „Moreneta" (Die Dunkelhäutige) genannt wird. Das Gnadenbild stammt aus dem 15. Jahrhundert und hat vermutlich eine ältere Figur ersetzt.

Die Wallfahrt

1884 wurde die Gottesmutter feierlich gekrönt, und Mutter und Kind erhielten reich mit Edelsteinen verzierte Heiligenscheine. Dieses Ereignis und die Übernahme des Klosters durch die „Missionare des hl. Herzens" 1891 brachten der Wallfahrt einen neuen Aufschwung. Auf dem nahen Berggipfel wurde ein Kreuz errichtet, das spanische Wallfahrer 1910 aus Jerusalem mitgebracht hatten. 1914 rief Bischof Campins die Muttergottes von Lluc zur „Königin und Beschützerin von Mallorca" aus. 1925 wurde die „Via Monumental de Rosario" mit Bronzereliefs auf Steinwänden oder -säulen angelegt.
Ein Museum, Projektionssäule, Konferenzräume, eine eigene Bibliothek, ferner Unterkünfte für Pilger, eine Jugendherberge, ein Zeltplatz und ein Pavillon für große Gottesdienste gehören zur großräumigen Wallfahrtsanlage. Lluc ist eine Stätte des Gebetes, der Besinnung auf den eigenen inneren Frieden, aber auch der erlebten Freude bei den echt südländischen Festen. Das empfinden die 700 000 Besucher, darunter auch zahlreiche Touristen, die es jedes Jahr zum Marienheiligtum de Lluc zieht.

Lit.: J. Moll-Marquez, Mallorca, 1989 – o. A., Lluc in Wort und Bild, Palma 1991 – M-Lexikon 4, 136

Candelaria auf Teneriffa

Virgen de las Candelas

In der spanischen „Autonomen Region der Kanarischen Inseln" gibt es ein bedeutendes Marienheiligtum. Auf der größten Insel Teneriffa liegt 20 Kilometer südlich der Hauptstadt Sta. Crux der Küstenort Candelaria. In der dortigen Basilika wird eine Muttergottes-Statue hochverehrt, die „Hl. Jungfrau der Kerzen". Die Bezeichnung weist auf das Fest „Maria Lichtmeß" hin, das 40 Tage nach Weihnachten am 2. Februar gefeiert wird, in Spanien schon seit Jahrhunderten mit Lichterprozessionen.

Die Statue aus dem Meer

Im Jahre 1392, also etwa 100 Jahre vor der Eroberung und Christianisierung durch die Spanier, wurde eine Figur der Muttergottes mit dem Jesuskind an der Küste angeschwemmt. Zwei „Guanches" (Ureinwohner), die hier in Ufernähe ihre Schafe hüteten, fanden die Figur auf einem Felsen. Der Guanchenkönig von Guímar und wichtige Männer wurden herbeigerufen. Sie alle glaubten, es handle sich um ein höheres Wesen und stellten die Statue in der nahen Höhle Achbinica auf.
1464 kamen die ersten Missionare, und 1495 waren die Grotte und eine vor dem Eingang errichtete kleine Kapelle schon ein Marienheiligtum. Aus dem Jahr 1497 ist von zahlreichen Wunderheilungen an der Grotte berichtet. 1526 fand das Gnadenbild in der von Petro Fernández de Logo errichteten Wallfahrtskapelle ihren Platz, nahe am Meer und knapp 100 Meter von der Höhle entfernt. Dort wurde eine Statue des hl. Blasius aufgestellt und hieß fortan Grotte de San Blas.

Die Wallfahrt ist seit 1530 den Dominkanern anvertraut. Ein Vorgängerbau der heutigen Wallfahrtskirche entstand 1672 unter dem Bischof Bartolomé Jiménez. Am 7. November 1826 geschah das Unglück. Bei einem schlimmen Unwetter mit Regen und Sturm wurde die Statue wieder vom Meer zurückgeholt und ist seitdem verschollen. Der einheimische Bildhauer Fernando Estévez schuf eine dem alten Gnadenbild sehr ähnliche Statue. Sie wurde 1889 gekrönt und gilt seitdem als das eigentliche Gnadenbild. Unter dem Architekten Enrique Marrero Regalado wurde 1959 die heutige Basilika errichtet, gefördert von den Dominikanern und unterstützt von der Inselregierung und dem ganzen kanarischen Volk.

Die Gnadenstätte

Die Basilika nahe am Meer ist ein kreuzförmiger Bau mit einer von zwei niedrigen Türmen flankierten Eingangsfassade und dem 50 m hohen Glockenturm mit dem typisch kanarischen Balkon. Der Innenraum mit dem breiten Mittelschiff und den zwei schmäleren Seitenschiffen bekommt sein Licht durch einen zentralen, kuppelartigen Überbau.

An der Chorwand hinter dem Volksaltar befindet sich in einer vergoldeten bogenförmigen Nische das Gnadenbild. Die gut ein Meter große gefaßte Holzfigur der Muttergottes trägt auf ihrem rechten Arm das Jesuskind, das mit beiden Händen ein goldenes Vöglein festhält. In der linken Hand hält Maria einen goldenen Stab, der eine Kerze darstellen soll. Die Figur in der braunen Farbe und Kleidung der Einheimischen zeigt Maria mit einem Ausdruck der Güte und Sanftmut. Mutter und Kind sind in reichverzierte Stoffgewänder gehüllt. Maria trägt noch einen weiten, über den Kopf reichenden Umhang, der nur ihr Gesicht und ihre Hände freiläßt.

Das Wandgemälde um das Gnadenbild von José Aguiar zeigt unten rechts den Bischof und neun Dominikanermönche und links das fromme Volk vor dem Gnadenbild. Oben ist es von vier großen und einer Fülle von kleinen Engeln umgeben, die singen und musizieren.

Die Wallfahrt

Jeden Sonntag besuchen Tausende von Wallfahrern und Touristen die Basilika. Der Hauptgottesdienst wird per Radio übertragen. Jeden Nachmittag wird der Rosenkranz gebetet und ebenso übertragen. Besondere Wallfahrtsgruppen das Jahr über sind die Familien, die Arbeiter, die Sportler und die Schüler. Besonders an den Sonntagen um Maria Lichtmeß und Maria Himmelfahrt kommen die Menschen zu Fuß, mit Motorrädern und Autos, manche mit bloßen Füßen oder auf Knien, um ihre „Jungfrau der Kerzen“ zu verehren. Jeden Tag bringen die Leute Blumen, um sie mit Liebe vor dem Gnadenbild abzulegen. Und Mütter bringen ihre wenige Tage alten Kinder auf den Armen, um sie der Hl. Jungfrau zu zeigen und zu danken.

Die „Virgen de Candelaria“ gilt als Schutzpatronin der Kanarischen Inseln. Sie wird auch in Kirchen und Kapellen in allen Teilen der Welt verehrt, so in Chile und Manila.

Lit.: A. de Espinosa, Historia de Nuestra Senora de la Candelaria, 1967 – A. Turrado, Candelaria, 1987 – D. M. Sartor, Las fiestas de la Virgen, 1990 – M-Lexikon 4, 117–118

Meritxell

Das kleine Fürstentum, eingebettet in über 2900 m hohe Gebirgsmassive der östlichen Pyrenäen, wird von vielen Touristen und Wintersportlern besucht. Für die überwiegend katholischen Bewohner – Andorra gehört zum spanischen Bistum Urgel – gibt es noch Kirchen aus der romanischen Zeit, auch mit Mariendarstellungen aus dem 10. bis 12. Jahrhundert.
Meritxell (sprich: meridschei), an einem Berghang im Osten des kleinen Staates gelegen, ist das Nationalheiligtum Andorras.

Legende

Die Statue der Muttergottes von Meritxell soll im Winter inmitten blühender Pflanzen von Gläubigen gefunden worden sein, die von Endcamp nach Canillo unterwegs waren, zwei der ältesten, idyllisch gelegenen andorranischen Dörfer. Man brachte die Figur nach Canillo, aber sie verschwand auf geheimnisvolle Weise und wurde wieder bei den blühenden Pflanzen gefunden. Man trug sie nach Endcamp, aber es wiederholte sich dasselbe. So beschloß man, an der Fundstelle für die Figur eine Kapelle zu bauen.

Das Heiligtum und das Gnadenbild

Über Jahrhunderte hinweg wurde die Statue von den Menschen hochverehrt. Im Jahre 1873 hat ein örtliches Conzilium U. L. Frau von Meritxell zur Patronin der Republik Andorra ausgerufen. Doch fast 100 Jahre später, in der Nacht vom 8. auf den 9. September 1972, ist bei einem Kirchenbrand auch das Gnadenbild aus dem 12. Jahrhundert ein Raub der Flammen geworden.
Eine dem alten Bild nachgeschnitzte Statue wird heute als Gnadenbild verehrt als Mittelpunkt der modernen, wesentlich größeren Kirchenanlage, mit Bögen überspannten Eingängen, Umgängen und einem Innenhof, nach dem Entwurf des Architekten Bofill. Auch die Ruine der alten Kirche ist nebenan noch zu sehen.
Im Zentrum der Wallfahrtskirche steht ein wie eine Kelchkuppe gestalteter Steinaltar. Dahinter befindet sich auf einem Podest das Gnadenbild, eine Holzfigur mit polychromer Bemalung. Maria mit geschnitzter Krone und Kopftuch sitzt auf einem beiderseits eingefaßten Stuhl und hält ihre Hände links und rechts des frei auf ihrem Schoß sitzenden Jesusknaben, der seine Rechte ebenfalls zum Betrachter ausstreckt. Mutter und Kind sind mit ihren ausdruckstarken Gesichtern dem Beter zugewandt.

Die Wallfahrt

Jeden Tag sind vor dem Gnadenbild Einzelbeter oder Gruppen anzutreffen, die Gottesdienste feiern. Das Fest „Maria Geburt“ (8. September) wird als Fiesta National gefeiert. Aus den Pfarreien des Zwergstaates kommen Familien und Wallfahrtszüge, ferner Pilger aus Südfrankreich und Nordspanien nach Meritxell, um an dieser Gnadenstätte Maria zu ehren und sie um ihre Fürsprache zu bitten.

Lit.: G. B. Faresin, Maria Regina d'Europa, 1990, 82–83 – (Reiseführer), Andorra, 1991

Heiloo
Herzogenbusch
Scherpenheuvel
Maastricht
Boulogne-sur-Mer
Halle
Banneux
Beauraing
Luxemburg
Paris
Chartres
Thierenbach
Le Puy
Rocamadour
La Salette
Laghet
Lourdes
Marseille
Lavasina

WESTEUROPA

Frankreich
Luxemburg
Belgien
Niederlande

Lourdes

Die südfranzösische Stadt Lourdes (Département Hautes-Pyrenée), an den nördlichen Ausläufern der Pyrenäenkette gelegen, ist der größte Marien-Wallfahrtsort. Nach den Römern und Westgoten kamen die Araber hierher. Karl der Große belagerte auf seinem Spanienfeldzug die Burg, die von einem Sarazenenführer namens Mirat verteidigt wurde. Auf Anraten Karls des Großen pilgerte Mirat zu dem damals schon bestehenden Wallfahrtsort Le Puy (siehe Seite 119), ließ sich taufen und erhielt den Namen Lorda, woraus Lourdes wurde. Er bekam 778 die Stadt übergeben, die er der Gottesmutter weihte.

Die Erscheinungen der Hl. Jungfrau

Am 7. Januar 1844 wurde in Lourdes Bernadette als älteste Tochter des Müllerehepaares Soubirous geboren. Die Eltern verarmten und fanden schließlich eine Bleibe im ehemaligen Gefängnis der Gemeinde, das „Cachot" (das Loch) genannt wurde.
Am 11. Februar 1858 ging die inzwischen 14jährige Bernadette mit ihrer Schwester Marie und deren Freundin Jeanne zum Holz- und Knochensammeln, um von dem Erlös Brot kaufen zu können. Sie kamen ans Ufer des Flusses Gave, wo sich ganz in der Nähe der Felsen Massabielle mit einer Grotte befand. Als Bernadette Schuhe und Strümpfe ausziehen wollte, um durch das Wasser eines hier einmündenden Mühlenkanals zu waten, spürte sie plötzlich zwei aufeinanderfolgende Windstöße. Sie blickte auf und sah in der Nische oberhalb der Grotte eine „Schöne Dame" stehen, bekleidet mit einem langen weißen Gewand, einem blauen Gürtel und einem weißen Schleier über dem Kopf. Auf den bloßen Füßen der Dame war je eine gelbe Rose zu sehen, und in ihren gefalteten Händen hielt sie einen Rosenkranz mit weißen Perlen.

In der Zeit bis zum 16. Juli sieht Bernadette die Schöne Dame noch siebzehnmal. Bei der Erscheinung am 18. Februar sagte diese zu ihr: „Ich verspreche dir nicht, dich in dieser Welt glücklich zu machen, wohl aber in der anderen."
Am nächsten Tag begleiten die Mutter und einige Frauen das Mädchen. An den folgenden Tagen sind es zunehmend mehr Menschen, am Schluß mehrere Tausend, die zur Grotte kommen. Bei einer Erscheinung wendet sich die weinende Bernadette plötzlich an die Umstehenden und ruft laut: „Buße, Buße, Buße!"
Am 25. Februar vernimmt Bernadette an der Grotte die Aufforderung, aus der Quelle zu trinken und sich zu waschen. Sie will zum Fluß gehen, aber auf einen Wink der Dame beginnt sie an der linken Seite der Grotte mit ihren Händen zu graben. Ein schmutziges Rinnsal tritt zutage, aber das Wasser wird zusehends klarer. Schon am nächsten Morgen taucht eine Mutter ihr sterbenskrankes Kind in das Quellwasser. Das Kind wird gesund. Und als der seit 19 Jahren an einer schweren Augenkrankheit leidende Steinmetz Louis Bouriette auch durch das Wasser geheilt wurde, ist Bernadette und die heilkräftige Quelle in aller Munde.
Nach der Erscheinung am 13. März überbringt Bernadette dem Ortspfarrer den Wunsch der Dame, eine Kapelle zu errichten und in Prozessionen hierherzukommen. Der Geistliche ist skeptisch und verlangt nach dem Namen der Dame und daß die Heckenrosen an der Grotte blühen sollen.
Bei der nächsten Erscheinung am 25. März fragt Bernadette die Dame, wer sie sei. Diese antwortet im Dialekt von Lourdes:

„Qué soy éva Immaculata Counceptiou"
– Ich bin die Unbefleckte Empfängnis.

Als Bernadette diese Antwort dem Pfarrer übermittelt, erkennt dieser, daß das Mädchen solche

Worte nicht selbst erfunden haben könne. Und aus dem Zweifler wird ein glühender Verehrer der Notre Dame de Lourdes. In der Aussage der „Schönen Dame“ sieht die Kirche eine wunderbare Bestätigung des vier Jahre zuvor in Rom durch Papst Pius IX. verkündeten Glaubenssatzes von der „unbefleckt empfangenen Gottesmutter“.

Bei der Erscheinung am 7. April hält die in Exstase versunkene Bernadette ihre Hände längere Zeit über eine Kerzenflamme, ohne sich zu verbrennen. Der Arzt Dr. Dozous beobachtet sie aus nächster Nähe und bestätigt das Wunder.

Die Behörden, die schon früher Bernadette verhört und einzuschüchtern versucht hatten, verbieten nun den Besuch der Grotte, die sie mit einem Bretterzaun abschirmen. Am 16. Juli blickt Bernadette vom jenseitigen Ufer des Gave zur Grotte hinüber, sieht nochmal die Dame und sagt zum Abschied: „Niemals zuvor habe ich sie so schön gesehen.“

Die Wallfahrt entsteht

1860 zieht sich Bernadette in ein Schwesternhospiz in Nevers zurück. Sie wird vom Bischof von Tarbes verhört, der als Ergebnis einer Untersuchungskommission 1862 verkündet: „Die Jungfrau Maria ist tatsächlich Bernadette Soubirous erschienen.“

1864 wird eine Marienstatue in der Nische der Grotte aufgestellt, die der Bildhauer Joseph Fabish aus Lyon angefertigt hatte. Zur Einweihung der Krypta 1866 besucht Bernadette ein letztes Mal „ihre“ Grotte. Dann tritt sie als Schwester Marie-Bernard in den Orden der Barmherzigen Schwestern in Nevers ein, legt 1878 die Ewige Profeß ab, und schon ein Jahr später, am 14. April 1879, stirbt die immer kränkliche Bernadette im Alter von nur 35 Jahren an Knochentuberkulose. 1925 wird sie durch Papst Pius IX. selig- und 1933 heiliggesprochen. Lourdes entwickelt sich in wenigen Jahren zum großen, übernationalen Marien-Wallfahrtsort. Schon 1872 kam eine Million Pilger. Am und über dem Felsen werden drei Kirchen errichtet: die untere Rosenkranz-Basilika, die Krypta und die obere Basilika mit dem das Heiligtum kennzeichnenden Turm.

Der Heilige Bezirk

Wer aus der Stadt mit dem lärmenden Verkehr und dem Trubel der Devotionaliengeschäfte den mit einem Gitterzaum abgegrenzten Hl. Bezirk betritt, den umfängt eine weihevolle Stille.

Die Esplanade erstreckt sich von der Brücke des hl. Michael bis zum Platz vor der Basilika und bietet einen idealen Prozessionsweg. An einer bretonischen Kreuzigungsgruppe aus Granitstein vorbei kommt man zur „gekrönten Madonna“, einer 1876 gekrönten Marienfigur. Das Gitter um die Statue ist täglich mit frischen Blumensträußen dekoriert.

Über den großen Platz, der von zwei mächtigen Arkaden-Aufgängen begrenzt wird, gehen wir durch ein Tor mit einer Reliefdarstellung darüber, wie Maria mit dem Kind dem hl. Dominikus den Rosenkranz überreicht, in die Rosenkranz-Basilika. Sie wurde zwischen 1889 und 1901 im neuromanischen Stil errichtet. Im Halbrund der Apsis ist, von Engeln umgeben, Maria zu sehen, die ihren Mantel weit ausbreitet, dazu die Schrift: „Durch Maria zu Jesus“. In 15 Seitenkapellen ringsum sind die Geheimnisse des großen Rosenkranzes dargestellt.

Über die beiden Aufgänge führt der Weg nach oben, zunächst in die Krypta. Diese älteste Wallfahrtskirche von Lourdes wurde im Beisein der Seherin Bernadette 1866 geweiht. Ein schmaler Gang, mit Votivbildern ausgekleidet, führt in die dreischiffige Kirche mit ihren fünf Altarnischen, von denen die rechte sich genau über der Erscheinungsgrotte befindet. Tagsüber ist in der Krypta das Allerheiligste ausgesetzt, und immer sind hier Beter anzutreffen.

In der einschiffigen hohen Oberen Basilika, im neugotischen Stil 1871–76 errichtet, sind die farbigen Glasfenster bemerkenswert, die Szenen aus der Heilsgeschichte und die Erscheinungen der hl. Bernadette darstellen. An den Wänden sind viele Votivkerzen und -gaben wie Schiffsmodelle, Brautkränze, Orden und Fahnen aus allen Teilen der Welt zu sehen, darunter auch die Fahne, die der erste deutsche Pilgerzug 1875 mitgeführt hat.

Der 70 m hohe Turm trägt sechs Glocken, die bei jedem Glockenschlag die Melodie des Ave-Ave-Lourdesliedes erklingen lassen.

Die Grotte, Zielpunkt aller Lourdespilger, ist noch im damaligen Zustand erhalten, nur der Fußboden wurde geebnet. In der Nische seitlich darüber steht die nach Angaben von Bernadette gefertigte Figur der Hl. Jungfrau. Das Ufer des Gave wurde 50 Meter zurückversetzt, damit die Menschen vor der Grotte Platz haben. Auf dem Freialtar in der Grotte wird vom frühen Morgen bis in den späten Vormittag in den verschiedenen Sprachen das hl. Meßopfer gefeiert. Links vom Altar ist die von Bernadette freigelegte Quelle, heute mit einer Glasplatte abgedeckt.

Links von der Grotte befinden sich Wasserhähne, aus denen man das heilkräftige Quellwasser trinken und auch abgefüllt mitnehmen kann. Rechts der Grotte schließen sich Badehallen an. Freiwillige Helfer bemühen sich um diejenigen, die für kurze Zeit in einer der 14 Kabinen in das Lourdeswasser steigen wollen.

Seitlich der Esplanade liegt die unterirdische Basilika Pius' X. Sie wurde zum 100jährigen Jubiläum der Erscheinungen durch Kardinal Roncalli, dem späteren Papst Johannes XXIII. konsekriert. Die 200 × 80 m große ovale Halle aus Stahlbeton faßt mehr als 25 000 Gläubige.

Jenseits der Gave wurde in den lezten Jahren (1988 geweiht) in moderner Bauweise die Kirche St. Bernadette für etwa 5000 Menschen errichtet. An der linken Seite der Oberen Basilika führt neben der Beichtkapelle ein Kreuzweg nach oben. 1912 wurden überlebensgroße, goldfarbene Figurengruppen der Kreuzwegstationen aufgestellt. Die 15. Station zeigt einen Rundstein mit eingravierten Sonnenstrahlen als Zeichen der Auferstehung. Für Gehbehinderte und Rollstuhlfahrer ist ein 2. Kreuzweg gegenüber den Badehallen jenseits des Gave angelegt.

Von vielen Pilgern wird auch die Burg besucht, von deren Terrasse sich ein herrlicher Blick auf die Stadt und die umliegenden Berge bietet, ferner die Pfarrkirche in der Oberstadt mit dem Grab des Abbé Peyramale und dem Taufstein der Bernadette. Auch die Mühle Boly, wo Bernadette geboren ist, und das Cachot, wo die sechsköpfige Familie Soubirous seit 1850 gelebt hat, können besichtigt werden.

2. Der Engel geleitet mit sorgender Hand /
das Kind Bernadette an des Flusses Rand.
3. Auf Massabiell' schaut's ein strahlendes Licht /
wie solches entstanden, begreift es wohl nicht.
4. »O sprich, schöne Dame, was willst du von mir? /
Was immer dein Wunsch, ich erfülle ihn dir.«
5. »Gehorsames Kind, ich verspreche dafür, /
dich glücklich zu machen im Himmel, nicht hier.

Die katholische, d. h. weltweite Wallfahrt

Von den etwa acht Millionen Menschen, die jährlich nach Lourdes kommen, leidet jeder vierte an einem körperlichen Gebrechen, so daß Lourdes auch „Wallfahrtsort der Kranken" genannt wird. Es wird als „Wunder von Lourdes" bezeichnet, daß jeder, auch wer keine spektakuläre Heilung erhofft, hier Trost und Kraft empfängt, sein Leid weiter zu tragen.

Aber es gibt auch Wunderheilungen. Von einer internationalen Ärztekommission, darunter Juden, evangelische Christen und Atheisten, werden jährlich mehrere tausend registriert und genau untersucht. In den 135 Jahren seit den Erscheinungen wurden insgesamt etwa 4000 medizinisch nicht erklärbare Heilungen festgehalten. Die Amtskirche hat davon lediglich 54 offiziell als Wunder anerkannt.

Unter den vielen Millionen Wallfahrern, darunter 1983 auch Papst Johannes Paul II., aus allen Teilen Europas und der Welt, sind auch viele junge Menschen, die sich hier Kraft und Beistand für ihren Lebensweg erbitten. Seit mehr als 30 Jahren ist Lourdes auch Ziel einer Soldatenwallfahrt. Außer religiösen Feiern bietet diese Kontaktmöglichkeiten der Soldaten aus den verschiedenen Ländern untereinander und ist ein hoffnungsvolles Zeichen für ein friedliches Europa der Zukunft.

Jeden Tag von Anfang März bis Ende Oktober findet am Nachmittag auf dem Platz vor der Rosenkranz-Basilika eine Krankensegnung statt. Freiwillige Helfer, vom Arbeiter bis zum Hochschulprofessor, in der Bruderschaft der Hospitalität zusammengefaßt, ziehen die Wägelchen mit den Behinderten und Schwerkranken auf den Platz, wo, von Gebeten und Gesängen begleitet, meist ein Bischof die Reihen der Kranken entlanggeht und ihnen mit dem Allerheiligsten in der Monstranz den Segen erteilt.

Jeden Abend findet eine Lichterprozession statt. Erhebende Gesänge und das Rosenkranzgebet in den verschiedensten Sprachen der Welt verbinden die vielen Teilnehmer zu einer Einheit vor Gott. Mit ihren Kerzenlichtern ziehen die Wallfahrer von der Grotte über die Esplanade zum großen Platz, wo als Abschluß von allen Geistlichen der Segen erteilt wird.

Jeden Mittwoch und Sonntag vormittag versammeln sich Tausende in der Unterirdischen Basilika zu einem feierlichen Gottesdienst. Bei dieser vielsprachigen und in lateinischen Gesängen erhebenden Eucharistiefeier wird unsere katholische, d. h. weltweite Kirche zu einem einmaligen Erlebnis.

Bei allen Zusammenkünften der Wallfahrer erklingt das Ave, Ave des Lourdesliedes.

Lit.: Kriss 204–208 – R. Cranston, Das Wunder von Lourdes, 1955 – R. Laurentin, Historie authentique des apparations, 6 Bde., 1961–64 – Müller-Gräffshagen 145–153 – Termolen 78–84 – W. Radspieler, Pilgerwege – Lourdes, 1989 – A. Läpple, Lourdes, 1991 – M-Lexikon 4, 161–165

Marseille

Notre Dame de la Garde

Diese älteste Stadt Frankreichs mit dem heute bedeutendsten Hafen des Landes galt schon in der Antike als Vermittler griechischer und römischer Kulturgüter nach Gallien und Südwestgermanien. Sie wird überragt von einer 150 m hohen Felskuppe mit der Wallfahrtskirche. Von der

Spitze des Kirchturmes grüßt eine Muttergottesstatue als Wahrzeichen der Stadt das weite Land und das Meer.

Geschichte

Ursprünglich soll auf der Höhe ein heidnischer Tempel gestanden sein, später ein Wach- und Beobachtungsturm (= Garde). Schon im 3. Jahrhundert fand das Christentum in dieser Region Eingang.
Seit 1214 war an einem Ort, der zur Abtei St. Viktor gehörte, eine Eremitenklause mit Kapelle bekannt. Nach deren Verfall hat man 1477 mit dem Bau der zweiten Kirche begonnen, die bis ins 19. Jahrhundert bestand. Unter Franz I. wurde diese in eine Festungsanlage einbezogen, so daß nur noch der Turm sichtbar blieb.
Nach der Französischen Revolution übernahm der Orden der Oblaten die Wallfahrtsstätte. Unter ihm entstand im neobyzantinischen Stil die heutige prächtige Basilika, 1864 geweiht. 1870 wurde auf dem 45 m hohen Turm die 8 m große Muttergottesstatue aufgestellt und 1931 feierlich gekrönt.

Die Gnadenbilder

Schon in der ersten Kapelle gab es ein hochverehrtes Gnadenbild. Nach einer noch vorhandenen Kopie war es eine Schwarze Madonna mit dem Kind, insgesamt nur 33 cm groß. Es ging in den Wirren der Revolution unter.
Bereits seit 1611 verehrten die Gläubigen auf dem Hochaltar „La Vierge à Ostensoir" als Gnadenbild. Maria trug statt des Kindes eine Monstranz, in der an den Festtagen das hl. Sakrament ausgesetzt war. Auch diese Figur ist seit der Revolution verschollen.
Das heutige Gnadenbild, eine 2 m große silberverkleidete Statue der Muttergottes mit dem

Jesuskind, das einen Anker hält, wurde 1837 geweiht.
Eine weitere, aus der Barockzeit stammende Muttergottesfigur mit dem Kind befindet sich in der Krypta der Basilika. Mutter und Kind halten Blumen in ihren Händen. Die Statue war 1807 in einer feierlichen Prozession, bei der die Teilnehmer barfuß gingen, auf den Berg getragen worden. Sie galt bis 1837 als Hauptgnadenbild.

Die Wallfahrt

Schon im Mittelalter entwickelte sich zur Kapelle auf der Anhöhe eine Wallfahrt, worauf Bruderschaften und Stiftungen hinweisen. Berühmt waren die Fronleichnamsprozessionen seit dem 16. Jahrhundert, wo das Gnadenbild am frühen Morgen in die Stadt hinuntergetragen wurde und mit dem sakramentalen Christus zusammentraf. Auch heute noch wird bei der Fronleichnamsprozession das Gnadenbild mitgeführt. Und bis zur Französischen Revolution trug man das Gnadenbild jeden Sonntag vor die Kirchentür, damit es von der Höhe aus Land und Leute segne.
In der Krypta der Kirche künden Inschriften auf Marmortafeln an den Wänden, in der Oberkirche handgemalte Votivbilder, Krücken, Gefangenen-Ketten, Uniformstücke, Fahnen, Orden, ja sogar zerbrochene Skier eines Sportlers vom Vertrauen und vom Dank an die Gottesmutter. Aus allen Teilen Europas und aus Übersee kommen jährlich 6–700 000 Wallfahrer nach Marseille.

Heiligtum der Seefahrer

Doch La Garde ist ein spezielles Heiligtum der Seefahrer, was die vielen Schiffsmodelle, vom einfachen Segelboot bis zum modernen Dampfer, belegen. Eine Eigenheit hier sind die Modelle von Schiffen, Flugzeugen, Autos, sogar von Fallschirmen, die an langen Drähten von der Decke der Basilika hängen.
Bis ins 18. Jahrhundert bestand der Brauch, daß heimkehrende Schiffe beim Einlaufen in den Hafen einen Kanonenschuß abfeuerten, während die Matrosen auf dem Deck niederknieten und zu Ehren der „Bonne Mère“ das Salve Regina anstimmten. Heute noch holen sich Seeleute vor einer längeren Ausfahrt den Segen bei ihrer „Notre Dame de la Garde“.
In einem Matrosen-Lied heißt es:

Gute Mutter der Matrosen,
Schütze gnädig uns're Fahrt!
Rett' uns in des Meeres Tosen,
Liebe Mutter de la Garde!

Lit.: P. Lauriol, Notre Dame de la Garde, 1920 – Kriss 201–203 – Rathgeber 247 – P. Blanc, Notre Dame de la Garde, 1986 – M-Lexikon 4, 338

Lavasina auf Korsika

„Notre Dame des Grâces“ – U. L. Frau der Gnaden

Von der Stadt Bastia im Nordosten der Insel führt die Küstenstraße noch sechs Kilometer weiter nördlich zum bekanntesten Marienheiligtum Korsikas, das auf einem Steilufer – etwa auf der Höhe der Insel Elba – das Thyrrhenische Meer überragt.

Das Bild des Weinhändlers

Im 16. Jahrhundert lebte hier eine Familie, Danesen genannt, die zwischen Rom und der Insel einen Weinhandel betrieb. Ein römischer Händler, der einmal nicht zahlen konnte, schlug vor, dafür ein religiöses Bild zu übersenden. Die Danesen waren damit einverstanden. Als die zusammengefaltete Leinwand, auf der das Bild gemalt war, ankam, war auch das Geld eingepackt. Jacques Danesen verwendete es, um eine kleine der Muttergottes geweihte Kapelle zu restaurieren. Darin hängte er auch das Bild auf. Es ist eine verkleinerte Kopie eines Gemäldes, das der Schule Peruginos (1448–1523) zugeschrieben wird und sich in der Kirche St. Apollinaris in Rom befindet. Es zeigt eine kniende Madonna, die ihren Arm um das Jesuskind legt und es mit einem durchsichtigen Schleier bedeckt. Auf dem Gemälde sind auch noch ihre Base Elisabeth mit ihrem Sohn Johannes dem Täufer und der hl. Josef, als alter Mann auf einem Stock gestützt, abgebildet.

Das Wunder

Im Jahre 1675 ereignete sich hier ein auffälliges Wunder. Eine schon über 40jährige Nonne namens Marie-Agnes, seit Jahren krank und bettlägerig, ließ sich von vier Männern zur Kapelle tragen, betete dort und rieb mit dem Öl der Lampe, die vor dem Madonnenbild brannte, ihre kranken Beine ein. Sogleich konnte sie aufstehen und umhergehen.
Die Kunde verbreitete sich in ganz Korsika und bis nach Italien. Viele besuchten nun den Ort und spendeten Opfergaben. So ließ der Bischof von Mariana 1676 neben der Kapelle eine große Kirche errichten und das Bild dorthin übertragen. Die alte Kapelle wurde leider abgerissen.

„Königin von Korsika"

1735 erklärte Korsika, das seit Jahrhunderten unter der Herrschaft der Genuesen stand, seine Unabhängigkeit und stellte die Insel unter den Schutz der Unbefleckten Jungfrau Maria. Bei dieser Gelegenheit entstand die Nationalhymne „Dio vi Salve Regina", eine Nachdichtung des Salve Regina. 1768 wurde Korsika Frankreich angegliedert, das den Insulanern eine gewisse Selbständigkeit ließ, wenngleich die Französische Revolution sich negativ auf das Heiligtum von Lavasina auswirkte. Zu Anfang des 19. Jahrhunderts lebte die Wallfahrt wieder auf. 1865 wurde die Kirche vergrößert und für die Franziskaner, die fortan die Gnadenstätte betreuten, ein Kloster gebaut. 1883 ließ man eine Madonnen-Statue schnitzen, die als „Notre Dame de Lavasina" verehrt wird. 1952 wurde diese Figur feierlich gekrönt.

Die Wallfahrt

Charakteristisch für diese Gnadenstätte ist die Vielzahl von Ex-votos. Kinderkleidchen, Brautschleier, Ringe, Armbänder, menschliche Gliedmaßen aus Holz oder Gips, Musikinstrumente, ja sogar Flinten und die Peitsche eines Karrenfahrers bringen die Dankbarkeit für erlangte Hilfe zum Ausdruck. Auf vielen Votivbildern danken Matrosen, die aus Seesturm, von Schiffbruch und Piratenüberfällen gerettet wurden. Viele erinnern auch an Heilungen, und Mütter danken für die Geburt eines Kindes.
Der italienische Dichter Giovanelli schildert in einem Gedicht, wie 1779 eine große Trockenheit die Insel heimsuchte und die Menschen in Prozessionen nach Lavasina zogen. Am 2. Mai jenes Jahres brach eine große Prozession von Bastia auf, bei der sogar der Bischof barfuß ging. Als die Menschen in Lavasina ankamen und unzählige Kerzen vor dem Gnadenbild entzündeten, verfinsterte sich der Himmel plötzlich, und es regnete drei Tage ununterbrochen.
Höhepunkt der auch heute lebendigen Wallfahrt ist das Fest „Maria Geburt" (8. September). Nach einer vorbereiteten Novene findet am Vortag eine Fackelprozession statt, und schon am frühen Morgen beginnen die Gottesdienste. Am Nachmittag wird die Muttergottes-Statue umhergetragen und zum Schluß nach allen vier Himmelsrichtungen gedreht, um den Segen der Gottesmutter für die Insel und unsere Welt zu erflehen.

Lit.: (Wallfahrtsführer), La Reine de la Corse, 1954 – J. Ladame, Notre Dame de tout l'Europe, 1984, 195–199 – M-Lexikon 2, 504

LAGHET

Das Marienheiligtum an der Riviera

Unweit der französischen Mittelmeerküste und nahe der Grenze zum Fürstentum Monaco liegt in einem stillen Waldtal eine Wallfahrtsstätte mit einem Einzugsbereich von Marseille bis Genua und einer geistigen Ausstrahlung weit darüber hinaus.
Von der Autobahn A 8 führt bei der Abzweigung La Turbie nördlich von Monte Carlo die Straße leicht abwärts zur Gnadenstätte.

Ein Jahr der Wunder

Zu Beginn des 17. Jahrhunderts stand hier am Berghang eine kleine Marienkapelle, umgeben von einigen Häusern, in denen Bauern und Hirten wohnten. 1625 war sie von Don Jacques Fighiera aus der nahen Ortschaft Eze restauriert worden. Im Jahre 1652 zeigte die Gottesmutter ihre fürbittende Macht durch zahlreiche Wunder: außergewöhnliche Krankenheilungen und Befreiung von Gefangenen.
Die Kunde davon verbreitete sich rasch. Bis aus der Provence und aus Ligurien kamen die Menschen, einzeln und in Gruppen, um die Muttergottes anzurufen. Don Fighiera besaß eine schöne Statue der Mutter Maria mit dem Jesuskind, die er vom Pariser Künstler Pierre Moise aus Ebereschenholz hatte schnitzen und von Jean Rocca aus Nice hatte bemalen lassen. Begeistert durch die Wunder schenkte er die Figur dem Kirchlein von Laghet. Am 24. Juni 1652 wurde sie dorthin übertragen. Die Zahl der Pilger nahm weiter zu, und auch die Wunder vermehrten sich.

Geschichte der Wallfahrt

Der Bischof von Nice setzte eine Kommission von mehreren Theologen, einem Advokaten und einem Arzt zur Überprüfung der Wunder ein. Diese entschied positiv, und der Bischof bewilligte die Verehrung U. L. Frau von Laghet. Am 25. April 1654 kam er selbst mit einer ersten offiziellen Wallfahrt.
Die Opferfreudigkeit der Pilger machte es möglich, an Stelle der alten Kapelle eine Kirche zu errichten. 1674 wurde sie Karmelitermönchen aus Turin zur Betreuung anvertraut. Von der Beliebtheit der Gnadenstätte zeugen 4000 Ex voto-Tafeln in der Kirche und in den Rundgängen des Heiligtums. 1689 hat Prinz Ludwig I. von Monaco seinen Treuschwur zum katholischen Glauben vor dem Gnadenbild abgelegt, und bis heute ist das Fürstentum dem Heiligtum besonders zugetan. Jedes Jahr zieht aus dem Fürstentum eine vom Erzbischof geleitete Wallfahrt nach Laghet.
In der Französischen Revolution wurden die Gebäude verwüstet und viele Votivtafeln verbrannt. Die Mönche waren geflohen und das Gnadenbild von einem Hirten in Sicherheit gebracht worden. Erst 1802 konnte die Kirche wieder geöffnet werden, und 1815 kehrten die Karmeliter zurück. Im Jahre 1900 hat der Erzbischof von Bordeaux in Gegenwart einer großen Zahl von Gläubigen das Gnadenbild feierlich gekrönt. Zur 3. Jahrhundertfeier des Wunderjahres 1952 war unter den vielen Pilgern der Nuntius von Paris, Angelo Roncalli, der spätere Papst Johannes XXIII.

Die geistige Ausstrahlung

Wenn die Wallfahrer und Touristen in dem stillen, von bewaldeten Bergen umgebenen Tal bei der Gnadenstätte ankommen, drängt es sie als erstes in die schöne Barockkirche und zum

Gnadenbild in der Zentralnische der Altarrückwand. Es zeigt die Figur einer stehenden Muttergottes mit langen Haaren im roten Kleid und mit Sternen übersätem blauem Umhang. Maria hält das Jesuskind auf ihrem linken Arm und in der rechten Hand ein Zepter. Mutter und Kind tragen Edelmetallkronen.
Heute betreuen Weltpriester aus der Diözese Nice und (seit 1978) Benediktinerinnen vom Herzen Jesu von Montmartre die Gnadenstätte. Täglich wird außer der Feier der Eucharistie das Stundengebet der Kirche gesungen und am Nachmittag das Allerheiligste zur Anbetung ausgesetzt. Jugendliche und Erwachsene, Einzelpersonen und Gruppen ziehen sich für ein Wochenende oder Exerzitien hierher zurück. Sie können in einem nahen Gasthof verpflegt und untergebracht werden. An den Sonn- und Feiertagen ist Laghet Ziel vieler Menschen, besonders von Familien, die hier Ruhe suchen und die Gottesmutter verehren.
Der Wallfahrtsort ist ein Zentrum geistiger Erneuerung unter dem Schutz „Notre Dame de Laghet".

Lit.: P. Lanza, Wallfahrt U. L. Frau zu Laghet im Rivieraland von Nice (Faltblatt deutsch), o. J. – Le Messager de Notre-Dame de Laghet (Vierteljahres-Zeitschrift)

La Salette

Etwa auf halbem Weg zwischen Lyon und Cannes an der Riviera liegt hoch in den Savoyer Alpen (1770 m ü. d. M.) einer der großen marianischen Wallfahrtsorte Europas. Inmitten einer grandiosen Bergwelt ereignete sich am 19. September 1846 eine Marienerscheinung.

Die weinende Jungfrau

Die 15jährige Mélanie Mathieu-Calvat und der 14jährige Maximin Giraud, beide aus dem Ort Corps, weideten an den Berghängen eine kleine Viehherde. Etwa um drei Uhr nachmittags sahen die beiden Kinder plötzlich einen Lichtkreis „wie die Sonne", der sich vergrößerte und in deren Mitte eine Frauengestalt sichtbar wurde. Die Frau sprach sie an, ohne Angst zu ihr zu kommen, sie habe ihnen „eine Botschaft mitzuteilen". Die beiden kamen näher und erblickten eine „Schöne Dame". Sie trug eine weiße Haube mit einem Kranz von Rosen, einen langen, faltenreichen

Rock mit Schürze nach Art der Landfrauen dieser Gegend und einen rosengesäumten Umhang, Rosen auch auf den weißen Schuhen. An einer Kette um den Hals war ein Kreuz mit Christuskörper zu sehen und Hammer und Zange am Querbalken. Die Dame saß auf einem Stein, die Ellenbogen auf ihre Knie gestützt und die Hände vor ihrem Gesicht. Und sie weinte so sehr, daß Tränen auf ihr Kleid tropften.

Die Botschaft

Unter Tränen sagte sie zu den Kindern:

> „Wenn mein Volk sich nicht unterwerfen will, bin ich gezwungen, den Arm meines Sohnes sinken zu lassen. Er lastet so schwer, daß ich ihn nicht mehr länger zu stützen vermag. So lange leide ich schon um euch! Will ich, daß mein Sohn euch nicht verläßt, muß ich ihn unablässig bitten. Aber ihr macht euch nichts daraus!"

Die Dame klagte, daß die Menschen den Sonntag nicht einhalten und die Fuhrleute fluchen. Sie drohte nicht, sondern wollte die Augen öffnen, indem sie auf Heimsuchungen hinwies, die sich damals wirklich ereigneten.

> „. . . Es wird eine große Hungersnot kommen . . . Wenn sie sich bekehren, werden Steine und Felsen zu Getreidehaufen und die Felder mit Kartoffeln übersät sein . . ."

Die Botschaft schloß mit den Worten:

> „Nun, Kinder, teilt dies meinem Volk mit!"

Dann schwebte die Erscheinung zum Rand der Mulde empor, wo sie den Blicken der Kinder entschwand.

Die Verbreitung der Botschaft

Die Kinder berichteten von der Erscheinung den Leuten des Weilers Les Ablandins, deren Vieh sie hüteten. Eine alte Mutter sagte: „Die Kinder haben gewiß die Gottesmutter gesehen." Auch der greise Ortspfarrer war davon überzeugt.
Mélanie kam zwei Tage später allein mit ihrer Herde wieder an den Platz der Erscheinung und bemerkte, wie aus der im Sommer immer versiegten Quelle in der Mulde frisches Wasser sprudelte. Mehrere ungewöhnliche Krankenheilungen an der Quelle wurden bekannt, und so strömten die Menschen scharenweise zu dieser nun entstandenen Gnadenstätte in der Bergeinsamkeit. Die Kunde von den Ereignissen verbreitete sich rasch in ganz Frankreich und darüber hinaus.
Der Gemeindevorsteher von La Salette verhörte Mélanie, bot ihr sogar Geld an, wenn sie schweigt, was sie sofort zurückwies. Die Tageszeitungen schreiben von „Irrtum und Schwindel". Doch die einfachen Menschen in den Ortschaften ringsum sind betroffen und ändern ihr Leben. Schon zwei Wochen nach der Erscheinung zieht eine Prozession von 700 Pilgern den Saumpfad zur Erscheinungsstelle hoch.

Der zuständige Bischof Philibert de Bruillard von Grenoble setzte eine Untersuchungskommission ein, welche sich für die Glaubwürdigkeit der Kinder und die Echtheit der Erscheinung aussprach. Das ließ der Bischof 1851 in einem Hirtenbrief verkünden und hieß damit die Verehrung Mariens unter dem Titel „Notre Dame de la Salette" gut.
1852 kam es zur Grundsteinlegung der Wallfahrtskirche, deren Bau sich bis 1865 hinzog. Am Tag der Weihe 1879 wurde das Gotteshaus zur päpstlichen Basilika erhoben und das Gnadenbild auf dem Hochaltar feierlich gekrönt. Zur Jahrhundertfeier 1946 war Nuntius Angelo Roncalli, der spätere Papst Johannes XXIII., anwesend.

Das Heiligtum

Die Wallfahrer, die heute meist im Pkw oder Bus auf der Höhe ankommen, zieht es zuerst zur kleinen Mulde. Den drei Phasen der Erscheinung entsprechend sind drei lebensgroße Bronzefiguren aufgestellt: unten die sitzende und weinende Madonna, daneben die stehende Jungfrau mit den beiden Kindern und oben am Rand der Mulde Maria, wie sie in den Himmel entschwebt.
Die das ganze Jahr über sprudelnde Quelle, die, chemisch untersucht, reines Wasser zutage bringt, gilt bei den Wallfahrern als heilkräftig. Ein Kreuzweg hinter weißen Gittern endet oben vor der Basilika.
Die Wallfahrtskirche mit den beiden massiven Türmen ist aus mächtigen Steinquadern dem romanisch-byzantinischen Stil nachempfunden. Im Innern wird der dreischiffige Raum von einem Tonnengewölbe überspannt, das zwölf Granitsäulen tragen. Die 14 Seitenkapellen stammen aus späterer Zeit. Über dem Hochaltar thront das gekrönte Gnadenbild. An die Kirche schließen sich rückwärts die Klostergebäude und dahinter Andenkenladen, Cafeteria und Pilgerhospiz an.

La Salette heute

Die Botschaft von La Salette ist auch heute nach wie vor aktuell. Maria, die mächtige Fürsprecherin im Himmel und die „Versöhnerin der Sünder", will unser Gewissen wachrütteln, durch Gebet und Sühne mitzuhelfen, daß „die Schöpfung von der Verderbnis der Sünde und des Todes frei wird" (4. Meßkanon).
Die Missionare Notre-Dame de La Salette, kurz Salettiner genannt, schon 1858 gegründet und seit 1890 päpstliche Kongregation, haben es sich zur Aufgabe gemacht, die Botschaft der Versöhnung zu verbreiten. Es gibt heute La Salette-Heiligtümer in Italien, Polen, USA, Brasilien, Indien, Philippinen, Angola, Madagaskar u. a.

Am Erscheinungsort selbst ist die Hauptwallfahrtszeit zwischen Juli und September. Jedes Jahr führt eine Diözesanwallfahrt mit dem Bischof von Grenoble hierher. Die Zufahrtsstraße ist das ganze Jahr über geöffnet. In den Wintermonaten finden Exerzitien und Besinnungstage statt.
Der Gnadenort ist von Grenoble auf der „Route Napoleón" in südlicher Richtung über Vicille, La Mure nach Corps (70 km) zu erreichen. Am südlichen Ortsausgang führt eine gut ausgebaute Fahrstraße 15 Kilometer zum Heiligtum empor. Übernachtungswünsche sollen angemeldet werden: Sanctuarie de La Salette, F 38970 Corps (Tel. 0033-76 30 00 11).

Lit.: M. Pöschl, U. L. Frau von La Salette, o. J. – J. M. Höcht, Die Große Botschaft von La Salette, 1990 – E. W. Roetheli, La Salette Geschichte der Erscheinung, 1990 – M-Lexikon 4, 25–27

Le Puy

Notre Dame de Le Puy und Notre Dame de France

Inmitten einer großartigen Basaltlandschaft der Auvergne (Département Haute Loire) liegt, von Lyon aus in südwestlicher Richtung, die Stadt Le Puy, im Mittelalter eine Etappe auf dem Weg nach Santiago di Compostela und einer der ältesten Wallfahrtsorte der Christenheit.

Der heidnische „Fieberstein"

Auf dem Mont Anis, wo heute sich die grandiose Basilika „Notre Dame de Le Puy" erhebt, war vor Einführung des Christentums eine heidnische Kultstätte. Ein großer rechteckiger Stein – heute noch „Fieberstein" genannt – zog Menschen an. Sie berührten ihn oder legten sich auf ihn in der Hoffnung, von Fieber und anderen Krankheiten geheilt zu werden. Der Stein erhielt beim Kirchenbau seinen Platz vor dem Hochaltar. 1784 wurde er vor das Portal der Kirche gesetzt, und Mütter legten immer noch ihre kranken Kinder darauf. Heute befindet sich ein Fragment des Steins über dem Hauptportal der Kathedrale.

Eine Marienwallfahrt entsteht

Um das Jahr 420 soll die Gottesmutter in einem Traumgesicht einer kranken Witwe empfohlen haben, sich auf den Stein zu legen. Sie habe den Wunsch geäußert, hier verehrt zu werden. Die Frau wurde geheilt, ging zum Bischof und überbrachte den Wunsch der Gottesmutter. Der Bischof suchte den Platz auf und fand, ähnlich wie in S. Maria Maggiore in Rom, im August den Gipfel des Berges mit Schnee bedeckt. Auch soll ein Hirsch durch seine Fußspur die Umrisse einer Kirche im Schnee hinterlassen haben. Weil Geld für einen Kirchenbau fehlte, wurde der Platz mit einer Hecke eingezäunt, die am nächsten Tag in voller Blüte stand.
Als Jahre später ein gelähmter Mann auf dem Felsen Heilung fand, wurde Ende des 5. Jahrhunderts eine Kirche errichtet. Die Legende sagt, sie sei von Engeln eingeweiht worden.

Gnadenstätte und Gnadenbild

Diese älteste Kirche erwies sich für die große Zahl der Pilger bald als zu klein. Die heutige Basilika

aus dem 12. Jahrhundert, zu der aus der Stadt eine Stiege mit 134 Stufen heraufführt, ist ein romanischer Bau aus dunklem Vulkangestein, mit Stilelementen aus früherer Zeit. Die flachen Spitzbogen weisen jedoch schon auf den Beginn der Gotik hin. Über dem kreuzförmigen Innenraum wölbt sich eine Kuppel (19. Jahrhundert), die den früheren Glockenturm ersetzte. Der heutige nach oben sich verjüngende Turm ist 67 Meter hoch.
Von einem Gnadenbild in der ältesten Kirche ist nichts mehr bekannt. Die berühmte Schwarze Madonna soll König Ludwig der Heilige 1254 von einem Kreuzzug aus dem Hl. Land mitgebracht haben. Sie wurde über Jahrhunderte von den Menschen hochverehrt, aber in der Französischen Revolution 1794 auf dem Marktplatz der Stadt verbrannt.

Das heutige Gnadenbild, eine getreue Nachbildung aus dem 19. Jahrhundert, wurde 1844 über dem Hochaltar aufgestellt und 1856 feierlich als „Notre Dame de Puy“ gekrönt. Die sitzende Maria hält den Jesusknaben vor sich auf den Knien. Beide wenden sich dem Betrachter zu. Meist ist die Figur in einen kostbaren Umhang gehüllt, der nur den Kopf der Mutter und darunter den des Kindes freiläßt.
Im Gotteshaus, in der Sakristei, dem sehenswerten Kreuzgang und der Totenkammer sind wertvolle Kunstwerke zu sehen, z. B. Fresken: der Erzengel Michael (11. Jahrhundert), die Frauen und ein Engel am Grab Christi (12. Jahrhundert), der Martertod der hl. Katharina (13. Jahrhundert) und eine Pietà (15. Jahrhundert).

Prozessionen

Schon z. Zt. Karls des Großen zogen Pilgerscharen zum Heiligtum nach Le Puy. Vor dem Aufbruch zum 1. Kreuzzug haben die Ritter zusammen mit Gottfried von Bouillon hier das bekannte „Salve Regina“ angestimmt, das wahrscheinlich von Adhémar de Monteil, Bischof von Puy, aus dem 11. Jahrhundert stammt und lange Zeit „der Gesang von Puy“ genannt wurde.
Dem uralten Heiligtum Frankreichs erwiesen Könige, Päpste und Heilige ihre Verehrung, so der hl. Antonius von Padua, der hl. Rochus und der hl. Dominikus.
Hauptfest der Kathedrale ist Maria Verkündigung (25. März). Wenn dieser Tag mit dem Karfreitag zusammenfällt, finden große Jubilé-Feierlichkeiten statt. So 1429, als hier 200 000 Menschen um die Rettung Frankreichs beteten, darunter die Mutter der Jeanne d’ Arc, die zur selben Zeit vor Gericht stand. Das letzte Jubilé war 1932, die nächsten sind 2005 und 2016.
Seit 1860 trägt das Gotteshaus den Ehrentitel Basilika. Jedes Jahr wird am 5. August (Maria Schnee) das Gnadenbild in einer großen Prozession durch die Stadt getragen. Bis heute wird die Gnadenstätte von vielen Touristen, aber auch von Pilgern aufgesucht. Zahlreiche Lichter brennen täglich vor dem Gnadenbild.

U. L. Frau von Frankreich

Im Jahre 1860 wurde auf dem die Stadt überragenden Corneille-Felsen, unweit der Basilika, eine 16 m hohe Muttergottesstatue mit dem segnenden Jesuskind aufgestellt. Sie ist aus russischen Kanonen des Krimkrieges gegossen worden und kann von innen bestiegen werden, von wo sich ein grandioser Ausblick bietet. Die Figur gilt als Königin des Friedens und trägt den Titel „Notre Dame de France“.
Auf weiteren Basaltpfeilern stehen eine Kirche des hl. Michael aus dem Jahr 962 und in zwei Kilometer Entfernung eine Statue des hl. Josef aus dem Jahr 1910.

Lit.: Kriss 195–198 – L. Comte, Notre-Dame de Puy; Notre-Dame de France, 1988 – Ders., Le Puy-en-Verlay (deutsch von A. Ebbert), o. J. – M-Lexikon 4, 105

Rocamadour

Dieser bedeutende Wallfahrtsort liegt im Südwesten Frankreichs etwa in der Mitte zwischen Limoges und Toulouse. Näherhin: Von Figeac führt die Straße 17 Kilometer nordwestlich oder von Brive ebenso weit nach Südosten, bis man bei Grammat auf den kleinen Ort Hospitalet stößt, von dem aus sich der herrlichste Blick auf Rocamadour bietet.

In dem schmalen Tal der Ancou erhebt sich eine etwa 150 m hohe, z. T. überhängende Felswand. Eine Fahrstraße führt oben zum Schloß, eine zweite in einer großen Biegung abwärts zum Ort, in dem mittleren Fußweg ist der ehemalige Pilgerpfad erhalten.

Legenden

Die besondere Lage inmitten einer dürren Kalkstein-Hochfläche macht eine sehr frühe Besiedlung erklärbar. Vermutlich wurde in keltischer Zeit in einer Höhlung der Felswand eine Muttergottheit verehrt. In christlicher Zeit entstand darin eine kleine, der Hl. Jungfrau geweihte Kapelle. Sie diente Eremiten, die sich bis ins Hochmittelalter immer wieder hier niederließen, als Gebetsraum.
Eine im 12. Jahrhundert unversehrt aufgefundene Leiche – vermutlich die eines Einsiedlers – ließ die Legende aufkommen, der Zöllner Zachäus aus Jericho sei nach Gallien gekommen und habe sich hier unter dem Namen Amator niedergelassen. Aus einem Baumstamm soll er eine Figur der Gottesmutter geschnitzt und so die Gnadenstätte begründet haben. Der Name Rocamadour leitet sich von Roc (= Felsen) des Amator ab.
Karl der Große soll hier gewesen sein. Eine Legende berichtet, sein Neffe Roland habe sein Schwert hier der Notre Dame von Rocamadour geschenkt. Heute noch wird beim Haupteingang der Kirche ein Schwert in der Felswand gezeigt.

Geschichte

Das erste geschichtliche Zeugnis ist eine päpstliche Bulle aus dem Jahr 1105, welche die Verehrung der Schwarzen Madonna von Rocamadour erwähnt. 1112 wird Rocamadour als Wallfahrts-

ort bezeichnet, und unter dem Abt der Mönche von Saint-Martin-de-Tulle erlebte die Wallfahrt einen großen Aufschwung. Viele Pilger machten auf dem Weg nach Rom oder Santiago de Compostela hier halt.
Ein „Buch der Wunder" aus dem Jahr 1172 zählt 126 Wundertaten auf, die sich durch die Fürsprache der Hl. Jungfrau hier ereigneten. Votivbilder, Ketten von Gefangenen und Schiffsmodelle legen Zeugnis von erfahrener Hilfe ab. Während des ganzen Mittelalters war Rocamadour der erste Marien-Wallfahrtsort des Abendlandes.
Doch nach einer Besetzung durch die Engländer 1369 und einer Pestepidemie ließ der Zustrom der Pilger nach. Plünderungen sowie Brandschatzungen durch die Protestanten und Beeinträchtigungen während der Französischen Revolution machen den Niedergang der Wallfahrt verständlich. Doch durch einen auf wundersame Weise geheilten Priester, Caileau mit Namen, und durch den Bischof Bardou von Cahors erlebte Rocamadour nicht nur eine Restauration der Heiligtümer, sondern auch eine Neubelebung der Wallfahrt.

Die Heiligtümer

Von der Stadt kann man entweder mit dem Lift zu den Kirchen hinauffahren oder auf der alten Wallfahrtstreppe gehen, deren 216 Stufen die Pilger früher kniend und den Rosenkranz betend zurücklegten.
Vom Vorplatz aus gelangt man durch ein Gittertor in die Kirche des hl. Amator, die, weil tiefer gelegen, auch Krypta genannt wird. Der Raum aus dem 12. Jahrhundert diente lange Zeit als Pfarrkirche. Vom Vorplatz aus sind auch die Kapellen des hl. Johannes, des hl. Blasius und der hl. Mutter Anna zugängig. Eine Treppe führt etwas höher zur Basilika Saint-Sauveur, die bis zu Beginn dieses Jahrhunderts der Unterbringung armer Pilger diente. Hier können auch größere Gottesdienste stattfinden.
Gleich nebenan liegt die Kapelle Notre Dame, die das wundertätige Gnadenbild birgt. Über dem Altar aus dem Jahre 1889 zeigt die Holzfigur (12. Jahrhundert) die auf einem Pfostenstuhl sitzende Muttergottes mit dem Jesuskind auf ihrem Schoß. Die Statue war früher mit Silberlamellen überzogen, wie noch einige Spuren zeigen. Die dunkelbraune Farbe dürfte wohl vom Alter und dem Rauch der Kerzen stammen. Mutter und Kind tragen edelsteinbesetzte Kronen.
Im Gewölbe dieses Raumes hängt die „wundertätige Glocke" (9. Jahrhundert), die nach der Legende von selbst läutete, wenn Seeleute sich in Gefahr befanden und durch die Anrufung Mariens gerettet wurden.
Erwähnenswert ist noch gegenüber der Gnadenkapelle das Museum für sakrale Kunst, ferner ein Saal, in dem zahlreiche Votivbilder ausgestellt sind. Daneben erhebt sich der kleine Turm der Michaelskapelle. In ihr sind Fresken aus dem 12. Jahrhundert erhalten geblieben.
Von diesen Heiligtümern aus führen ein Lift und auch ein Kreuzweg (19. Jahrhundert) weiter aufwärts. An Grotten mit Darstellungen der Geburt Christi und der Grablegung vorbei gelangt man zum großen Kreuz, das 1887 Pilger aus Jerusalem mitbrachten. Oben auf der Felswand befindet sich ein Schloß, das früher Angreifer abhielt. Heute wohnen darin Diözesanpriester, welche die sich wieder belebende Wallfahrt zur Notre Dame de Rocamadour betreuen.

Lit.: Kriss 199–201 – J. Hotz, Wallfahrtskirchen in Europa, 1983, 65–66 – D. Poux, Rocamadour: bedeutender Wallfahrtsort, 1992 – M-Lexikon 5, 508–510 – Y. Goepfert (deutsch: C. Guigou), Rocamadour-Reiseführer, o. J.

Thierenbach

Der Wallfahrtsort liegt im Oberelsaß (Diözese Straßburg), 25 Kilometer südwestlich von Colmar und 22 Kilometer nordwestlich von Mulhouse. Von dem Städtchen Soultz führt der Weg noch drei Kilometer westwärts über Jungholtz zur malerisch an einem Talausgang gelegenen Wallfahrtskirche.

Die frühe Entstehung

Um das Jahr 730 hatten Mönche der Abtei Murbach hier eine der Gottesmutter geweihte Kapelle errichtet. Menschen fanden sich ein, um zu beten, und der Ort entwickelte sich allmählich zu einer Pilgerstätte. Über ein sicherlich damals vorhandenes Kultbild ist nichts bekannt.
Im Jahre 1125 ließ sich ein junger Edelmann, der an einer unheilbaren Krankheit litt, von Sulz nach Thierenbach tragen. Er fand Heilung und übergab aus Dankbarkeit seine Güter der Muttergottes von Thierenbach. Er selbst zog sich in das Benediktinerkloster Cluny zurück. In Thierenbach entstand 1130 eine Niederlassung dieser Reform-Abtei, die sich „Priorat der seligen Jungfrau Maria von Thierenbach" nannte.
Schon für das Jahr 1138 sind Dankprozessionen bezeugt, so aus der Stadt Sulz und den umliegenden Ortschaften. Im 14. Jahrhundert verbreitete sich in der christlichen Welt die Verehrung der schmerzhaften Muttergottes. So wurde auch in Thierenbach die um 1350 entstandene Pietà-Figur Mittelpunkt einer Wallfahrt.

Die wechselvolle Geschichte

Nach der Plünderung von Kirche und Kloster 1525 durch aufständische Bauern erfuhr das ursprünglich romanische Kirchlein Veränderungen im gotischen Stil. Im Dreißigjährigen Krieg zerstörten die Schweden den Ort fast vollständig. Das notdürftig wiederhergestellte und zu klein gewordene Kirchlein wurde 1700 abgetragen. 1717/23 entstand unter Peter Thumb aus Vorarlberg die heutige barocke Wallfahrtskirche.
In der Französischen Revolution wurde das Priorat 1791 aufgehoben, die Kirche von der Stadt Sulz erworben und der Gemeinde Jungholz als Pfarrkirche zugewiesen. Im 1. Weltkrieg wurde Thierenbach mehrmals von der französischen Artillerie beschossen. Das Gnadenbild war zwischen 1916 und 1919 in Sicherheit gebracht worden. 1932 entstand der neubarocke Kirchturm. 1935 wurde das Gnadenbild gekrönt und ein Jahr später die Kirche durch Papst Pius XI. zur Basilika erhoben.

Das Heiligtum

Treppen führen über einen Vorplatz zur Wallfahrtsstätte. Um die Kirche gruppieren sich Parkplätze, ein Abstellplatz für Wohnwagen, Gasthäuser und Hotels und ein kleiner Teich.
Die nach Westen gerichtete Kirche mit dem Zwiebelturm an der linken Seite hat von rückwärts Zugang zu einer neuromanischen Pilgergalerie und zu einem Beichtraum. Im Kircheninneren ist das Langhaus von zwei schmalen Seitenschiffen flankiert. Das Bild der Hochaltar-Rückwand zeigt die Aufnahme Mariens in den Himmel und ist von dem Sulzer Maler Beltz geschaffen worden.
Der Altar im rechten Seitenschiff birgt das ehrwürdige Gnadenbild mit dem Titel „Notre Dame d'Esperance" – U. L. Frau der Hoffnung. Es ist eine 1,10 m große Holzfigur der Schmerzensmutter mit dem Leichnam ihres Sohnes auf dem Schoß (Mitte des 14. Jahrhunderts). Auffallend ist der kleine Christuskörper. Vielleicht soll dadurch die Liebe der Mutter zu ihrem Sohn Ausdruck finden. Das Gnadenbild ist in Stoffgewänder gehüllt. Maria trägt auf dem über den Kopf reichenden Umhang eine Goldkrone.
Mehr als 800 Votivtafeln, die ältesten von 1680 und 1797, sind an der Wand des rechten Seitenschiffes und unter der Orgelempore angebracht. Einige tragen auch deutsche Aufschriften. Im linken Seitenschiff sind Marmortafeln eingemauert, die ebenfalls den Dank an Maria für erlangte Hilfe zum Ausdruck bringen.

Die lebendige Wallfahrt

Thierenbach wird das Jahr über von mehr als 300 000 Pilgern aufgesucht. Neben der Feier der Marienfeste und des Patronatsfestes Maria-Immerhilf am letzten Maisonntag gibt es Wallfahrten der Elsässer Gebetsgruppen, der Italiener, Polen und Ukrainer, der Oberschüler, der Eisenbahner, der Musik- und Gesangsvereine, der Natur- und Tierfreunde, der Kranken, der Ordensschwestern und der in Thierenbach getrauten Paare.

Lit.: A. Durlewanger (deutsch: A. Wehrlé), U. L. Frau von Thierenbach, 1979 – J. Ladame, Notre Dame de tout l'Europe, 1984, 51–53 – M-Lexikon, Bd. 6

Chartres

Die Kathedrale der Stadt, 80 Kilometer südwestlich von Paris, wird von Kunstkennern und Touristen meist wegen ihrer herrlichen Gotik und der bekannten Glasfenster aufgesucht. Sie ist aber auch eine der ältesten Wallfahrtsstätten Frankreichs und Europas.

Vorchristliche Kultstätte

Wo heute auf der höchsten Erhebung der Stadt und nahe dem Flüßchen Eure die Doppeltürme der Kathedrale in den Himmel ragen, befand sich früher ein keltisches Heiligtum. In einer unterirdischen Grotte mit Quelle wurde eine Muttergottheit verehrt, die „virgo paritura", die „Jungfrau, die gebären wird".

Christliche Wallfahrtsstätte

Als im 1. Jahrhundert die Christen in dieses Gebiet kamen, sollen sie das keltische Kultbild, die Holzfigur einer Mutter mit Kind, übernom-

men und fortan als „Notre-Dame de Sous-Terre", als „Muttergottes unter der Erde" verehrt haben. In der Französischen Revolution wurde die Statue 1793 öffentlich verbrannt. Heute genießt eine 1857 hergestellte Nachbildung in der Krypta großes Ansehen, was die zahlreichen an den Wänden angebrachten Votivgaben wie Herzen, Fahnen und Kriegsorden belegen.
In unmittelbarer Nähe der Wallfahrtsstätte befindet sich die in einen Brunnen gefaßte Quelle. Die ersten Christen sollen der Legende nach dort ertränkt worden sein. Im Mittelalter war es Brauch, Kranke neun Nächte lang am Brunnen schlafen zu lassen. Auch gab es seit dem 11. Jahrhundert bis zur Revolution in der Nähe ein von Ordensschwestern versorgtes Krankenhospiz.

Der Schleier der Muttergottes

Eine regelrechte Wallfahrt entstand erst, als die „Sainte chemise", ein Seidengewebe, etwa 2 m lang und 50 cm breit, syrisch, aus dem 1. Jahrhundert, auftauchte. Nach der Legende soll Maria das Tuch bei der Geburt Jesu getragen haben. Über Konstantinopel kam es nach Aachen, und Kaiser Karl der Kahle brachte es 876 nach Chartres. Als 911 ein Normannenheer die Stadt belagerte, schwenkte der Bischof den „Schleier der Muttergottes" wie eine Fahne über den belagerten Mauern. Das gab den Verteidigern neuen Mut, die Belagerer aber flohen in panischer Angst.
Zu Tausenden strömten nun Wallfahrer in die Kathedrale zu dem wundertätigen Schleier. Seit dem 11. Jahrhundert in einem Reliquienschrein über dem Hochaltar aufbewahrt, versuchten die Pilger darunter durchzukriechen. 1793 wurde der Schrein zerstört, das Tuch aber gerettet und 1876 und noch mal 1927 öffentlich ausgestellt. Nachbildungen des Schleiers, am Schrein berührt, trugen Frauen bei der Entbindung und Ritter und Soldaten bei der Schlacht.

Die Kathedrale

Im 4. Jahrhundert entstand anstelle der heidnischen Kultstätte eine christliche Kirche. 858 ließ Bischof Gislebert einen Neubau erstellen, der 1020 abbrannte. Das nun unter Bischof Fulbert erstellte prachtvolle Gotteshaus war in der gesamten Christenheit bekannt. Vor der Westfassade wurde 1134 ein freistehender Turm errichtet und 1145 der Südturm und das Krönungsportal aufgeführt. Von einem Brand 1194 blieben nur die Krypta und die neue Westfassade übrig. Sogleich begann man mit dem Bau der heutigen Kathedrale, die in knapp 30 Jahren fertiggestellt war.
Dieser erste Bau der klassischen Hochgotik bietet sich als himmelstrebendes Gotteshaus dar mit zwei verschieden gestalteten Türmen und drei figurenreichen Portalen. Im Westen liegt das „Königsportal", durch das die französischen Herrscher einzogen. Im Nordportal ist u. a. die Krönung Mariens und im Südportal Christus, nicht als strafender, sondern als barmherziger Weltenrichter dargestellt.
Im Innern schließt sich an das dreischiffige Langhaus ein dreischiffiges Querhaus an, dem ein fünfschiffiger Chor mit Umgang und Kapellenkranz folgt. Von großartiger Schönheit sind die Glasmalereien der Kirchenfenster. Die ganze Heilsgeschichte wird hier vor dem Betrachter ausgebreitet: die Propheten des Alten Bundes und Christus als Mensch, als Erlöser und als Auferstandener. Wenn das Sonnenlicht die bunten Scheiben durchflutet, wirken die Darstellungen wie lebendig.

Das heutige Gnadenbild

Links vom Chor wird heute die „Notre-Dame du Pilier", „U. L. Frau vom Pfeiler", sehr verehrt. Die in bestickte Stoffgewänder und einem weit

ausgebreiteten Umhang gehüllte Marienfigur hält rechts ein Zepter und links das Jesuskind, das die Hand zum Segen hebt (gotische Steinfigur, 15. Jahrhundert). 1855 wurden Mutter und Kind auf Veranlassung von Papst Pius IX. mit Goldkronen geschmückt.
Das Gnadenbild, von geopferten Herzen und Votivtafeln umgeben, gilt als Beschützerin der Kinder. Eltern weihen hier ihre Kinder der Gottesmutter und lassen deren Namen in eine Wallfahrtszeitschrift, die „Voix de Notre-Dame", eintragen.

Die Wallfahrt

Im Mittelalter hatte Chartres als Pilgerziel für Kranke einen ähnlichen Ruf wie Lourdes heute. Auch wenn gegenwärtig Prozessionen nach Chartres selten geworden sind, wird wohl jeder Besucher vor der Nachbildung der Mutter-Kind-Figur in der Krypta unter dem nördlichen Seitenschiff und vor dem Gnadenbild „U. L. Frau vom Pfeiler" auch zum Beten kommen.
Neben der jährlichen Diözesanwallfahrt im Mai, einer Wallfahrt der Mütter mit ihren Kindern am 8. September und einer Fackelprozession am 8. Dezember, ist die seit 1911 durchgeführte Studentenwallfahrt von Paris an Pfingsten bekannt.

Lit.: Kriss 170–172 – Rathgeber 340–344 – O. v. Simson, Die gotische Kathedrale, 1968 – K. Müller-Gräffshagen, Pilgerstätten und Heiligtümer der Christenheit, 1985, 154–159 – M-Lexikon 2, 33–35 – J. P. Bouree, Chartres: le guide du pelerin, 1990

Paris: Rue du Bac 140

„Die Wunderbare Medaille"

Die weltweit verbreitete „Médaille Miraculeuse" geht auf die Marienerscheinung einer französischen Nonne zurück. Die Klosterkirche in der Innenstadt von Paris ist auch heute noch eine vielbesuchte Stätte des Gebetes.

Die Erscheinungen

Zoé Labouré, 1806 als 9. Kind einer burgundischen Bauernfamilie geboren, hat mit acht Jahren ihre Mutter verloren. Im Alter von 24 Jahren wurde sie in das Noviziat der Barmherzigen Schwestern des hl. Vinzenz von Paul in das Mutterhaus in Paris aufgenommen und trug fortan den Namen Katherine.
Etwa um Mitternacht vom 18. auf den 19. Juli 1830 fühlte sich die junge Novizin nochmal in die Klosterkapelle gerufen und sah dort die Hl. Jungfrau im weißen Gewand und blauen Gürtel auf einem Stuhl vor dem Altar sitzen. Von ihr ermuntert, kniete sich die Nonne vor ihr nieder und legte ihre Hände in den Schoß Mariens. Maria wies unter Tränen auf die Leidenszeiten hin, die über das Land und die ganze Welt kommen würden. Doch sollte die Schwester Vertrauen haben und oft zum Altar kommen, von wo Gnaden all denen zuteil würden, die darum bitten.
Bei der 2. Erscheinung am 27. November bestimmte Maria ihren Auftrag an die Nonne näher. Bei der Abendbetrachtung sieht Katherine die Hl. Jungfrau wieder im weißen Gewand und einem bodenlangen Schleier auf einer Weltkugel stehen. Unter ihren Füßen windet sich eine Schlange. In ihrer Hand hält Maria eine Kugel, die sie zum Himmel blickend opfert. Die Nonne sieht an den Fingern Mariens kostbare Ringe, von

denen Strahlen ausgehen. Maria breitet ihre Hände aus und sagt: „Die Strahlen sind Zeichen der Gnaden, die ich über alle ausgieße, die mich darum bitten.“ Dann bildet sich aus Licht ein ovaler Rahmen um die Hl. Jungfrau, auf dem geschrieben steht: „O Maria, ohne Sünde empfangen, bitte für uns, die wir unsere Zuflucht zu dir nehmen!“

Nun gibt Maria ihr den Auftrag: „Laß nach diesem Muster eine Medaille prägen! Alle, die sie tragen, werden große Gnaden erlangen.“ Jetzt wendet sich das Bild, und Katherine sieht den Buchstaben „M“ unter einem Kreuz, darunter das Herz Jesu von einer Dornenkrone umgeben und das Herz Mariä mit einem Schwert durchbohrt. Das Ganze ist umrahmt von zwölf Sternen.

Die Verbreitung der Medaille

Über den Seelenführer der Nonne erfuhr der Erzbischof von Paris von den Erscheinungen. Und so wurde, etwas verzögert durch eine Cholera-Epidemie, 1832 die erste Medaille geprägt. Sie verbreitete sich schnell über ganz Frankreich und Europa, ja bis nach Amerika und China. Viele Berichte von Bekehrungen und Heilungen liefen im Kloster ein, so daß man bald von der „Wunderbaren Medaille von Paris“ sprach.

1837 gründete Desgenette, Pfarrer an der Kirche Notre-Dame des Victoires in Paris, eine Bruderschaft vom „Unbefleckten Herzen Mariens zur Bekehrung der Sünder“, der sich weitere Vereinigungen anschlossen, die sich „Verein der Kinder Mariens“ nannten. Der Erzbischof von Paris verfaßte 1839 einen eigenen Hirtenbrief über die Medaille und empfahl, sie zu tragen und das darauf geschriebene Gebet oft zu verrichten.

Katherine Labouré ist 1876 gestorben und wurde 1947 heiliggesprochen. Papst Johannes Paul II. hat 1980 die Kirche mit dem Grab der Heiligen besucht.

Die Botschaft

Die Erscheinung der Hl. Jungfrau 1830 in Paris wird heute so gedeutet: Die Gläubigen sollten dadurch auf die Dogmenverkündigung von der Unbefleckten Empfängnis Mariens 1854 durch Papst Pius IX. vorbereitet werden, so wie sie durch die Erscheinung 1858 in Lourdes eine Bestätigung erfuhr. Nicht das Stückchen Metall, sondern der starke Glaube an die mächtige Fürsprache der Gottesmutter ist der Grund für die Hilfen, die alle verspüren, welche die Medaille tragen.

Beim privaten und meist auch beim gemeinsamen Rosenkranzbeten wird nach jedem Gesetzchen das Gebet auf der „Wunderbaren Medaille“ angefügt:

> „O Maria, ohne Sünde empfangen,
> bitte für uns, die wir unsere Zuflucht zu dir nehmen!“

Lit.: Rathgeber 430–434 – R. Laurentin, Catherine Labouré et la Médaille Miraculeuse, 2 Bde., 1976 – K. M. Harrer, Erlebnisse mit der Wunderbaren Medaille heute, 1983 – o. A., Die Heilige des Schweigens, 1991 – M-Lexikon 5, 94–95

Boulogne-sur-Mer

„Notre Dame de Boulogne"

Die Stadt an der Kanalküste, südlich von Calais, birgt in seiner das Stadtbild beherrschenden Kathedrale ein Gnadenbild, das die wechselvolle Geschichte der Stadt und des Landes widerspiegelt.

Ursprungslegenden

Im Jahre 636 soll ein Schiff ohne Ruder, ohne Segel und auch ohne Mannschaft, mit einer Muttergottesfigur an Bord an der Stelle des heutigen Hafens erschienen sein. Die Einheimischen trugen die Statue in eine Kapelle der Oberstadt, die später in die große Kathedrale umgebaut wurde.
Nach einer anderen Legende wollte man die Statue vor den Sarazenen in Sicherheit bringen und habe sie einfach dem Meer anvertraut, das sie an die Küste Frankreichs schwemmte. Auf einem Glasgemälde aus dem 15. Jahrhundert in einer der benachbarten Kirchen ist dargestellt, wie ein Schwan das Schiff über das Meer zieht.
Geschichtlicher Kern der Legenden dürfte sein, daß die Figur aus dem Orient, vielleicht im Zusammenhang mit dem Bilderstreit des 8. Jahrhunderts, hierher gebracht worden ist.

Könige und Seefahrer

Der Beginn der besonderen Verehrung dieser Marienfigur wird mit dem Kreuzfahrer Gottfried von Bouillon in Verbindung gebracht. Als man ihn zum König von Jerusalem machen wollte, hat er die Krone zurückgewiesen und sie dem Gnadenbild seiner Heimat, U. L. Frau von Boulogne, zu Füßen gelegt.

Auch in späterer Zeit fanden sich manche hohe Persönlichkeiten in Boulogne ein. Philipp der Schöne dankte hier der Muttergottes für die Errettung aus einer Schlacht. 1308 versammelten sich anläßlich der Heirat Eduards II. von England mit Isabella von Frankreich fünf Könige und vier Königinnen zu Füßen der Madonna.
Besonders die Seeleute verehrten die Notre Dame de Boulogne. Sie empfahlen sich vor einer Ausfahrt vor dem Gnadenbild dem Schutz der Gottesmutter und verlobten sich in Gefahr hierher. So versprach der Kapitän Jean Fromentius im Jahre 1700 hierher zu wallfahren, als sein Schiff bei einem Unwetter auf eine Klippe geworfen wurde. Nachdem die Besatzung die Muttergottes angerufen hatte, fühlten sich die Matrosen von einer Welle hochgehoben, die sie heil ans Ufer brachte. Zusammen mit ihrem Kapitän zog die ganze Mannschaft barfuß zur Gnadenstätte von Boulogne.

Das zerstörte und das neue Gnadenbild

1544 wurde das Gotteshaus von englischen Soldaten unter der Regierung Heinrichs VIII. geplündert und das Gnadenbild nach London entführt. Erst unter Heinrich II. von Frankreich kehrte es zurück, als die Pest die Eroberer vertrieben hatte. 1767 mußte die Figur vor den protestantischen Franzosen für drei Jahre vergraben werden. 1793 aber gelang es den Revolutionären doch, das Gnadenbild zu zerstören. Nur eine Hand blieb erhalten. Sie ist heute an der linken Chorseite der Kathedrale angebracht und wird von den Menschen liebevoll berührt.
Nach der Revolution wurde in dem einzig erhaltenen Gotteshaus eine neue Statue der Muttergottes mit dem Jesuskind aufgestellt. Die Wallfahrten setzten allmählich wieder ein.
Durch die Bemühungen eines Kaplans, Benoit-Agathon Haffreinque mit Namen, konnte die heutige Kathedrale mit der mächtigen, wie ein

Turm hochragenden Kuppel errichtet werden. Der Bau wurde 1827 begonnen und erhielt 1866 die kirchliche Weihe. Der Kaplan und spätere Prälat setzte sich auch für die Wiederbelebung der Wallfahrt ein, so daß bald wieder Pilger aus Frankreich, Belgien, England und Irland nach Boulogne zogen.

„Le Grant Retour“

Der 4. Marianische Kongreß 1938 in Boulogne zog insgesamt 200 000 Menschen an. Damals tauchte der Gedanke auf, das Gnadenbild als eine Bewegung des Gebetes, der Buße und Bekehrung von Pfarrei zu Pfarrei durch das Land ziehen zu lassen. Es wurden vier Kopien angefertigt, und 1939 begann der Triumphzug der Muttergottes durch ganz Frankreich. Die Invasion ließ die Reise in Le Puy (siehe Seite 119) unterbrechen. Man brachte die Statue nach Lourdes, wo sie am 8. Dezember 1943, dem Tag, an dem sich Frankreich dem Unbefleckten Herzen Mariä weihte, die „Große Rückkehr“ begann. Im Juli 1948 traf die Statue wieder in Boulogne ein.

Die Kathedrale birgt zwei von der Bevölkerung sehr verehrte Mariendarstellungen. Die seit Ende der Französischen Revolution im Chorraum aufgestellte Statue zeigt in dunkelbrauner Holztönung eine stehende Muttergottes, die rechts ein Zepter und auf dem linken Arm das Jesuskind trägt. Mutter und Sohn wurden 1885 im Auftrag des Papstes mit edelsteinbesetzten Kronen gekrönt.

Im linken Seitenschiff befindet sich auf einem Wagen bereitgestellt die Schiffer-Muttergottes. Maria im weit wallenden Umhang sitzt in einem Boot. Sie hält ein Herz vor sich und trägt den Jesusknaben. Die Figuren und das Boot sind aus Steinguß angefertigt.

Jedes Jahr am 15. August findet eine große Prozession statt, die von der Kathedrale zum Meer hinabzieht. Die Straßen sind dabei mit Fischernetzen und Schiffstakelagen geschmückt. Begleitet von den Menschen in ihren schönsten Trachten, ist dieser Tag ein Ausdruck der besonderen Verehrung der „Notre Dame de Boulogne“.

Lit.: Kriss 186–188– Rathgeber 251–252 – P. A. Wimet, U. L. Frau von Boulogne-sur-Meer, o. A.

Luxemburg

„Trösterin der Betrübten"

Die Hauptstadt des Großherzogtums, das zugleich Erzbistum ist, gilt heute als Europastadt. Hier wurde am 9. Mai 1950 die „Montanunion" von fünf europäischen Staaten beschlossen, als erster Schritt zu einem vereinten Europa. Das früher bedeutend größere Herzogtum wurde „Luxemburger Marienland" genannt.

Eine Stätte des Trostes

Das Christentum ist durch römische Soldaten und Kaufleute in diese Region gekommen. In der nachkonstantinischen Zeit konnte sich auch die Marienverehrung gegen heidnische Muttergottheiten durchsetzen.
Im Jahre 1594 kamen belgische Jesuiten hierher, um in der sog. Gegenreformation den katholischen Glauben zu festigen. Sie weihten 1621 ihre Ordenskirche der Unbefleckten Empfängnis Mariens.
Am 8. Dezember 1624 trugen Studenten des Jesuitengymnasiums eine Marienfigur unter Anrufung „Consolatrix afflictorum" (Trösterin der Betrübten) vor die Festungsmauer. Dort auf dem Glacis-Feld wurde 1625–28 für die Statue eine Kapelle errichtet. Der Jesuitenpater Jakob Brocquart, der selbst von der Pest Heilung gefunden hatte, wollte damit der von Pest, Hunger und Krieg heimgesuchten Bevölkerung eine Stätte des Trostes bieten. Die 73 cm große Figur aus polygromiertem Lindenholz – das heutige Gnadenbild – ist eine anmutige Darstellung der Muttergottes mit dem Jesuskind. Sie ist meist in Stoffgewänder gehüllt.

Patronin des Herzogtums

Schon 1630 kamen etwa 30 000 Wallfahrer zur neuen Gnadenstätte. 1639 ließ sich die stumme und gichtkranke Johanna Gaudius, Tochter des Generalprokurators, in die Kapelle tragen und wurde gesund. Diese und weitere Krankenheilungen erregten Aufsehen. Das Gnadenbild wurde in feierlicher Prozession zur Jesuitenkirche gebracht und dort für acht Tage zur Verehrung ausgesetzt. Solche „Oktaven" fanden noch öfter statt.

1640 mußte die für die Pilger zu klein gewordene Kapelle vergrößert werden. Durch das damals zuständige Trierer Ordinariat wurden Krankenheilungen bestätigt und eine Bruderschaft gegründet. Die Verehrung U. L. Frau von Luxemburg verbreitete sich über die Grenzen hinaus nach Belgien, Frankreich und Deutschland, wo seit 1642 in Kevelaer ein Andachtsbildchen der Luxemburger Madonna verehrt wird (siehe Seite 24). 1666 erklärte der Magistrat von Luxemburg Maria zur Patronin der Stadt und legte im Jahr darauf den Stadtschlüssel in die Hand des Gnadenbildes. 1678 erwählte die Ständeversammlung Maria zur Schutzpatronin des ganzen Herzogtums.

Die Verehrung

Als Ende 1794 französische Revolutionstruppen Luxemburg besetzten, wurde die Gnadenstätte vollständig zerstört. Das Gnadenbild konnte in Sicherheit gebracht werden und steht seitdem in der Jesuitenkirche, seit 1848 Liebfrauenkirche und seit 1870 Kathedrale. 1866 erfolgte im Auftrag von Papst Pius IX. durch Kardinal von Reisach die feierliche Krönung des Gnadenbildes.

Heute besitzt jede Kirche des Herzogtums ein Abbild der Landespatronin. In der Kathedrale, einer spätgotischen Hallenkirche mit spitzen Türmen und einem Renaissanceportal, befindet sich die Originalstatue der „Trösterin" für alle sichtbar über dem Volksaltar.

Hauptwallfahrtszeit ist die seit 1921 auf den 3. bis 5. Sonntag nach Ostern gelegte Doppeloktav. Höhepunkt ist am Schlußtag ein feierlicher Gottesdienst, die Erneuerung der Weihe des Landes durch den Erzbischof und eine Prozession mit dem Gnadenbild durch die Stadt.

Lit.: M. Faltz, Heimstätte U. L. Frau von Luxemburg, 1948 – M. Schmitt, Die Kathedrale U. L. Frau von Luxemburg, 1980 – J. Ladame, Notre Dame de tout l'Europe, 1984, 211–214 – M-Lexikon 4, 194–195

Halle (franz. Hal)

Nur 15 Kilometer südwestlich der Hauptstadt Brüssel liegt Halle mit wenig mehr als 20 000 Einwohnern (Diözese Mechelen-Brüssel). Die Stadt ist seit 700 Jahren einer der bedeutendsten Wallfahrtsorte Belgiens.

Das Gnadenbild

Die Geschichte der das Stadtbild beherrschenden Kathedrale ist eng verbunden mit dem marianischen Gnadenbild, das in ihr verehrt wird. Es stammt der Überlieferung nach von der hl. Elisabeth von Ungarn, die es ihrer Tochter Sophie von Thüringen vererbt hat. Diese vermachte es 1267, anläßlich ihrer Vermählung mit Heinrich II., Herzog von Brabant, der Kirche von Hal.

Die 95 cm große, vom Rauch der Kerzen und durch Oxydation einer silbernen Untergrundbemalung dunkle Figur stellt eine sitzende Muttergottes dar, die dem Kind vor ihr die Brust reicht. Nur Kopf und Hände sind aus Holz. Das übrige ist nur skizzenhaft durch Leinwandbinden, die mit knetbarem Talg bestrichen wurden, ausgeführt (13. Jahrhundert). Seit dem 16. Jahrhundert bis 1967 war die Statue nach spanischer Art in ein Reifenkleid gehüllt. Heute ist sie meist mit einem farbigen Umhang und einem Kopfschleier versehen.

Geschichte

Eine Urkunde aus dem Jahr 1335 belegt, daß Halle damals schon ein viel besuchter Wallfahrtsort war und 18 anwesende Bischöfe für den Besuch der Gnadenstätte einen Ablaß gewährten. 1344 wurde eine Bruderschaft „Notre Dame

de Hal" gegründet, der weitere an anderen Orten folgten. Diese organisieren die jährlichen Wallfahrten.
Nach einem Vorgängerbau – die Krypta davon ist noch vorhanden – konnte durch die Gaben der Pilger und durch Zuwendungen des Adels zwischen 1341 und 1467 die heutige gotische Kathedrale erbaut werden. Für das Jahr 1669 wurden 79 000 und für 1732 96 000 Wallfahrer gezählt, was bei den damaligen Verhältnissen außerordentlich viel bedeutet.

Die Kirche der Stadt

Die St. Martins-Kathedrale inmitten der Stadt ist im Stil reinster und reichster Gotik errichtet. 1946 wurde sie zur Basilika erhoben. Zielpunkt der Wallfahrer ist das Gnadenbild, bis 1866 in der linken Seitenkapelle, jetzt hoch über dem Tabernakel des Zentralaltares.
In einer Nische rückwärts beim Haupteingang sind 32 steinerne Kanonenkugeln aufbewahrt, die an die Belagerung der Stadt 1580 erinnern. Damals befand sich Brüssel in der Hand Wilhelms von Oranien, während Hal dem legitimen Herrscherhaus und dem katholischen Glauben treu blieb. Die mit einem Wall umgebene Stadt widerstand den Angriffen, und der Ruf „Usque Hallas" – „Bis Hal und nicht weiter" erhielt eine geradezu sprichwörtliche Bedeutung.
In einer Schatzkammer werden zahlreiche kostbare Votivgaben und wertvolle Bekleidungen für das Gnadenbild aufbewahrt.

Die Wallfahrt

Die Verehrung „U. L. Frau von Hal" ist bis heute lebendig. An Pfingsten und am 1. Sonntag im September zieht eine Prozession mit dem Gnadenbild durch die Stadt. Das ganze Jahr über, besonders aber im Mai, kommen Pilger aus Belgien und den benachbarten Ländern. Viele von ihnen gehen betend und betrachtend den uralten Wallfahrtsweg, der weit vor die Stadt führt und von 45 Kapellen gesäumt ist. Er wird „Grand tour de Hal" oder auch „Weg om" genannt.

Lit.: Kriss 153–154 – J. Ladame, Notre Dame de tout l'Europe, 1984, 89–93 – G. van Haeperen, Les Vierges couronnées de Belgique, 1985, 33 – M-Lexikon 3, 75–76

Banneux

„Die Jungfrau der Armen“

Etwa auf halbem Weg zwischen Liege (Lüttich) und – in südöstlicher Richtung – Spa liegt auf einer kargen Hochebene der belgischen Ardennen die Ortschaft Banneux. Hier ist 1933 die Jungfrau Maria erschienen.

Die acht Erscheinungen

Am Rand des Dorfes bei einem Nadelbaumwald steht das Haus der Arbeiterfamilie Beco. Die zwölfjährige Tochter Mariette, das älteste der damals sieben Kinder, hatte zwischen dem 15. Januar und 2. März 1933, immer im Dunkel der kalten Winternächte, acht Marienerscheinungen.

Das erste Mal sah das Mädchen durch das geschlossene Fenster die leuchtende Gestalt einer schönen Frau, die ihr lächelnd zuwinkte. Mariette war von Anfang an überzeugt, die Jungfrau Maria zu sehen. Maria zeigte sich mit leicht nach links geneigtem Haupt und gefalteten Händen. Sie war bekleidet mit einem langen weißen Gewand, einem blauen Gürtel und einem durchsichtigen Kopfschleier. Über ihrem rechten Arm trug sie einen Rosenkranz.

Das Mädchen, bis dahin nicht gerade fromm, nahm ohne Zögern wieder am religiösen Leben teil. Die Eltern und der Ortsgeistliche standen der seltsamen Geschichte des Mädchens anfangs zurückhaltend gegenüber.

Am Abend des 18. Januar wartete Mariette kniend vor dem Haus wieder auf die Erscheinung. Sie sieht die Jungfrau Maria auf einer Wolke kaum einen halben Meter über dem Boden. Als die Erscheinung zurückweicht, geht ihr das Mädchen etwa 100 Meter nach und taucht auf Einladung der Hl. Jungfrau ihre Hände in das Wasser einer neu entstandenen Quelle.

Bei der Erscheinung am Tag darauf gibt die Dame auf die Frage, wer sie sei, die Antwort: „Ich bin die Jungfrau der Armen!“

Trotz der winterlichen Kälte kniet Mariette nun jeden Abend vor dem Haus und betet den Rosenkranz. Am 15. Februar überbringt sie der Erscheinung die Bitte des Ortsgeistlichen nach einem Zeichen. Maria spricht mit ernster Miene: „Glaubt an mich! Ich werde an euch glauben. Betet viel!“ Auch hat sie den Wunsch nach einer kleinen Kapelle ausgesprochen. Und sie wies auf die Quelle und sagte: „Sie ist für alle Nationen – für die Kranken.“

Bei der letzten Erscheinung am 2. März legte die Hl. Jungfrau dem Mädchen segnend die Hände auf.

Die Wallfahrt

Noch im Jahr der Erscheinungen kommen Wallfahrer nach Banneux. Im Mai jenes Jahres wird der Grundstein für eine Kapelle gelegt, die schon am 15. August geweiht werden kann. Auch werden Krankenheilungen beobachtet.
Der Bischof von Lüttich, Louis J. Kerkhofs, gestattet nach Rücksprache mit Rom 1942 die öffentliche Verehrung der „Jungfrau der Armen" und erklärt 1949 „die Echtheit der acht Erscheinungen ohne Vorbehalt".
Eine internationale Gebetsgemeinschaft für den Frieden entsteht, die 1955 mehr als zwei Millionen Mitglieder zählt. Hauptwallfahrtszeit ist von Anfang Mai bis Ende Oktober. Der 15. August ist der Tag der internationalen Begegnung. Es gibt eigene Tage und Wochenenden für Kranke und Behinderte. Jährlich kommen 4–500 000 Wallfahrer nach Banneux. Unter ihnen war 1985 auch Papst Johannes Paul II.

Die Gnadenstätte

Im Ort haben sich mehrere Ordensgemeinschaften niedergelassen, um dem Aufruf der Hl. Jungfrau „Betet viel!" Tag und Nacht Folge zu leisten.
Neben dem Haus der Familie Beco steht die Erscheinungskapelle mit einer Darstellung der nach Angaben des Mädchens gemalten Hl. Jungfrau. Die Wände und die Decke des Raumes sind mit kleinen Fliesen bedeckt, deren Aufschriften Zeugnis geben von den Gnaden, die der „Jungfrau der Armen" zu verdanken sind. Etwa 100 Meter entfernt liegt die gefaßte Quelle, aus der die Pilger trinken und sich die Augen benetzen. Zum ausgedehnten Wallfahrtspark gehören eine Beichtkapelle, eine Kapelle der Nationen, ein erhöhter überdachter Freialtar mit Platz für große Gottesdienste, eine große neue Pilgerkirche, ein Kreuzweg, Krankenkapellen, ein Krankenhospiz usw.
Jeden Abend um sieben Uhr wird der große Rosenkranz gebetet, der 1. Teil bei der Erscheinungskapelle, der 2. auf dem Weg zur Quelle und der 3. auf dem Rückweg.
Banneux im Herzen Europas und die vielen Andachtsstätten der „Jungfrau der Armen" in der ganzen katholischen Welt sind ein Zeugnis lebendiger Marienverehrung in unserem Jahrhundert.

Lit.: A. Gerardin, Notre Dame de Banneux, 1947 – J. B. Lass, Die Erscheinungen U. L. Frau in Banneux, Verehrung und Gnadenerweise, 1957 – L. J. Kerkhofs, U. L. Frau von Banneux, 1958 – M-Lexikon 1, 357 – Die Jungfrau der Armen (Zweimonatszeitschrift), Banneux

Beauraing

Die Jungfrau mit dem goldenen Herzen

Der Ort liegt im Süden Belgiens, nahe dem Tal der Maas und nur fünf Kilometer von der französischen Grenze entfernt. Er ist von der Bischofsstadt Namur in südlicher Richtung über Diand und noch weiteren 20 Kilometern zu erreichen. Hier hat sich 1932/33 die Hl. Jungfrau dreiunddreißigmal fünf Kindern gezeigt und mit ihnen gesprochen.

Die Erscheinungen

Am 29. November 1932 abends um halb sieben Uhr gingen drei Mädchen im Alter von 9, 14 und 15 Jahren und ein 11jähriger Junge durch den Garten eines Schwesternpensionates, um ihre 13jährige Verwandte abzuholen. Plötzlich rief

der Junge: „Seht da geht die Muttergottes über die Eisenbahnbrücke!“ Die Kinder und auch das aus dem Heim kommende Mädchen sahen die leuchtende Erscheinung. Die Schwester Pförtnerin, der sie berichteten, meinte: „Ihr habt euch getäuscht. Das war wohl die Statue von der Lourdesgrotte.“ Aber diese stand noch an ihrem Platz.
Die Eltern und Nachbarn machten sich über die Kinder lustig und sprachen von „Einbildungen“. Aber an den folgenden Tagen zeigte sich die Hl. Jungfrau wieder, auf einer Wolke schwebend vor einem Rotdornstrauch unterhalb der Brücke. Sie trug ein weißes, bläulich schimmerndes Kleid, auf dem Haupt ein funkelndes Diadem über einem weißen Schleier, hielt die Hände gefaltet und blickte die Kinder freundlich an. Beim Abschied breitete sie die Arme aus, und ein goldenes Herz wurde sichtbar.

Die Botschaft von Beauraing

Bei den insgesamt dreiundreißig Erscheinungen bis zum 3. Januar 1933 sagte die Hl. Jungfrau:

> „Betet viel! Betet allezeit!“
> „Ich werde die Sünder bekehren!“
> „Ich bin die Königin des Himmels!“

Sie äußerte auch den Wunsch, hier eine Kapelle zu erbauen.

> „Liebt ihr meinen Sohn? Liebt ihr mich? Dann opfert euch für mich!“,

waren ihre letzten Worte.
Die Botschaft von Lourdes (1858) und Beauraing ergänzen sich. Einmal sagte Maria auch hier: „Ich bin die Unbefleckte Empfängnis“. Ebenso sind die Worte der Hl. Jungfrau eine Wiederholung und Ergänzung von Fatima (1917), so daß Beauraing geradezu als „belgisches Fatima“ bezeichnet wird.

Die Wallfahrt entsteht

Abend für Abend gingen die Kinder, begleitet von einer größeren Zahl von Erwachsenen – mehrmals waren es um die 20 000 – zum Ort der Erscheinung und beteten den Rosenkranz. Nach langer und vorsichtiger Untersuchung einer bischöflichen Kommission hat der Bischof von Namur 1943 und nochmals 1949 den übernatürlichen Charakter der Ereignisse anerkannt.

Bekehrungen und Wunderheilungen ereigneten sich. Ein an eiternder Knochentuberkulose leidender Mann war plötzlich gesund. Ein gelähmter Sechzehnjähriger wurde geheilt. Ein vierjähriger Junge, der überhaupt nicht gehen konnte, lief plötzlich auf die aufgestellte Marienstatue zu und legte eine Rose nieder.

Die Anlage des Heiligtums

Der Garten der Schule ist heute ein Heiligtum unter freiem Himmel mit Bänken und einem überdachten Freialtar. An der linken Ecke, nahe einem Straßentunnel über einer Eisenbahnlinie, steht „am Rotdorn", dem Ort der Erscheinungen, von Blumen und Opferkerzen umrahmt, eine nach Angaben der Seherkinder von Pierroux 1946 gefertigte Marienstatue. Die Hl. Jungfrau im langen Gewand, einem Tuch über Kopf und Schulter und Strahlen wie eine Krone um ihr Haupt, breitet die Arme aus. Auf ihrer Brust ist ein goldenes Herz zu sehen. Das Gesicht Mariens drückt Freude und Güte aus.
Unter dem Freialtar befinden sich eine Krypta für stilles Beten und Kreuzwegstationen. Beim Eingang in den Garten erhebt sich aus Natursteinen der Umgebung wie eine Festung die 1954 erbaute Gnaden- und Anbetungskapelle und einem Gang mit Beichtstühlen. Dahinter führen Stufen zur großen Krypta und der 1968 geweihten Oberen Kirche mit Platz für mehr als 5000 Menschen hinauf.
In der Nähe ist das „Castel Ste. Marie" für Besinnungstage und Exerzitien und das Haus „de l'Epi" für Jugendgruppen.

Das Wallfahrtsleben

Das ganze Jahr über wird an der Erscheinungsstelle um 18.30 Uhr, der Stunde der Erscheinungen, der Rosenkranz gebetet. Besondere Wallfahrtstage sind der 22. August und der 29. November. 1985 war Papst Johannes Paul II. unter den Betern. In den Monaten Mai bis Oktober versammeln sich Tausende von Wallfahrern aus Belgien und den umliegenden Ländern bei der „Hl. Jungfrau mit dem goldenen Herzen".

Lit.: G. Maes, Notre Dame de Beauraing, Histoire des apparations, 1954 – O. Flages, Beauraing und Banneux, 1960 – M-Lexikon 1, 395 – Y. M. Charue, Beauraing – Das Herz der Mutter Gottes, 1991

Scherpenheuvel / Montaigu

Von Brüssel nach Nordosten oder von Aachen in nordwestlicher Richtung über Maastricht und Hasselt nach Diest. Sechs Kilometer westlich davon liegt das kleine Städtchen Scherpenheuvel = scharfer Hügel (Erzbistum Mechelen-Brüssel), einer der meistbesuchten Wallfahrtsorte Belgiens.

Die Muttergottes in der Eiche

Die Gnadenstätte ist aus einem sog. „Baumheiligtum" entstanden. Um 1600 wurde die Überlieferung aufgezeichnet. Danach hatten fromme Menschen schon Jahrhunderte vorher eine kleine Muttergottes-Statue in der Höhlung einer Eiche auf einer Anhöhe gestellt, genau an der Stelle des heutigen Hochaltares. Bereits um 1200 kamen Gläubige hierher, um vor dem als wundertätig geltenden Gnadenbild zu beten.
Nach der Legende soll ein Schafhirte 1415 die Figur am Fuß der Eiche gefunden haben. Er wollte sie nach Hause mitnehmen, war aber

augenblicklich wie gelähmt. Als sein Arbeitgeber ihn abends suchte, fand er ihn erstarrt mit der Statue in der Hand. Er befestigte sie an der Eiche, und sogleich konnte der Hirte sich wieder bewegen. Dies und auch bekannt gewordene Heilungen brachten der Gnadenstätte starken Zulauf.

Geschichte

1580 besetzten die protestantischen Geuzen für drei Jahre diese Region. Das Gnadenbild wurde vom Baum genommen, aber es kamen weiterhin Beter an diesen Ort. Jan Momboers, Stadtrat im nahegelegenen Zichem, entdeckte 1587 bei einer Mesnerin in Diest eine Marienfigur, die man wegen ihrer großen Ähnlichkeit bald für das Original hielt. Man stellte sie an die Eiche, und der Zustrom der Gläubigen wuchs weiter an.
Der Pastor von Zichem, Godefried van Thienwinkel, ließ 1602 unter der Eiche eine kleine Holzkapelle errichten. Nun kamen Wallfahrer in Prozessionen. Die Pilger nahmen Blätter und Holzstücke der Eiche mit, so daß sie schließlich gefällt werden mußte. Eine Steinkapelle entstand, die bald wieder zu klein war.
Es ereignete sich auch ein Wunder. Am 3. Januar 1603 sahen viele Menschen Blutstropfen auf den Lippen der Muttergottes. Die Räte der Stadt gaben unter Eid zu Protokoll, Zeugen dieses Mirakels gewesen zu sein. Allein am 8. September jenes Jahres waren mehr als 20 000 Menschen in Scherpenheuvel versammelt. Erzherzog Albrecht und seine Gemahlin Isabella kamen als große Förderer des Heiligtums oft nach Scherpenheuvel. Um den Ort vor weiteren Überfällen der Geuzen zu schützen, gab der Erzherzog den Auftrag, ihn mit Befestigungsanlagen in Form eines siebenzackigen Sternes zu umgeben und in der Mitte die heutige Kuppelkirche zu errichten. 1609 grundgelegt, konnte sie erst 1629 geweiht werden. 1610 wurde der Ort selbständige Pfarrei. 1626 kamen die Oratorianer zur Betreuung der Wallfahrer.

Das Heiligtum

Im Zentrum des großen siebenzackigen Platzes erhebt sich die Wallfahrtskirche mit der mächtigen Kuppel, der Peterskirche in Rom nachempfunden. Baumeister dieses ersten barocken Sakralbaues in Belgien war W. Cobergher. Der siebeneckige Grundriß und die sieben Kapellen wollen die Schmerzen und Freuden Mariens symbolisieren. Die Gemälde in den Kapellen und auf dem Altar stammen von Th. van Loon. Der herrliche Hochaltar aus Marmor trägt über dem Tabernakel das Gnadenbild. Die stehende Muttergottes mit einem jugendlichen Gesicht hält in

ihrer Rechten ein Zepter und auf ihrem linken Arm das Kind, dessen Kopf ganz nahe dem ihren ist. Die Statue ist in wechselnde Stoffgewänder gehüllt und wurde im Auftrag von Papst Pius IX. 1872 gekrönt. Um das Gnadenbild rankt sich ein Eichenlaubgebilde. Den oberen Abschluß des Altares bildet ein modern gestalteter Baum aus Metall. Seit 1922 ist die Kirche päpstliche Basilika.
Hinter dem massiven viereckigen Turm schließt sich ein Kreuzweg an. Unterhalb liegt die 1972 errichtete Marienhalle für große Gottesdienste. Den Abschluß bildet die „Allée du Rosaire“ mit den Stationen der 15 Rosenkranzgeheimnisse.

Die Wallfahrt

Im Jahr 1933 zählte man allein 340 000 Pilger, die mit der Eisenbahn kamen. Seit 1626, als ganz Brabant von der Pest heimgesucht wurde, zieht jedes Jahr am ersten Sonntag im November die berühmte Kerzenprozession durch die Stadt. Das Gnadenbild wird unter einem Traghimmel mitgeführt, und alle Teilnehmer tragen brennende Kerzen. Heute kommt jährlich etwa eine Million Menschen nach (wallonisch) Montaigu, dem marianischen Zentrum Belgiens.

Lit.: J. F. Pallemaerts, Onze-Lieve-Vrouw van Scherbenheuvel, 1946 – A. Lantin, Scherpenheuvel oord van Vrede, 1985 – R. Termolen, Wallfahrten in Europa, 1989, 116–119

Maastricht

Onze Lieve Vrouw „Sterre der Zee“

Die Stadt, die in der Gegenwart durch die „Maastrichter Verträge“ europäisches Ansehen erworben hat, ist im 1. Jahrhundert n. Chr. aus einem Römerkastell am Maasübergang entstanden. Neben der romanischen Servatius-Basilika und der angebauten gotischen (heute evangelischen) Kirche erhebt sich in der Innenstadt die Liebfrauen-Basilika mit dem Gnadenbild „Stern des Meeres“.

Legendäre Entstehung

Die Dokumente über die Entstehung der Gnadenstätte sind in den Wirren der Reformationszeit verlorengegangen.
Nach einer Legende soll der 1. Bischof von Tongern, St. Maternus, schon im frühen 4. Jahrhundert am Maasufer eine Marienkapelle erbaut haben. Vor allem Flußschiffer haben sie aufgesucht und sich unter den Schutz „U. L. Frau am Ufer“ gestellt. Weil die Kapelle für den Zustrom der Beter zu klein wurde, übergab man das damalige Gnadenbild den Franziskanern, die sich um 1234 in der Stadt niedergelassen und eine neue Kirche gebaut hatten. Von diesem ersten Gnadenbild ist nichts mehr bekannt.

Das heutige Gnadenbild

Das heutige Gnadenbild ist eine überaus schöne, holzgeschnitzte gotische Madonna, wahrscheinlich eine böhmische Arbeit aus dem Ende des 15. Jahrhunderts. Maria trägt das Jesuskind auf ihrem linken Arm und hält in der rechten Hand eine Vase, in die man nachträglich eine Lilie eingesetzt hat. Die Statue ist in einen Stoffum-

hang gehüllt. Mutter und Kind tragen Edelmetallkronen.
Welchen Strom von Hilfesuchenden das Gnadenbild auf sich zog, mag man daraus ersehen, daß der Franziskanerpater Sedulius für die Zeit zwischen 1556 und 1608 dreiunddreißig Wundertaten aufgeschrieben hat.
Erst um 1700 kam, aus Anlaß einer wunderbaren Errettung bei einem Schiffbruch, der Titel „Meerstern" für das Gnadenbild auf.

Wechselvolle Geschichte

Als 1578/79 protestantische Truppen die Stadt besetzten, versteckte man das Gnadenbild. Den Soldaten, die es entdeckten und mit Säbelhieben zerstören wollten, sollen die Arme erstarrt sein. Im Dreißigjährigen Krieg brachte man es 1639 nach Tongern in Sicherheit. Hier soll auf die Fürbitte Mariens ein totgeborenes Kind für kurze Zeit lebendig geworden sein, damit es getauft werden konnte. 1675 wurde das Gnadenbild in einer feierlichen Prozession nach Maastricht zurückgeführt, wo es im Jahre 1700 in der neuen Franziskanerkirche auf dem Minoritenberg Aufstellung fand. Als im Zusammenhang mit der Französischen Revolution 1794 die Franziskaner vertrieben wurden, schenkten sie die Statue der Nikolaikirche, die allerdings schon 1838 wegen Baufälligkeit abgerissen werden mußte. Seitdem befindet sich das Gnadenbild in einer gotischen Kapelle beim Eingang in die romanische Liebfrauenkirche.

Die Wallfahrt

Das schöne Gnadenbild gilt als die Schutzfrau von Maastricht und erfreut sich größter Verehrung. Hier gibt es auch eine „Broederschap van Onze Lieve Vrouw Sterre der Zee", die für das Bild und seine Verehrung Sorge trägt.
Jährliche Höhepunkte der Wallfahrt sind ein Festgottesdienst mit Prozession am 2. Osterfeiertag, eine Stadtprozession am Sonntag nach dem 13. Mai (St. Servatius-Fest) und ein marianisches Triduum am 6., 7. und 8. Dezember (Unbefleckte Empfängnis). 1985 hat auch Papst Johannes Paul II. die Gnadenstätte besucht.

Lit.: J. A. Kronenburg, Maria's herrlijkheit in Nederland, 1909, 289–312 – M-Lexikon 4, 217 – R. R. B. M. Wagenaar, Maastricht. Basilika Unsere Liebe Frau „Meerstern" (Kirchenführer), 1993

s'Hertogenbosch / Herzogenbusch

„Zoete Lieve Vrouw"

Fast im Herzen Hollands, südlich der Maas, liegt die Stadt (Diözese ten Bosch). In ihr wird seit dem Mittelalter die Muttergottes als „Süße Liebe Frau" verehrt.

Geschichte

Die Kathedrale Sint Jan (St. Johannes Evangelist) im Zentrum der Stadt wurde zwischen 1380 und 1522 erbaut und gilt als Kunstwerk brabantischer Gotik. Um 1380 wurde auf einem Abstellplatz eine alte, beschädigte Statue der Gottesmutter mit dem Jesuskind gefunden. Sie konnte gerade noch mit Mühe vor der endgültigen Vernichtung gerettet werden. Vermutlich stammt sie aus einem Vorgängerbau. Man gab ihr einen Platz in der neuen Kathedrale.
Nach zwei wunderbaren Krankenheilungen wurde die Figur Gegenstand einer besonderen Verehrung. In einem Mirakelbuch sind für die Zeit zwischen 1382 und 1603 mehr als 500 Wunder aufgeführt. Damals war Herzogenbusch ein international bekannter Wallfahrtsort.
Als 1629 Prinz Frederik Hendrik von Oranien die Stadt eroberte, wurden alle katholischen Gottesdienste verboten. Das Gnadenbild konnte in Sicherheit gebracht werden, zunächst nach Antwerpen. Später wurde es auf Ersuchen Isabellas von Spanien in der Kirche von Coudenberg bei Brüssel aufgestellt, wo es ebenfalls große Verehrung erfuhr.
1853 konnte die Statue nach Herzogenbusch zurückgebracht werden. 1878 wurde sie im Auftrag von Papst Leo XIII. durch den Bischof Godschalk feierlich gekrönt. 1928 erhielt die Bischofskirche den Ehrentitel einer päpstlichen Basilika.

Die Gnadenstätte

In dem 62 m breiten und 115 m langen, hohen gotischen Dom hat die Marienstatue in der Marienkapelle links vom Haupteingang Aufstellung gefunden.
Sie zeigt eine stehende Muttergottes mit frohem Gesicht, in der rechten Hand ein Zepter und auf dem linken Arm das Jesuskind haltend. Die Figur ist in einen langen, farbigen und bestickten Stoffumhang gehüllt. Das Zepter und die Kronen für Mutter und Kind sind aus Edelmetall.
Jedes Jahr zieht am Abend des 2. Sonntags im Mai eine Prozession mit dem Gnadenbild durch die Innenstadt. Auch werden die Marienfeste besonders gefeiert. Durch seine Aufenthalte in Antwerpen, Brüssel und in Hertogenbosch wird das Gnadenbild „Süße Liebe Frau von Vielen" genannt.
Herzogenbusch ist heute noch eine der meistbesuchten Marien-Gnadenstätten der Niederlande.

Lit.: M. Bertrand, O. L. Vrouw von ten Bosch's, 1921 – H. A. G. Hens (Hrsg.), Mirakelen van O. L. Vrouw te's-Hertogenbosch, 1978 – M-Lexikon 3, 171

Heiloo

„Onze Lieve Vrouw ter Nood"

Der größte Marienwallfahrtsort des Landes liegt in Nordholland, unweit der Nordseeküste. Von Haarlem in nördlicher Richtung kommt man kurz vor Alkmaar durch den Ort Limmen. Bei dem Motel-Heiloo nach links gelangt man in die Kapellaan(straße) und zur Gnadenstätte.

Entstehungslegende

Nach der Überlieferung war ein geistig schwacher Junge, namens Nelis, eines Tages beim Viehhüten auf einer freien Fläche, Runxputte genannt, auf ein Stück Holz gestoßen und hatte eine kleine hölzerne Muttergottesfigur entdeckt. Er nahm sie mit nach Hause. Seine Mutter reinigte sie und verwahrte sie in einer Kiste. Am nächsten Morgen stieß der Junge wieder an etwas und fand die Statue an ihrem alten Platz.
Etwa zur gleichen Zeit war ein reicher Handelsherr aus Alkmaar, Johannes Mors, mit einem Schiff voll Eisen in eine völlige Windstille geraten. Die Besatzung drohte zu verdursten. Da flüsterte ihm eine Stimme zu:

> Als gij mij gaat eren – zal de wind gaan keren.
> (Wenn du mich willst ehren, wird der Wind sich kehren.)

Schiff und Besatzung wurden gerettet. Der Handelsherr kaufte das Land, auf dem der Junge die Figur gefunden hatte, und errichtete dort eine Kapelle.

Wallfahrtsgeschichte

Von Anfang an strömten die Menschen herbei und suchten bei der Muttergottes Hilfe in ihren Lebensängsten. Die Gnadenstätte ist für das Jahr 1407 bezeugt, als dort erstmals ein Kaplan den Dienst verrichtete.
1573 wurde bei den Kämpfen um Alkmaar der Platz verwüstet, die Kapelle zerstört und auch das Gnadenbild vernichtet. Aber die Menschen zogen weiterhin zu diesem Ort der Gnade. In der Nacht vom 8. auf den 9. Dezember 1713 ist vor der zerstörten Kapelle eine Quelle entsprungen, deren Wasser bis heute eine heilkräftige Wirkung zugeschrieben wird.
In unruhigen Zeiten um 1880 wurde die als Brunnen gefaßte Quelle mit Steinen und Schutt zugeschüttet. Soldaten kamen aus Limmen, um die Beter und Wallfahrer zu vertreiben.
1905 wurden die Quelle und die Fundamente der Kapelle wiederentdeckt. Nach einer Notkapelle entstand durch den Architekten Jan Stuyt die heutige Gnadenkapelle mit unverputztem Mauerwerk. Sie wurde 1930 geweiht.
Von 1946 bis 1989 haben Patres des sel. Grignon von Montfort die Wallfahrtsstätte betreut.

Die Gnadenstätte im Park

An die Kapellaan(straße) schließt sich ein geräumiger hl. Bezirk an, der mit Bäumen, Büschen und Blumenbeeten aufgelockert ist.
Zentrum ist die Gnadenkapelle. Im Innern schmücken Freskenmalereien mit Szenen aus dem Marienleben die ganze Chorwand und Teile der Seitenwände. Sie stammen von Han Bijvoet (ab 1945). Über dem Altar befindet sich die farbig gefaßte und gekrönte Holzfigur der Muttergottes, die das Kind auf ihrem rechten Arm trägt und in der linken Hand einen Apfel hält. In einem Museum in Haarlem ist eine Münze aus dem 15. Jahrhundert entdeckt worden mit einem Abbild des alten Gnadenbildes. Nach dieser Vorlage wurde das heutige Gnadenbild angefertigt. In das Fußstück der Figur ist ein Stein aus der Grotte von Lourdes eingefügt.
Mitten im Vorhof des Gotteshauses mit einem holzüberdachten Umgang steht der Brunnen, aus dem die Pilger das heilkräftige Wasser schöpfen. Im Park befindet sich ein Kreuzweg mit einer erhöhten Golgotha-Station, ein überdachter Freialtar und eine große Pilgerhalle mit Holzdach-Konstruktion. In ihr ist eine dem Gnadenbild ähnliche Figur aufgestellt.

Das Wallfahrtsleben

Bei der geringen Zahl der Katholiken in Holland ist Heiloo mit seinen 13 000 Besuchern im Jahr eine bedeutende Gnadenstätte.
Neben vielen Taufen und Trauungen wird an jedem 1. Samstag im Monat für den Priesternachwuchs gebetet, finden Fatima- und auch Medjugorje-Tage statt, kommen Frauenvereine und im September Mitglieder des Land- und Gartenbauvereins, die Obst, Früchte und Käse als Dankesgaben bringen. Mehrmals im Jahr werden die Bänke der großen Pilgerhalle entfernt für die Rollstühle und Liegewagen der Kranken und Behinderten, die aus der näheren und weiteren Umgebung nach Heiloo gebracht werden. Neben einheimischen Pilgern kommt eine Prozession der portugiesischen Gastarbeiter, kommen englisch sprechende Wallfahrer aus Amsterdam, ja sogar Pilgergruppen aus der Schweiz.
Am Rande des Parks führt eine Eisenbahnlinie vorbei. Wenn eine Pilgergruppe mit der Bahn kommt, hält der Zug eigens für sie vor der Gnadenstätte.

Unsere Liebe Frau, Helferin in der Not, bitte für uns!

Lit.: J. Bertrand, De Runxputte en O. L. Vrouw ter Nood, 1990 – O. L. Vrouw ter Nood (Kleinschrift, auch in englisch, französisch und portugiesisch), 1993

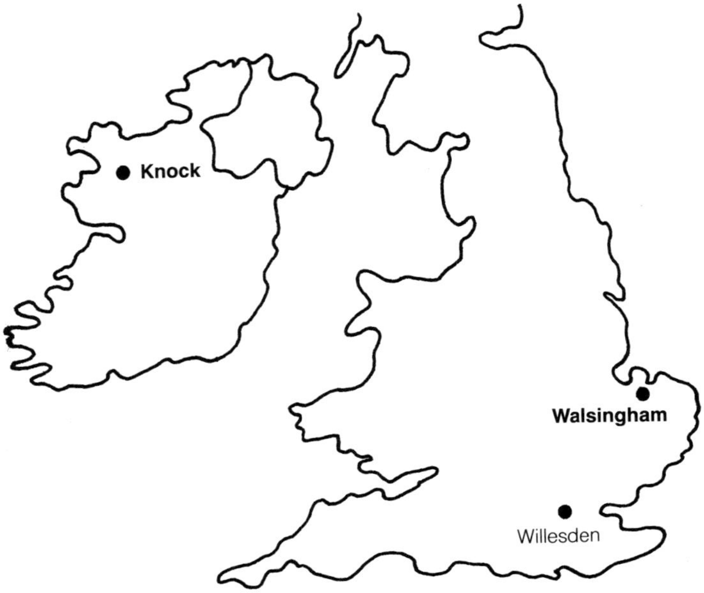
Knock
Walsingham
Willesden

Aassebakken

Aglona
Siluva
Wilnius

DER NORDEN EUROPAS

England
Irland
Dänemark
Lettland
Litauen

Walsingham

„Englands Nazaret“

Der kleine Ort in der Grafschaft Norfolk, nahe der Stadt Norwich, etwa 150 Kilometer nördlich von London, gehörte im Mittelalter zu den bekanntesten Wallfahrtsstätten des Abendlandes.

Entstehung

Rund 200 Jahre vor der legendären Übertragung der Santa Casa von Nazaret nach Loreto/Italien hatte hier eine vornehme Witwe, Richeldis mit Namen, 1061 dreimal eine Vision. Ihr erschien die Jungfrau Maria und zeigte ihr das kleine Haus von Nazaret, wo der Engel die Menschwerdung des Gottessohnes verkündet und wo Maria mit dem heranwachsenden Jesus gelebt hatte. Richeldis erhielt den Auftrag, dieses Haus in seinen genauen Ausmaßen in Walsingham nachzubauen.
Die Lady war unschlüssig, wo sie das Haus errichten solle, bis sie eines Morgens auf einer Wiese eine Fläche bemerkte, die vom Tau freigeblieben war, ganz in den Ausmaßen ihrer Vision. Als aber dort die Dorfhandwerker das Holzhaus aufbauen wollten, fand man es am nächsten Morgen 200 feet (ca. 70 Meter) von der Stelle entfernt fertig aufgebaut.

Die mittelalterliche Wallfahrt

Sehr schnell verbreitete sich der Ruf Walsinghams als Gnadenstätte über das ganze Land. Auch vom europäischen Festland kamen Pilger. Neben der Kapelle entstand ein Kloster. Von der Mitte des 12. Jahrhunderts bis zur Auflösung der Wallfahrt betreuten Augustiner-Chorherren die Pilger. Eine Kirche wurde errichtet, die das Hl. Haus einschloß. Das damalige Gnadenbild, eine einfache Holzfigur, soll dem von Loreto ähnlich gewesen sein.
Seit dem Besuch Heinrichs III. 1226 pilgerten fast alle englischen Könige und Königinnen nach Walsingham. Auch der spätere abtrünnige Heinrich VIII. war 1541 hier, um für die Geburt seines Sohnes zu danken.
Von allen Seiten bildeten sich Pilgerwege auf Walsingham zu, die von Kapellen und Raststätten gesäumt waren. Auf dem Weg von London her, etwa eine Meile vor Walsingham, ist noch die Slipper Chapel erhalten, so genannt, weil die Pilger hier ihre Schuhe auszogen und den Rest des Weges barfuß zurücklegten. Die Wallfahrer, die vom Festland auf Schiffen in der Bucht „The Wash“ ankamen, besuchten zunächst die ebenfalls noch erhaltene Kapelle auf dem Red Mount, auch U. L. Frau-Berg genannt, bei King’s Lynn, um für die glückliche Überfahrt zu danken und ihre Sünden zu beichten. Besonders Pilger aus Frankreich und den Niederlanden waren stark vertreten, darunter auch der bekannte Philosoph Erasmus von Rotterdam.

Das Ende der Wallfahrt

Nach dem Bruch von König Heinrich VIII. mit Rom wurde der großen abendländischen Wallfahrt nach Walsingham ein gewaltsames Ende bereitet. Cromwells Schergen schlossen 1538 das Kloster und rissen die Gebäude nieder. Das Gnadenbild und die Einrichtung des Heiligtums wurden in Chelsea öffentlich verbrannt.
Als sich die Einwohner von Walsingham in der sog. „Walsinghamer Rebellion“ dagegen wehrten, wurden viele verhaftet, elf davon hingerichtet, darunter auch der Superior des Klosters. Er wurde auf einem Hügel, der heute noch „Marterhügel“ heißt, öffentlich verbrannt.

Neubelebung nach 300 Jahren

Erst im 19. Jahrhundert, im Zusammenhang mit der sog. „Oxford-Bewegung“ kam es zu einer Neubelebung des katholischen Glaubens und auch der Marienverehrung in England. In Walsingham wurde für katholische Gottesdienste die Slipper Chapel aus dem 14. Jahrhundert wieder hergerichtet. 1921 fand darin eine auf Grund von Klostersiegeln gefertigte Nachbildung des alten Gnadenbildes Aufstellung. Die Wallfahrt lebte neu auf.

Größere Wallfahrten kommen erst seit 1930 wieder nach Walsingham. Unter den Pilgern sind auch Anglikaner. 1937 wurde die große Kirche geweiht, die wiederum eine Nachbildung des Hl. Hauses einschließt. In die Mauern und auch im Altar dieses Gotteshauses sind Steine aus in- und ausländischen Kathedralen eingefügt, so aus der Peterskirche in Rom und der Verkündigungskirche in Nazaret. Beim Bau wurde ein alter Brunnen freigelegt, der nach der Reinigung sich sogleich mit Wasser füllte, das als heilkräftig gilt. Papst Johannes XXIII. hat 1961 dem Hüter der anglikanischen Gnadenstätte den Segen zugesagt für alle, die sie besuchen. Heute ist das Heiligtum „Our Lady of Walsingham“ wieder das Herz der Marienverehrung auf der britischen Insel.

Lit.: Kriss 161–163 – Rathgeber 228–229 – J. Adair, The pilgrim's way, 1978, 114–118 – J. Hotz, Wallfahrtskirchen in Europa, 1983, 92 – Wallfahrt kennt keine Grenzen, 1984, 527 und 541–542 – M-Lexikon Bd. 6

London

„Our Lady of Willesden“

Wenig bekannt ist, daß die britische Hauptstadt nordwestlich der City eine marianische Wallfahrtsstätte besitzt. Im Mittelalter war dieser Gnadenort in ganz Europa bekannt.

Das alte Heiligtum

Es ist nicht sicher, ob es hier schon vor der Eroberung durch die Normannen eine Kapelle gab. Gewiß aber entstand um 1170 ein Gotteshaus

aus Stein. Unter einer Auflistung der Kircheneinrichtung von 1249 werden auch zwei große Marienfiguren aus Holz aufgezählt. Ein anderes Dokument von 1297 erwähnt, daß die Kirche der Muttergottes geweiht war. Aber erst in den schrecklichen Zeiten der Pest des 14. Jahrhunderts, die ganz Europa heimsuchte, entwickelte sich Willesden zum Wallfahrtsort.
Die Marienstatue wurde oft bei Prozessionen mitgetragen. Es gibt auch viele Belege über Gebetserhörungen auf die Fürsprache der Gottesmutter. Die Wallfahrer beschenkten sie mit Votivgaben, ja vererbten ihr sogar Grundstücke und Häuser in der Hoffnung, dadurch ihr Seelenheil zu sichern. Das Heiligtum wurde groß und reich.
Nach der Überlieferung war Maria einem Pilger am Ort der jetzigen Gnadenstätte erschienen. Und wie zur Bekräftigung der Vision begann eine Quelle zu sprudeln, deren Wasser man Heilkräfte zuschrieb, besonders bei Augenleiden, ja selbst bei Wiedererlangung des Augenlichtes. Und so wurde Willesden, besonders für die Londoner, ein gut besuchter Wallfahrtsort. 1517 unterstrich der Ortsgeistliche William Litchfield seinen Wunsch, hier bestattet zu werden, mit der Spende von liturgischen Gewändern und einem Meßkelch. Der Kelch ist heute noch vorhanden.

Die Zeit von 1535 bis 1885

Mit dem Schisma der Anglikanischen Kirche trat für 350 Jahre ein Stillstand der Wallfahrt ein. Ein von Cromwell Beauftragter kam nach Willesden und stellte eine Liste der „Überflüssigkeiten" auf. Dabei beschrieb er die Marienfigur: schwarz wie Ebenholz, die obere Hälfte mit Silber bedeckt, bekleidet mit einem kostbaren Stoffgewand, verziert mit Edelsteinen und einem weißen Spitzenschleier mit Perlen und Schmuckstücken aus Gold und Silber. Die Statue war für den Abgesandten „ein Objekt eines Götzendienstes und abergläubigen Kultes". Der kostbare Zierat wurde abgenommen und die Figur zusammen mit anderen, z. B. der von Walsingham, in Chelsea öffentlich verbrannt.

Die wiedererstandene Wallfahrt

Im Jahre 1885 schickte Kardinal Manning den jungen Priester P. Bernhard Ward nach Willesden, um die steigende Zahl von Katholiken geistlich zu betreuen. Am 5. Februar desselben Jahres konnte im Beisein von nur zwölf Personen das erste Meßopfer gefeiert werden. Der Pfarrnachfolger P. Cologan ließ eine neue Marienfigur aus Eichenholz anfertigen, ähnlich dem früheren Gnadenbild. In einer unauffälligen Prozession wurde diese zum Gotteshaus gebracht.
1903 nahm P. Casserly den Brauch öffentlicher Prozessionen wieder auf. Die Marienstatue, mit Blumen geschmückt, wurde von vier Mitgliedern der Bruderschaft des Hl. Sakramentes getragen und von Schulkindern und einigen hundert Frauen und Männern begleitet. Es war dies die erste nennenswerte Wallfahrt nach dem Schisma. In den folgenden Jahren kam es zwar zu einigen Protesten, aber die Prozession wurde zum festen Bekenntnis des katholischen Glaubens. Während des 2. Weltkrieges unterblieb sie aus Angst vor deutschen Luftangriffen. Aber seit 1947 findet sie jährlich am 1. Sonntag im Mai unter großer Beteiligung der Katholiken und auch nichtkatholischer Zuschauer statt.
1907 wurde ein Gotteshaus im neuromanischen Stil gebaut, doch es erwies sich bald als zu klein. Für ein größeres war es schwierig, einen Bauplatz zu finden. Bei einer Wallfahrt nach Lourdes legte der Pfarrer eine Bittschrift an Maria in der Grotte nieder, und keine sechs Monate später konnte ein geeignetes Grundstück erworben werden. 1931 hat „Our Lady of Willesden" im neuen Heiligtum Einzug gehalten.

Während des Marianischen Jahres 1954 kamen Tausende von Pilgern nach Willesden. Und als im Oktober dieses Jahres Kardinal Griffin das Gnadenbild im Wembleystadion feierlich krönte, geschah dies in Anwesenheit von einer Million Menschen.

Lit.: J. Ladame, Notre Dame de tout l'Europe, 1984, 69–73 – M-Lexikon Bd. 6

Knock

„Königin von Irland"

Von diesem nordwestlichen Rand Europas brachten irische und schottische Glaubensboten im 7. Jahrhundert das Christentum nach Zentraleuropa. Unter dem englischen König Heinrich VIII. (1505–47) wurden die Katholiken Irlands grausam verfolgt. Nach einer späteren neuen Verfolgung erklärte 1847 die irische Nationalversammlung Maria zur „Königin von Irland".

Die Erscheinung

Im Westen der Grünen Insel, in der County Majo, ereignete sich 1879 eine Erscheinung, die den Ort Cnoc Mhuire zum nationalen Zentrum der marianischen Frömmigkeit machte.
Am Abend des 21. August sahen insgesamt 22 Personen im Alter von fünf bis 74 Jahren an der Giebelwand ihrer kleinen Dorfkirche in einem besonderen Lichtglanz die Gestalten des hl. Josef, des Evangelisten Johannes und in der Mitte der Jungfrau Maria im weißen Kleid und Umhang, mit funkelnder Krone und zum Gebet erhobenen Händen. Daneben waren ein Altartisch, darauf ein Kreuz und ein Lamm, und im Hintergrund Engel zu sehen. Trotz strömenden Regens blieb der Ort der Erscheinung trocken. Die Gestalten waren zwei Stunden lang klar und deutlich zu erkennen.

Die Wallfahrt

Die Kunde von den außergewöhnlichen Ereignissen führte eine große Zahl von Gläubigen aus allen Teilen des Landes herbei. Knock wurde zum Wallfahrtsort. Es ereigneten sich auch plötzliche Heilungen. Ähnlich wie in Lourdes wurde eine ärztliche Untersuchungskommission eingesetzt. Man legte die Aussagen der Augenzeugen schriftlich fest und übergab sie einer kirchlichen Kommission.

Schon im Frühjahr 1880 kam eine erste organisierte Wallfahrt zu dem neu erstandenen Gnadenort. In den 30er Jahren unseres Jahrhunderts blühte die Wallfahrt groß auf. 1935 gründete der Richter W. D. Coyne mit seiner Frau Judith die „Knock Shrine Society“, deren Mitglieder, Männer wie Frauen, sich um die Organisation der Wallfahrten, die Ordnung bei den Gottesdiensten und vor allem um die Betreuung der Kranken kümmern. Zum Jahrestag der Erscheinung 1939 kamen 50 000, 1954 eine Million und 1990 etwa zwei Millionen Pilger nach Knock, unter ihnen viele irische Emigranten.

Vom irischen Knock aus verbreitete sich auch die Idee des „Rosenkranzkreuzzuges“ zur Pflege dieses Gebetes in den Familien um die ganze Welt.

In den 70er Jahren entstand nahe der alten Pfarrkirche die moderne Wallfahrtskirche mit Umgang und einem spitzen Türmchen. Sie trägt den Titel „Maria Königin Irlands“. In der großen Wallfahrtsanlage finden sich eine Skulptur der Erscheinungsgruppe, die ein italienischer Künstler aus Carraramarmor fertigte, Kreuzwege, eine Beichtkapelle, ein Wallfahrtsmuseum und Pilgerunterkünfte. Anläßlich des Hl. Jahres 1954 wurde eine Statue der Hl. Jungfrau feierlich gekrönt. Zur Jahrhundertfeier 1979 war Papst Johannes Paul II. in Knock, erhob die Wallfahrtskirche zur Basilika und übergab die „Goldene Rose“.

Die Wallfahrtssaison dauert von April bis Oktober. Einmal im Monat werden unter strengem Schweigen und Fasten Nachtwachen gehalten, die um Mitternacht beginnen und mit einem feierlichen Gottesdienst am Morgen ausklingen.

Die Botschaft

Auch wenn bei der Erscheinung kein Wort gesprochen wurde, die Botschaft ist ein deutlicher Hinweis auf das Ziel des pilgernden Gottesvolkes, das durch Leiden und Kreuz und die Fürsprache Mariens zu erreichen ist. Die Verbindung von Maria als Miterlöserin und dem Meßopfer ist nicht zu übersehen.

Lit.: Rathgeber 405–406 – Weiß 141–145 – J. Walsh, Knock. The Shrine of the Pilgrim People of God, 1973 – R. Termolen, Wallfahrten in Europa, 1989, 120 – M. O. Caroll, Le santuaire de Knock, 1990 – M-Lexikon 3, 314

Aasebakken

Das Grundgesetz von 1849 garantiert in Dänemark die uneingeschränkte Religionsfreiheit. In dem Königreich mit seiner evangelischen Staatskirche leben heute etwa 30 000 Katholiken, darunter viele Ausländer wie Polen und Vietnamesen.

Vor Frue Kloster

Während des 2. Weltkrieges wurde ein Kloster der Benediktinerinnen von der Hauptstadt Kopenhagen in das etwa 30 Kilometer nördlich davon gelegene Aasebakken (sprich: Oseb*a*ken) bei Birkeröd verlegt. Die umgebaute Herrschaftsvilla in einer naturgeschützten Landschaft birgt eine marianische Gnadenstätte.
Der katholische Bischof von Kopenhagen, Theodor Suhr, hat das Kloster unter den Schutz der Gottesmutter gestellt. Er schenkte den Ordensschwestern eine Marienstatue, die lange Zeit in der St. Ansgarkirche in Kopenhagen aufgestellt war. Die stehende Muttergottes trägt auf ihrem rechten Arm das unbekleidete Kind, das beide Hände zum Beter ausstreckt. Maria mit gewelltem, langem Haar und Krone hält in ihrer Linken die Weltkugel mit Kreuz. Die Holzfigur, wahrscheinlich eine Lübecker Arbeit aus dem 15. Jahrhundert, fand 1942 in der Klosterkapelle Aufstellung und wird als „Vor Frue of Aasebakken“ verehrt.

Die jährliche Mai-Wallfahrt

Obwohl es keine wundersamen Ereignisse gibt, entwickelte sich Aasebakken zu einem Zentrum der Marienverehrung, speziell für die Kopenhagener Katholiken.
Zum ersten Mal 1949, dem Jubiläumsjahr der Glaubensfreiheit, und seitdem jedes Jahr Ende des Marienmonats Mai ist Aasebakken Ziel einer Wallfahrt der Katholiken aus Seeland, Lolland, Falster und Bornholm sowie aus Südschweden. 1949 waren es 800, seit etwa 1960 sind es immer so um die 3000 Menschen, die im Familienverband, sogar mit ihren Kleinkindern, durch den Rude-Wald etwa sieben Kilometer nach Aasebakken ziehen. Nach einem feierlichen Gottesdienst mit dem Bischof und Geistlichen im Klosterpark bleibt die christliche Gemeinschaft zusammen zu einem zwanglosen und gemütlichen frokost-(kalte Speisen)-Mittagessen. Bevor die Pilger sich trennen, versammeln sie sich nochmals zu einer Marienandacht und dem feierlichen eucharistischen Segen. Die Marienfigur, die während des ganzen Tages neben dem Freialtar steht, wird zuletzt in einer kleinen Prozession in das Kloster zurückbegleitet.
Im Jahre 1989 besuchte Papst Johannes Paul II. Aasebakken, wo er mit etwa 13 000 Gläubigen einen Gottesdienst feierte.
In den letzten Jahren versuchen Gruppen Jugendlicher und auch Erwachsener in weiten Teilen Dänemarks den Tag der Mai-Wallfahrt in ihrer Pfarrgemeinde mit einer längeren Wanderung am

Vorabend und einer Nachtwache in ihrer Pfarrkirche zu feiern, um dadurch ihre Liebe zur Gottesmutter zum Ausdruck zu bringen.

Lit.: Kriss 139 – S. Rolven, Maria-valfart i og udenfor Danmark (Festschrift zur 25. Jahreswallfahrt nach Aasebakken), 1974 – M-Lexikon 2, 125

Aglona

Im Jahre 1202 weihte Bischof Albert von Livland das Land der Muttergottes. Wegen seiner vielen Marienkirchen und -kapellen wurde es „terra Matris“ (Land der Mutter) genannt. Doch in den Wirren der nachreformatorischen Zeit wurden alle Zeugnisse der Marienverehrung vernichtet. In der sog. Gegenreformation brachten Jesuiten aus Rom ein Marienbild zuerst nach Durpat, später nach Izvalta. Es fand große Verehrung, bis 1941 Kirche und Gnadenbild zerstört wurden.
Zu einem Wallfahrtsort bis heute konnte sich Aglona im östlichen Teil des Landes, im Gebiet Lettgallen, entwickeln.

Die Schwarze Muttergottes

Im Jahre 1699 kamen Dominikaner als Missionare in dieses Gebiet. Sie errichteten im Jahr darauf eine Holzkirche, die aber 1768 einem Brand zum Opfer fiel. Die heutige doppeltürmige barocke Wallfahrtskirche faßt bis zu 6000 Personen und erhielt 1780 die kirchliche Weihe.
In der Kirche wird als Gnadenbild eine „Schwarze Muttergottes“ verehrt, eine den östlichen Ikonen nachempfundene Mariendarstellung. Die dem Betrachter zugewandte sitzende Muttergottes hält rechts das Jesuskind und in der linken Hand eine Blume. Das Bild ist im 17. Jahrhundert entstanden und gilt als Kopie der wundertätigen Muttergottes von Trakai in Litauen. 1880 erhielten Mutter und Kind goldene Flachkronen. Um das Haupt Mariens ist ein Strahlenkranz mit zwölf Sternen angebracht, und ihre Kleidersäume sind mit Perlenketten verziert.

Die Wallfahrt

Die „Muttergottes von Aglona“ zog im 18. und 19. Jahrhundert jährlich bis zu 200 000 Menschen an. Es ist auch von Wunderheilungen berichtet. Dank einer heilkräftigen Quelle und des wundertätigen Gnadenbildes war Aglona bis in unser Jahrhundert eine lebendige Gnadenstätte für die Katholiken Lettlands.
Mit der sowjetischen Besetzung des Landes 1944 kam es zu schweren Behinderungen, so daß in den 50er und 60er Jahren die Wallfahrten nach Aglona praktisch zum Erliegen kamen. Erst die 200-Jahrfeier der Weihe der Wallfahrtskirche 1980 konnte wieder groß begangen werden. Papst Johannes Paul II. hat damals die Kirche zur „Basilika“ erhoben, und er besuchte im September 1993 den wiederaufblühenden Gnadenort.

Lit.: Kriss 138 – o. A., Das pilgernde Volk Gottes, Gnadenstätten in Osteuropa, 1986, 12–13 – G. B. Faresin, Maria Regina d'Europa, 1989, 55–58

Siluvà

Die kleine Ortschaft (sprich: schiluw*a*) in der Erzdiözese Kaunas liegt im östlichen Teil von Litauen, 19 Kilometer nördlich von Raseiniai. In dieser Gegend gibt es viel Wald (lat. silva = Wald). Der Ort besteht schon seit Anfang des 14. Jahrhunderts und birgt die bedeutendste Wallfahrtsstätte Litauens.

Die vergrabene Kiste

Im Jahre 1457 ließ der Grundbesitzer Petras Gedgaugas eine Kirche errichten, die auf den Titel „Maria Geburt" geweiht wurde. Die jährliche Feier dieses Festes am 8. September zog bald Menschen aus der ganzen Region an. Selbst Litauer aus dem preußischen Gebiet kamen nach Siluvà. Ebenso berühmt wurde das Marienbild in der Kirche, eine Kopie des Gnadenbildes von S. Maria Maggiore in Rom.

Nach 1532 erreichte die Welle der Reformation auch die Gegend von Siluvà. Mit dem Grundbesitzer Jonas Zavisa wurden viele protestantisch und die Kirche durch Brand zerstört. Vorher noch hatten einige Katholiken verschiedene liturgische Gegenstände und auch das Muttergottesbild in einer Metallkiste vergraben, um sie vor der Vernichtung zu retten. Es vergingen 70 bis 80 Jahre. Wo die katholische Kirche gestanden hatte, waren nun Äcker angelegt. Niemand wußte mehr genau, wo die Kiste vergraben war.

Maria weint

Nach 1588 konnten die Katholiken ihr kirchliches Eigentum zurückfordern.

1612 erschien die Gottesmutter Kindern, die am Ort der früheren Kirche Schafe weideten. Sie saß als junge Frau mit einem Kind auf dem Arm auf einem großen Stein und weinte. Einer der Jungen rief den protestantischen Lehrer, Salomon Grozijus, herbei. Dieser stellte der Erscheinung die Frage: „Junge Frau, warum weinst du?" Sie antwortete: „Ich weine, weil an diesem Ort, wo früher mein Sohn angebetet wurde, gepflügt und gesät wird." Danach verschwand sie.

Als die Nachricht von der Marienerscheinung sich verbreitete, kam der bischöfliche Beauftragte, P. Kazakevicius, nach Siluvà. Er traf einen erblindeten und schwerhörigen alten Mann, der zu ihm sagte, er wisse, wo die Kiste vergraben sei. Daraufhin konnte er plötzlich sehen, und die Kiste wurde gefunden. Sie enthielt neben dem Marienbild und einem kostbaren Meßgewand auch Dokumente über die Besitzverhältnisse. So konnten die Katholiken einen Prozeß gewinnen und, freilich erst 1622, ihre Besitzungen zurückerhalten.

Die Wallfahrt

Die Marienerscheinung zog viele Menschen nach Siluvà. Sie schmückten den großen Stein mit Blumen, beteten davor und sangen religiöse Lieder. 1663 wurde eine Kapelle errichtet mit dem Altar über dem großen Stein. Der Präpositus von Siluvà, Tadas Buhota, hatte aus London eine Statue der Muttergottes mit dem Jesuskind mitgebracht, die er über dem Altar aufstellte. 1912 – zum 300. Jubiläum der Erscheinung – wurde der Grundstein für die heutige Wallfahrtskirche im neugotischen Stil gelegt. Wegen des 1. Weltkrieges konnte sie erst 1924 geweiht werden. 1975 erhielt sie durch Papst Paul VI. den Ehrentitel Basilika.

Am Platz der alten Pfarrkirche war 1627 eine kleine Holzkapelle errichtet worden. Die heutige doppeltürmige Pfarrkirche im Stil des Spätbarock wurde 1786 geweiht. Die prachtvollen Figuren im Innern stammen von dem Künstler Podgaiskis aus Gardinas/Grodno.

Jedes Jahr kommen an den Marienfesten etwa 50 000 Menschen nach Siluvà. Besonders viele sind es an den sog. „schilinen Ablaßtagen", die bis heute eine Woche lang um das Fest „Maria

Geburt" (8. September) mit Gottesdiensten, Sakramentenempfang und Prozessionen gefeiert werden. Im September 1993 besuchte Papst Johannes Paul II. die Gnadenstätte von Siluvà.

Lit.: J. Ladame, Notre Dame de tout l'Europe, 1984, 201–204 – (Kleinschrift), Maria – die Mutter Gottes in Litauen, 1988, 4–13 – M-Lexikon, Bd. 6

WILNIUS

Ausros Vartai – Das Tor der Morgenröte

Durch die Heirat des litauischen Prinzen Jagellon 1386 mit der Thronerbin von Polen, der hl. Hedwig, fand in dem Land an der Ostsee der katholische Glaube Eingang. Der spätere Papst Pius XI. nannte Litauen „das Land Mariens". Jede 4. Kirche ist der Muttergottes geweiht, und die Gnadenstätte über dem Ausros Vartai (poln.: Ostra Brama)-Tor ist ein litauisches Nationalheiligtum.

Das Marienbild über dem Stadttor

Anfang des 16. Jahrhunderts wurde die Stadt mit einer Schutzmauer umgeben und über jedem der vier Tore ein Muttergottesbild aufgestellt. Gut 100 Jahre später übernahmen Karmeliter eine neue, 1652 geweihte Kirche in der Nähe des südöstlichen Tores „der Morgenröte" und schenkten dem Marienbild über ihrem Tor besondere Aufmerksamkeit. Als zudem noch nach dem Angriff der Moskowiter und einem 17 Tage währenden verheerenden Stadtbrand im Jahre 1655 das Marienbild unversehrt blieb, zog es Verehrer an.
Nach einem erneuten Brand 1706 bauten die Karmeliter über dem Tor für das Bild eine

Kapelle. Hier versammelten sich fortan jeden Nachmittag Gläubige, um mit den Mönchen die Lauretanische Litanei zu singen. 1830–40 errichtete man daneben einen großen Saal, damit die Gläubigen an den Meßfeiern in der Torkapelle teilnehmen konnten. 1844 zerstörten die Russen die Stadtbefestigung und vertrieben die Karmeliter, doch verschonten sie das „Tor der Morgenröte" mit Rücksicht auf das allgemein verehrte Marienbild.

Die „Mutter der Barmherzigkeit"

Nach Meinung der Experten reicht das Gnadenbild in das 15./16. Jahrhundert zurück. Maria ist auf Eichenholzbrettern in Halbfigur gemalt, die Arme über der Brust gekreuzt, das Haupt von

Strahlen umgeben leicht nach rechts geneigt, die Augenlider halb geschlossen.
Heute ist das Bild auf der Stadtseite durch ein Fenster über dem Tor zu sehen. Ein Silberbeschlag läßt nur Gesicht und Hände der Madonna frei. Davor ist eine große schmale Mondsichel angebracht. Das Bild gilt als wundertätig. Zwischen 1671 und 1761 sind siebzehn Wundertaten getreulich aufgezeichnet. Ein Chronist berichtet z. B., ein Kind war aus dem 2. Stock eines Hauses gefallen und wie tot liegengeblieben. Doch als seine Mutter vor dem Gnadenbild um das Leben des Kindes bat, wurde es ihm wiedergeschenkt. Seit 1668 ziehen die Bischöfe am Tag ihrer Weihe in einer Prozession zum Torturm, um sich den Segen der Gottesmutter zu erbitten. Die Gnadenstätte wurde mit den Jahren zur Nationalwallfahrt des litauischen Volkes. Die Akademie von Wilna wählte die Gottesmutter von Ausros Vartai zu ihrer Patronin. Dichter und Musiker verbreiteten ihren Ruf durch Gesänge und Litaneien.
1927 wurde das Gnadenbild im Auftrag von Papst Pius XI. gekrönt und ihm der Titel „Mutter der Barmherzigkeit" verliehen. Vorher hatte man die Kapelle und auch das Bild restauriert. Zwischen den acht Brettern, auf die es gemalt ist, hatten sich Risse gezeigt.

Die Verehrung in den letzten Jahrzehnten

Nach dem 2. Weltkrieg nahm die Wallfahrt zu U. L. Frau von Wilna stark zu. Nicht nur bei den täglichen Meßfeiern, sondern auch tagsüber erklingen Litaneien und mit Inbrunst gesungene Lieder zu Ehren Mariens. Aus der ganzen Region ziehen Pilgergruppen zum Heiligtum. In der Zeit der sowjetischen Besetzung, wo Wallfahrten verboten waren, knieten die Menschen auf den Bürgersteigen nieder. Nun sind die Straßen, die zur Gnadenstätte führen, Fußgängerzone. Und die Vorübergehenden, auch Nichtkatholiken, entblößen zum Zeichen ihrer Verehrung ihr Haupt.
Die Muttergottes über dem Stadttor gilt als „Schutzpatronin der Stadt", als „Gefäß der Weisheit" und als „Fürstin Litauens". Dreimal im Jahr strömen aus ganz Litauen die Pilger zum „Tor der Morgenröte": am 3. Sonntag nach Ostern, an Pfingsten und am 22. November, dem Fest der „Mater misericordiae". Im September 1993 besuchte Papst Johannes Paul II. die Gnadenstätte.

Lit.: Kriss 135–137 – Rathgeber 173 – J. Ladame, Notre Dame de tout l'Europe, 1984, 185–188 – Atlaidai, Lithuanian pilgrimages, 1990

Dietrichswalde
Heiligenlinde
Philippsdorf
Mariaschein
Czenstochau
Albendorf
Pribram
Klatovy
Krakau
Levoca
Sastin
Marianka
Mariapocs
Mariabesnyö
Andocs
Cluj
Mariagyüd
Mariaradna

OSTEUROPA

Polen
Tschechische Republik
Slowakei
Ungarn
Rumänien

Gietrzwald / Dietrichswalde

Nur 20 Kilometer von Olsztyn/Allenstein (Diözese Ermland) entfernt, liegt in einem lieblichen, waldumkränzten Tal die Gnadenstätte, auch „ermländisches Lourdes“ genannt.

Das Gnadenbild

Die Dorfkirche aus dem Ende des 15. Jahrhunderts ist auf den Titel „Mariä Geburt“ geweiht. Eine 1505 erstmals erwähnte Statue der Muttergottes mit dem Kind und einem von Engeln gehaltenen Schriftband „Ave regina caelorum ave domina angelorum“ auf dem Hochaltar der Kirche wird als Gnadenbild verehrt. Es wurde 1717 im Auftrag des Papstes feierlich gekrönt.

Die Erscheinungen

Zwischen dem 27. Juni und 16. September 1877 ist vor der Dorfkirche der 13jährigen Justina Schaffrinski, der 12jährigen Barbara Samulowski und einige Male auch zwei älteren Frauen die Hl. Jungfrau über einem Ahornbaum schwebend erschienen und hat zum Beten des Rosenkranzes aufgefordert.
Es entwickelte sich eine Wallfahrt, die an Werktagen bis zu 6000 und sonntags ca. 10 000 Pilger nach Dietrichswalde führte. Von Gebetserhörungen, wundersamen Heilungen und Bekehrungen ist berichtet. Bei der letzten Erscheinung kamen etwa 50 000 Menschen, auch aus dem damals russischen Teil Polens, aus Westpreußen und Galizien zusammen. Dabei wurde eine Marienstatue für die kleine Kapelle geweiht.
Die zwei Mädchen wurden von mehreren Geistlichen getrennt befragt, vom zuständigen Bischof Philipp Krementz beobachtet und sogar einer ärztlichen Untersuchung unterzogen. Obwohl nichts gegen die Glaubwürdigkeit der Kinder sprach, erfolgte keine kirchliche Anerkennung der Erscheinungen.
Wegen der großen Zahl der Pilger wurde die Kirche 1882/83 durch Anfügen eines Querschiffes und einer neuen Apsis erweitert und mit Darstellungen der fünfzehn Rosenkranzgeheimnisse ausgeschmückt. 1909/10 entstand ein Pilgerhaus.
Selbst in der Zeit des Nationalsozialismus kamen z. B. im Jahre 1936 20 000 Pilger zu diesem ermländischen Gnadenort. Nach dem 2. Weltkrieg übernahmen polnische Geistliche die Wallfahrtsseelsorge. 1977 führte die Jahrhundertfeier der Erscheinungen etwa 200 000 Menschen an der Gnadenstätte zusammen, darunter war auch der Kardinal Karol Wojtyla, der spätere Papst Johannes Paul II. Erst jetzt wurden die Erscheinungen kirchlich anerkannt.

Das Heiligtum

Die Marienkirche bietet sich als Ziegelbau mit spitzem Turm im neugotischen Stil dar. Auf der Decke des Langhauses ist Maria als Königin der Engel dargestellt. Vor der Kirche steht neben einem neu gepflanzten Ahornbaum, am Ort der Erscheinungen, ein Kapellchen mit einer Figur der Jungfrau Maria, die ihre Hand segnend erhebt. Hinter der Kirche führt der Weg in die nahe Talsohle zu einer Quelle. Dort ist ebenfalls eine Statue der segnenden Maria aufgestellt.
Auch heute noch beten die Wallfahrer, was auf der alten Glocke der Kirche eingraviert ist:

> „Hilf Gott, Maria berot unde wende ille unser Not!“
> Hilf, o Gott! Maria berate und wende all unsre Not!

Lit.: Ch. Schreiber, Wallfahrten durch das deutsche Land, 1928, 103 – Ermlandbrief, hrsg. vom Apost. Visitator Ermlands, Münster, 1952–1978, Nr. 22, 81, 83, 119, 121, 122, 125 – J. Oblak, Gietrzwald, 1979 – M-Lexikon 2, 194

Swieta Lipka – Heiligenlinde

Im Gebiet der masurischen Seenplatte im Norden Polens (Diözese Ermland, bis 1945 Ostpreußen) fließt ein Bächlein aus dem Wirbelsee durch das von bewaldeten Anhöhen umrahmte Tal der Linde in den südlich gelegenen Denausee. Hier befindet sich das Marienheiligtum Heiligenlinde.

Legenden

Wohl schon in vorchristlicher Zeit gab es hier ein Baumheiligtum, das in christlicher Zeit durch eine an einer Linde aufgestellte Marienfigur ersetzt wurde. Die Überlieferung weiß von einem in Rastenburg zum Tod verurteilten Verbrecher, der in der Nacht vor seiner Hinrichtung eine Marienerscheinung hatte und daraufhin ein Figürchen der Muttergottes mit Kind schnitzte. Er wurde deswegen freigesprochen und stellte die Statue an einem Lindenbaum am Weg auf.
Zu einer Wallfahrt wurde der Ort, als beim Litauereinfall 1311 der Marschall des Deutschen Ordens Heinrich Plötzke auf den mit gefesselten Christen, darunter Mädchen, abziehenden litauischen Großfürsten Witen einen Überfall machte und die Gefangenen befreite. Die Legende verlegt den Ort der Befreiung in die Wildnis der „heiligen Linde".

Geschichte

Um die verehrte Figur vor schädlichen Witterungseinflüssen zu schützen, wurde eine Kapelle um die Linde errichtet. Seit 1482 ist ein Priester Seelsorger an der Kapelle. In der Zeit der Reformation bewegte sich 1524 ein Pöbelhaufen auf Heiligenlinde zu, zerstörte die Kapelle bis auf die Grundmauern, fällte die Linde und warf die Muttergottesfigur in den Wirbelsee. Trotz eines Verbotes kamen Menschen, oft nachts, zur verwüsteten Gnadenstätte.
1605 gelangte der Grundbesitz um die Linde an den protestantischen Landvogt Otto von der Groeben, der, als die Menschen wieder zum katholischen Glauben zurückkehrten, ein eifriger Förderer der neu aufblühenden Wallfahrt wurde. Der Sekretär des polnischen Königs, Stephan Sadorski, ließ 1618 eine neue Kapelle errichten. Der belgische Maler Bartholomäus Pens schuf in Wilna eine Muttergottes-Ikone, die 1640 in der Kapelle Aufstellung fand.
Nach dem Dreißigjährigen Krieg schwoll der Strom der Wallfahrer mächtig an. Jesuitenpatres übernahmen die Betreuung der Wallfahrt (bis 1780 und seit 1932 wieder). 1687 erfolgte die Grundsteinlegung der heutigen Wallfahrtskirche im barocken sog. Jesuitenstil. 1693 wurde das Gotteshaus geweiht. Die Innenausstattung und die Fertigstellung der Gesamtanlage zog sich bis 1730 hin. 1983 wurde die Kirche zur Basilika erhoben.

Die Wallfahrtskirche

Durch das „Grüne Tor" mit einer figürlichen Darstellung der Verkündigung an Maria darüber betreten wir den Innenhof, der rechteckig das Gotteshaus umschließt und von Kolonnaden begrenzt wird. Über den Bogengängen sind Statuen und an den Innenwänden Fresken aus der Heilsgeschichte. Von den vier kuppelüberwölbten Eckkapellen ist die linke vordere mit Malereien in der Kuppel zu den acht Seligkeiten besonders sehenswert.
In der Mitte der reich gegliederten Kirchenfassade mit den beiden Spitztürmen befindet sich zwischen zwei Bogenfenstern eine Säulenfigur der Gottesmutter mit dem Jesuskind, umgeben von einem Laubgebilde, die „hl. Linde" darstellend.

Der Innenraum mit dem hohen Mittelschiff, den niedrigen Seitenschiffen und Seitenkapellen ist mit barockem Zierat ausgeschmückt. Bei einem Rundgang begegnen dem Betrachter an den Deckenfresken und auf Altargemälden Szenen aus dem Alten und Neuen Testament. Zentrum der Kirche ist der Hochaltar (1712), der die ganze Vorderwand ausfüllt. Ganz oben ist strahlen- und wolkenumgeben das Christusmonogramm „IHS" zu sehen. Von den drei übereinanderliegenden Altarbildern zeigt das oberste die Himmelaufnahme Mariens, das mittlere Mariä Heimsuchung (Kirchenpatrozinium) und über dem Tabernakel die Muttergottes-Ikone, die 1790 hierher übertragen wurde. Kunstvoll geschmiedete Silberflächen lassen nur die Gesichter und Hände von Maria und dem Kind frei. 1968 wurde das Bild von Kardinal Stefan Wyszinski gekrönt.
Im Hauptschiff befinden sich an der Nordseite, am legendären Platz der Linde, ein Holzstumpf mit Metallblättern, eine Marienfigur (1728) und viele Votivgaben.

Die Wallfahrt

Nach den Notzeiten der napoleonischen Kriege und der Säkularisation erlebte die Wallfahrt eine neue Blüte. Seit Ende des 2. Weltkrieges betreuen polnische Jesuiten die Gnadenstätte, zu der jährlich ca. 200 000 Pilger aus ganz Polen, viele auch aus Deutschland und anderen Ländern kommen.

Lit.: G. Reifferscheid, Heiligenlinde. Schönste Barockkirche Ostpreußens, 1982 – J. Poklewski, Swieta Lipka, 1986 – M-Lexikon 3, 102–103

Czenstochau

Heiligtum der „Schwarzen Madonna"

Von Breslau nach Osten, von Krakau nach Nordwesten weisen Straßen und Schienen zur Industriestadt Czenstochowa am Fluß Warthe. Im Westen der Stadt führt ein Pilgerweg eine Birkenallee aufwärts zum 292 m hohen Hügel, der Jasna Gora, dem „Hellen Berg". Schon von weitem grüßt der schlanke, hohe Glockenturm. Wie bei einer mittelalterlichen Burg kommt man durch Wehranlagen zu diesem großen nationalen und europäischen Marien-Wallfahrtsort.

Geschichte

Im Jahre 1382 stiftete der schlesische Herzog Wladislaw von Opeln hier ein Kloster und rief Paulinermönche aus Ungarn, die das Heiligtum bis heute betreuen. Die Mönche stellten eine Muttergottes-Ikone, die der Herzog aus der Stadt Belz mitgebracht hatte, in die kleine Klosterkirche. Es ist das heutige Gnadenbild.
Nicht wegen auffallender Wunderzeichen wie an den meisten anderen Wallfahrtsorten zog es die Menschen zunehmend nach Czenstochau, sondern weil in Krisenzeiten der polnischen und europäischen Geschichte die Gottesmutter sich als Helferin erwies. Im Jahre 1430 drang eine hussitische Bande bis zur Marienkapelle vor, hieb auf das Gnadenbild mit Säbeln ein und warf es zu Boden, so daß es in drei Stücke zersprang. Im Auftrag des Königs Wladislaw Jagiello wurde das Bild in Krakau restauriert, d. h., man übermalte es und ritzte die Zeichen der Schändung auf der rechten Wange Mariens nach. In feierlicher Prozession wurde das Gnadenbild auf den „Hellen Berg" zurückgebracht. In den folgenden Jahrzehnten stieg die Zahl der Wallfahrer derart,

daß die Marienkapelle erweitert werden mußte. 1619 entstanden die Festungsanlagen um die Kirche. Schon wenige Jahre später rückte ein schwedisches Heer an. Nur eine Schar Soldaten und die Mönche verteidigten 40 Tage lang die kleine Festung gegen eine feindliche Übermacht. Die Schweden zogen ab, und dies wurde der Hilfe der Gottesmutter zugeschrieben. Der polnische König Johannes Kasimir weihte 1656 sich und seine Nation „Unserer Lieben Frau, der Königin von Polen". Berühmt wurde auch das Bittgebet von König Sobieski vor dem Gnadenbild, bevor er nach Wien zog und 1683 das Abendland vor den Osmanen rettete.
Der gute Ausgang der polnischen Teilung (1795–1918), ein vergeblicher Angriff russischer Bolschewiken 1920 – man sprach vom „Wunder an der Weichsel" – und das Ende der Nazi-Besetzung machten Czenstochau zum geistigen und religiösen Zentrum des polnischen Volkes.

Das Gnadenbild

Wenn heute die Pilger in Bussen ankommen oder als Fußwallfahrer den Jasna Gora hinaufgehen, werden sie förmlich vom Gnadenbild der „Schwarzen Madonna" angezogen, vor dem Erwachsene, Jugendliche und Kinder sogleich auf die Knie sinken.
Der Legende nach geht das Bild auf den hl. Lukas zurück, der es auf den Tisch des Hauses in Nazaret gemalt haben soll. Die Kunstkritiker ordnen es dem Ikonentyp der Hodegetria (Wegweiserin) zu. Möglicherweise ist es in Kalabrien, einem Zentrum byzantinischer Kunst, zwischen dem 6. und 9. Jahrhundert entstanden.
Das Gnadenbild (120 × 82 cm, auf eine Holztafel mit Temperafarben gemalt) stellt Maria in Halbfigur dar mit ernstem, dem Betrachter zugewandtem Gesicht. Mit der rechten Hand zeigt die Mutter zum Kind auf ihrem linken Arm. Dieses hebt die rechte Hand zum Segen und hält das Evangelienbuch in seiner Linken. Die Häupter Mariens und des Kindes umfängt ein goldener Nimbus, während der Hintergrund grün gehalten ist. 1717 wurde das Bild von Papst Klemens XI. mit Kronen geschmückt, nach einem Raub 1909 ließ Papst Pius X. die Kronen erneuern.
Seit der Barockzeit ist das Bild bekleidet. Neben dem Diamanten- und dem Korallenkleid ist das „Kleid der Treue" erwähnenswert, das, 1966 angefertigt, mit Rubinen und Eheringen bedeckt ist.

Das Heiligtum

Das Gnadenbild befindet sich über dem Altar der Marienkapelle. Diese wurde Anfang des 14. Jahrhunderts im gotischen Stil errichtet und im 17. Jahrhundert barock ausgeschmückt. Die Kapelle ist heute durch ein Gitter abgegrenzt und dient als Presbyterium. Mitte des 17. Jahrhunderts wurde ein dreischiffiger Erweiterungsbau mit fünf Altären der Kapelle vorangestellt. Die Wände sind bedeckt mit Weihetafeln und -geschenken.
Seitlich damit verbunden ist die große Hl.-Kreuz-Kirche. Nachdem ein gotischer Vorgängerbau 1690 durch einen Brand zerstört worden war, wurde zwischen 1692 und 1728 das dreischiffige Gotteshaus im Barockstil errichtet. 1906 erhielt die Kirche den Titel einer Basilika.
Um diese Kirchenräume gruppieren sich Sakristei, Kreuzgang und Beichtraum, ferner Schatzkammer und Museum, ein Mariensaal für Ausstellungen und die Klostergebäude. Von dem 106 m hohen Turm, 1906 in der heutigen Form errichtet, ertönen alle 15 Minuten von 36 Glocken und Glöckchen marianische Melodien.
An der Stadtseite dient ein weiter Platz mit Freialtar-Anlage für große Gottesdienste. An etwas tiefer gelegenen Devotionaliengeschäften vorbei führt der Weg durch vier Tore ins Heiligtum. Entlang der Mauer laden in den Festungs-

gräben 1913 aufgestellte Kreuzwegstationen mit Bronzefiguren zum Beten und Meditieren ein.

Die Wallfahrt heute

Das Marienheiligtum von Czenstochau erlebt in den letzten Jahrzehnten eine neue Blüte. Beim ersten Besuch des polnischen Papstes Johannes Paul II. 1979 trafen mehr als drei Millionen Menschen mit ihm hier zusammen. Zum nationalen Wallfahrtstag, dem 26. August, kommen jedes Jahr Hunderttausende nach Czenstochau. Es gibt Wallfahrten der Bauern und Arbeiter, der Studenten und Lehrer, der Eisenbahner, Ärzte und Anwälte, von Soldaten und Polizisten, Bischöfen und Kirchenvertretern. Eine Kopie des Gnadenbildes wanderte in den letzten Jahrzehnten durch alle Pfarreien und Ordenshäuser und viele Familien des Landes.
Neben den Polen und den Pilgern aus Westeuropa sind die Slowaken, Ruthenen, Schlesier, Tschechen, Ungarn, Letten und Litauer besonders vertreten. Schön ist es, wenn diese Wallfahrer in ihren malerischen Trachten zum Heiligtum ziehen und vor dem Gnadenbild ihre Marienlieder mehrstimmig und voll Innigkeit singen.
Jeden Abend um 21 Uhr laden die Glocken zum Abendgebet vor dem Gnadenbild. Dabei wird eine Marienhymne, über Jahrhunderte die Nationalhymne Polens, gesungen, und alle Anwesenden bekennen sich zu dem Aufruf:

> „Maria, Königin Polens, ich bin bei dir;
> ich halte dich in Erinnerung; ich bleibe wachsam!"

Ergreifend ist, wenn zum Abschluß das Gnadenbild verschlossen wird, der „Abschied der Mutter", wie der Pole schlicht und gläubig sagt.

Lit.: Kriss 131–133 – Rathgeber 139–143 – o. A., Jasna-Gora-Pilger, Wallfahrt nach Czenstochau, 1986 – J. Pach, Jasna Gora, Heiligtum der Mutter Gottes, 1991 – M-Lexikon 2, 120–121

Krakau: Johanniskirche

Die Stadt Krakau, Sitz eines Erzbischofs, war bis 1596 Haupt- und Residenzstadt der polnischen Könige. Nur zwei Straßenzüge vom Marktplatz mit der großen Marienkirche und dem berühmten Flügelaltar von Veit Stoß entfernt liegt die Johanniskirche, heute Klosterkirche der Schwestern von der „Darstellung des Herrn" (Prezentek) mit angegliederter Mädchenschule.

Das Gnadenbild

Von einem Vorgängerbau aus dem 12. Jahrhundert sind noch die Krypta und Mauerteile im

Fundament der heutigen Barockkirche aus dem 17. Jahrhundert erhalten.
Über dem Altar befindet sich ein wundertätiges Gnadenbild, die Hl. Muttergottes „Swietojanska", d. h. „vom Loskauf der Gefangenen". Das Ölgemälde auf Lindenholz stammt aus dem Beginn des 16. Jahrhunderts und weist charakteristische Merkmale der Gotik und Renaissance auf. Die Muttergottes mit dem Jesuskind auf dem linken Arm, beide dunkel gekleidet, hält mit zwei Fingern ihrer rechten Hand eine Blumenknospe (Kleeblatt?). Den goldenen Hintergrund des Bildes füllen gepreßte Ornamente.
Nach der Tradition wurde das Gemälde von Herzog Stanislaus Radziwit dem Frommen der Kirche geschenkt.

Geschichte

Im Laufe der Jahrhunderte geschahen viele Wunder. Das erste aus dem Jahr 1633 betrifft einen zum Tod verurteilten Gefangenen, dem, als er die Hilfe der Gottesmutter anrief, die Handschellen zu Boden fielen. Sie sind bis heute in der Kirche zu sehen. Dieses Ereignis führte viele Hilfesuchende hierher. Am 23. Februar 1684 zog König Johannes III. Sobieski zu dieser Kirche, eben als er aus Wien zurückgekehrt war, um für den Sieg im Jahre 1683 über die Türken der Gottesmutter zu danken.
Die Krönung des Bildes mit Flachkronen aus Edelmetall für Mutter und Kind vollzog Karol Wojtyla am 9. Mai 1965, dem Tag seines Amtsantritts als Erzbischof von Krakau. Er, der auch als Papst Johannes Paul II. in seinem Wappen neben dem Kreuz das „M" für Maria führt und das „Totus tuus" zu seinem Lebensmotto machte.

Wallfahrt

Die Kirche wird nicht nur von Gläubigen aus Krakau und ganz Polen, sondern auch von Pilgergruppen aus dem Ausland, z. B. Deutschland, aufgesucht, um vor dem geschichtsmächtigen Gnadenbild zu beten.

Lit.: B. Suchodolski, Geschichte der polnischen Kultur, 1986 – J. Bentchew u. a., Polen, 1990, 405–456 – M-Lexikon 3, 657

Albendorf, poln. Wambierzyce

In der Grafschaft Glatz in Niederschlesien gelegen, war Albendorf über Jahrhunderte einer der großen Wallfahrtsorte Schlesiens.

Entstehungslegenden

Um 1200 hatte der Grundherr dieser Gegend an einer alten Linde eine Marienerscheinung und ließ daraufhin eine kleine Statue der Muttergottes mit dem Kind schnitzen und an dem Baum anbringen. Nach seinem Wunsch wurde er auch hier begraben.
Ein alter blinder Mann ließ sich jeden Tag hierher bringen und am Abend von seiner Tochter wieder abholen. Eines Tages stieß er an den Baum, fiel hin und konnte plötzlich die Muttergottesstatue sehen. Er war geheilt. Die Kunde davon verbreitete sich rasch, und Beter strömten herbei. 1218 wurde ein einfacher Altar an der Linde aufgestellt. Krücken, Stelzfüße, Hand- und Fußschellen hingen Geheilte zum Dank an den Lindenbaum. Beim Bau einer Holzkapelle sollen Engel das Dach zu Ende gedeckt haben.

Geschichte

Das Aufkommen einer Wallfahrt ist für das 14. Jahrhundert bezeugt. In der Zeit der Hussitenstürme wurde 1467–73 die Kapelle geschlossen und das Wallfahren verboten. 1512 ließ Herr von Pannwitz neben der Linde einen steinernen Kirchenbau errichten und das verehrte Gnadenbild über dem Altar aufstellen. Als in der Zeit der Reformation der Grundherr die lutherische Lehre annahm und Prediger anstellte, hielten die Bewohner von Albendorf am katholischen Glauben fest. Das Gnadenbild blieb erhalten. 1678 trat beim Reinigen des Kirchplatzes zum Fronleichnamsfest eine Quelle zutage. Eine sterbenskranke Frau verlangte nach dem Wasser und wurde gesund. Als im Jahr darauf noch seltsame Lichterscheinungen über der Kirche zu sehen waren, blühte die Wallfahrt neu auf. Das Wasser aus dem „Marienbrunnen" gilt bis heute als heilkräftig.
Der Freiherr Daniel P. von Osterberg ließ um 1695 eine dreischiffige Kirche errichten. Wegen des schlechten Baumaterials wurde sie wieder abgerissen und mit nur einem Schiff neu aufgebaut und 1710 geweiht. Osterberg ließ auch auf einem gegenüberliegenden Hügel Erinnerungsstätten an Jerusalem errichten: zwölf Tore, 95 Kapellen, Nachbildungen der Teiche Siloe und Bethesda, den Kalvarienhügel und das Grab Christi. Deswegen bezeichnete man Albendorf auch als das „Schlesische Jerusalem".
1715 ging Albendorf an den Grafen Franz Anton von Goetzen, der 1716–21 die breite Stiege und die heutige barocke Wallfahrtskirche erbauen ließ. In der Folgezeit stand die Wallfahrt in voller Blüte.

Die Wallfahrtsstätte

Über der sog. hl. Stiege mit 33 und 15 Stufen, die manche Pilger kniend zurücklegen, erhebt sich die breite und mächtige Fassade der Wallfahrtskirche. In überdachten Gängen des Kreuzgangs stellen lebensgroße Figuren Szenen aus der Kindheit Jesu und aus dem Marienleben dar.
Im Kircheninnern wölbt sich über einem Oval eine hohe Kuppel. Durch die Kuppellaterne mit einer Darstellung der Krönung Mariens strömt das Licht in den Raum. Über dem Tabernakel des mit goldenem Zierat geschmückten Hochaltares befindet sich in einem Schrein das hochverehrte Gnadenbild. Die stehende Muttergottes hält in der linken Hand einen Apfel und auf ihrem rechten Arm das Jesuskind, das ein Täubchen trägt. Über der Krone Mariens sind Strahlen in Kreuzesform zu sehen (Zedernholz, nur 27 cm groß, 14. Jahrhundert).

Die Wallfahrt

Die Gnadenstätte wurde von Sudetendeutschen und Tschechen in gleicher Weise aufgesucht. Um 1900 waren es bis zu 150 000 Pilger im Jahr. 1936 erhielt die Kirche den Ehrentitel „Basilika".
Seit 1946 gehört das Gebiet zu Polen. 1972 wurde Albendorf vom Erzbistum Prag gelöst und dem Erzbistum Breslau zugeteilt. Heute kommen neben Polen, Tschechen und Slowaken auch wieder deutsche Pilgergruppen nach Albendorf. Hauptwallfahrtstage sind Maria Heimsuchung (2. Juli) und Maria Geburt (8. September).

Lit.: E. Zimmer, Geschichte von Albendorf, 1926 – R. Sitka, Die Gnadenorte der Sudetenländer, 1954, 153–159 – Rathgeber 203 – M-Lexikon 1, 78–79

Filipov – Philippsdorf

„Das böhmische Lourdes“

Der Ort (Pfarrei Jiříkov-Georgswalde, Diözese Leitmeritz) liegt unmittelbar an der Grenze zu Sachsen. Von Bautzen in südlicher Richtung und bei Varnsdorf über die Grenze führt der Weg wenige Kilometer über Rumburk nach Norden. Vor der Vertreibung der deutschen Bevölkerung war Philippsdorf die bedeutendste Wallfahrtsstätte des Sudetenlandes.

Die Erscheinung der Hl. Jungfrau

In der Stube des strohgedeckten Holzhäuschens Philippsdorf Nr. 63 standen zwei Webstühle und ein altes Bett für Magdalena Kade (geb. 1835), die seit ihrem 19. Lebensjahr schwer erkrankt war. Sie litt an Lungen- und Gehirnhautentzündung, verlor zeitweise das Bewußtsein, und auf ihrer Haut bildeten sich eiternde Geschwüre. Die Ärzte erklärten sie für unheilbar, und sie empfing die Sterbesakramente.
Am 13. Januar 1866 gegen vier Uhr morgens liegt die Kranke völlig wach. Ihre Freundin Veronika, die sie betreut, ist eingeschlafen. Da durchflutet plötzlich ein heller Schein die Stube, und in dem Licht erscheint am Fußende des Bettes eine Frauengestalt im bodenlangen Gewand mit einer gelben Krone auf dem Haupt, die eine Hand an der Brust, die andere nach unten gestreckt. Die Kranke ruft: „Die Muttergottes!“ Ihre Freundin wacht auf, sieht aber nichts. Da spricht die Gottesmutter die Worte:

> „Mein Kind, von jetzt an heilt’s!“

und die Lichtgestalt entschwindet. Magdalenas Bruder und dessen Frau werden gerufen und finden sie frisch und geheilt. Die eiternden Wunden sind verschwunden. Magdalena kann gesund aus dem Bett steigen.

Eine Wallfahrt entsteht

Die Kunde von der Krankenheilung verbreitete sich rasch. Zwar versuchten Gottesleugner und eine kirchenfeindliche Presse, das Ereignis lächerlich zu machen – sogar ein Stein wird durchs Fenster in die Stube geworfen –, aber viele Gläubige, darunter Leidende und unheilbar Kranke, eilen nach Philippsdorf, und eine große Anzahl von ihnen kehrt gesund zurück.
Die Stube, Tag und Nacht mit Betern gefüllt, wird bald zu einer Kapelle umgestaltet. Der Kaplan Franz Storch von Georgswalde schrieb alle Heilungen gewissenhaft auf und konnte bald neun Hefte veröffentlichen. Der Ruf der neuen Gnadenstätte verbreitete sich über die Landesgrenzen hinaus, so daß aus vielen Ländern Europas und sogar aus Nordamerika Pilger kamen.

Die Wallfahrtskirche

Unter großem Einsatz des Kaplans und nach einem kostenlosen Bauplan des Wiener Architekten Franz Hutzler entstand 1870/85 ein Gotteshaus im neuromanischen Stil. 1885 wurde die Betreuung der Wallfahrer dem Redemptoristenorden anvertraut.
Heute erhebt sich auf einem freien Platz inmitten von Philippsdorf die prächtige Wallfahrtskirche mit zwei hohen spitzen Türmen. An der linken Seite, wo einst das Häuschen stand, ist die Gnadenkapelle angebaut. Im Innern ist auf einem weißen Marmorstein und mit der Aufschrift „Mein Kind, von jetzt an heilt’s!“ die Stelle der Erscheinung bezeichnet. Darüber erhebt sich ein Altar mit einer Statue der Jungfrau Maria aus Carraramarmor im langen faltenreichen Ge-

wand, nach Angaben der Geheilten angefertigt, darüber Engel, die eine Krone tragen, und darüber Gott-Vater und die Hl.-Geist-Taube. Auf dem Triumphbogen ist zu lesen: „Salus infirmorum“ (Heil der Kranken).
In der halbrunden Apsis der großen Wallfahrtskirche steht unter einem Baldachin eine überlebensgroße Muttergottesfigur mit blauen und roten Gewändern bekleidet, mit Krone und Zepter und dem weißgekleideten Jesuskind auf dem linken Arm. Dieses hebt segnend die Hand und hält mit der Linken die Weltkugel mit Kreuz. Die Statue wurde 1926 gekrönt und die Kirche zur Basilika erhoben.
Die geheilte Magdalena Kade lebte bis zu ihrem Tod (1905) in einem Haus nahe der Kirche, diente aus Dankbarkeit den Alten und Kranken und ist auf dem Ortsfriedhof beigesetzt.

Die Situation heute

Vor dem 2. Weltkrieg gehörte Philippsdorf zu den meistbesuchten Wallfahrtsorten Mitteleuropas. Für die heimatvertriebenen Sudetendeutschen ist und bleibt der Ort eine heimatliche Gnadenstätte. Seit der politischen Wende 1989 kommen wieder Besucher aus dem Ausland, darunter viele Wenden aus der Oberlausitz. In den Gottesdiensten erklingen auch wieder deutsche Marienlieder. Das Erscheinungsfest am 13. Januar wird jedes Jahr besonders gefeiert.

Lit.: Kriss 127–128 – R. Sitka, Die Gnadenorte der Sudetenländer, 1954, 10–21 – B. Beneš, 13. 1. 1866 Philippsdorf Filipov (deutsch und tschechisch), 1990 – M-Lexikon 5, 204

Mariaschein – Bohosudov

In Nordböhmen, am Fuße des Erzgebirges und nördlich der Stadt Teplitz (Diözese Leitmeritz), steht im Ort Bohosudov die Wallfahrtskirche, seit einem halben Jahrtausend eine heilige Stätte. Die ovale Ambiten-Anlage um die Kirche gilt als die schönste von ganz Böhmen.

Die Entstehung der Wallfahrt

Hier standen einst zwei Meierhöfe, die man „Scheune“ nannte. Davon dürfte sich der Name Maria „Schein“ herleiten.
In dieser Gegend kam es 1426 zu einer blutigen Schlacht zwischen katholischen Rittern und den Hussiten. Die Ritter wurden eingekesselt und etwa 300 von ihnen niedergemetzelt. Zur Erinnerung daran stellte man eine kleine Pietà-Figur „Maria im Elend“ zunächst an eine Linde, später in eine hier errichtete Kapelle.
Die Legende berichtet, Nonnen sind vor den Hussiten aus ihrem Kloster in Schwaz bei Bilin mit der Statue hierhergeflohen und haben sie in den Zweigen einer alten Linde versteckt. Eines Tages hat sich einer Magd aus dem nahen Ort Graupen beim Grasschneiden eine Schlange um ihren Arm geschlungen, die aber gegen den Baum zischte und wieder verschwand. Die Magd blickte nach oben und entdeckte das Figürchen. Den Fund meldete sie dem Pfarrer von Graupen. Unmittelbar neben der Linde fand die Figur zunächst in einer Hütte aus Zweigen Aufstellung.

Zur Geschichte

Menschen kamen und beteten vor dem Vesperbild, das später in einer wetterfesten Kapelle aufgestellt wurde. Doch bald machte die Menge

der Wallfahrer den Bau einer größeren Kirche notwendig. 1507 wurde der Kapelle ein gotisches Langhaus angefügt und die Figur in einem Häuschen an der Wand neben dem Altar angebracht. Gebetserhörungen von Pilgern bis aus Sachsen und Ungarn sind überliefert.
Während der Reformation waren Wallfahrten verboten. Doch 1584 übergab Kaiser Rudolf II. das Heiligtum an Herrn Georg Popel von Lobkowitz. Dieser umgab die Kirche mit einer Mauer mit sieben Kapellen, die sieben Schmerzen Mariens darstellend. 1587 übernahmen die Jesuiten die Gnadenstätte. Während des 30jährigen Krieges mußte das Gnadenbild mehrmals in Sicherheit gebracht werden.
Gegen Ende des 17. Jahrhunderts entstand anstelle der Umfassungsmauer ein herrlicher Ambiten-Umgang. Einige der sieben Kapellen wurden neu errichtet. Die jetzige im sog. Jesuitenstil des Barock reich ausgestattete Kirche ist 1702/06 entstanden. Die Zahl der Pilger nahm von Jahr zu Jahr zu, 1720 waren es 100 000.
Der Abschied der Jesuiten nach der Aufhebung ihres Ordens 1773 brachte für die Wallfahrt einen schweren Einbruch. Als 1782 Kaiser Franz Josef II. alle Wallfahrten verbot, mußten sämtliche Votivgaben und kostbaren Gegenstände von Mariaschein nach Prag gebracht werden. Dem Bemühen des Rektors Ferdinand Kindermann, dem späteren Bischof von Leitmeritz, ist es zu verdanken, daß die Kirche erhalten blieb.

Das Heiligtum

Wer durch das Haupttor die Gnadenstätte betritt, mag zunächst die Kirche umrunden, die sieben Kapellen besuchen und an den Wänden die Fresko-Bilder über die Entstehung der Wallfahrt und Gebetserhörungen betrachten. Aus einem Marienbrunnen, einem Rundbau mit Kuppeldach über einer Quelle, schöpfen die Pilger das als heilkräftig geltende Wasser.

Zentrum ist die herrliche Barockkirche mit einer großartigen Zweiturm-Fassade. Über dem Hauptportal ist eine stark vergrößerte Nachbildung des Gnadenbildes zu sehen, über das zwei Engel eine Krone halten. Im Innern ist die Fülle und Harmonie des Barock zu bewundern. Der Besucher geht an den drei Seitenkapellen auf jeder Seite vorbei nach vorne. Über dem Altartisch wölbt sich auf vier gewundenen Säulen ein Baldachin, der eine Weltkugel mit Kreuz darüber trägt.
Über dem Tabernakel in der Apsis thront in einem Glasschrein das Gnadenbild (nur 15 cm groß, aus Ton). Die rechte Hand des toten Heilands auf dem Schoß Mariens hängt zu Boden. Wegen drohender Schadhaftigkeit ist die Figur seit 1709 mit Goldblech überzogen. 1925 wurde

das Gnadenbild feierlich gekrönt und die Kirche zur Basilika erhoben. An den Wänden im Altarraum sind in Schränken Votivgaben ausgestellt.

Die Wallfahrt

Mariaschein ist ein gutbesuchter Wallfahrtsort. Zwischen den Festen Maria Geburt (8. September) und Schmerzen Mariens (15. September) wird eine Wallfahrtswoche gehalten. Seit der politischen Wende 1989 ist Mariaschein wieder vermehrt Ziel auch von ausländischen Pilgergruppen.

Lit.: R. Sitka, Die Gnadenorte der Sudetenländer, 1954, 29 – J. Blumrich / J. Zakl, Sudetenland – Marianisches Land, Bd. 2, 1986, 35–45 – M-Lexikon 4, 293–294

Příbram

Svatá Hora – Der heilige Berg

Etwa 60 Kilometer südwestlich von Prag liegt die Stadt (sprich: pschrībram), in der schon im 14. Jahrhundert Silber abgebaut wurde. Am südwestlichen Stadtrand erhebt sich der 586 m hohe „heilige Berg“ mit der bedeutendsten Marienwallfahrtsstätte der Tschechischen Republik.

Legenden

Bereits für das Jahr 1250 ist auf der Höhe eine Kapelle bezeugt, die aufgrund von seltsamen Lichterscheinungen errichtet wurde. Eine andere Legende besagt, ein Adeliger sei bei der Jagd von Räubern überfallen worden. Er rief die Muttergottes um Beistand an und versprach, auf dem Berg ihr zu Ehren eine Kapelle zu bauen. Und so geschah es.

Auch für das Gnadenbild gibt es eine Legende. Der Prager Erzbischof Ernest von Pardubitz († 1364) kam als Student einmal nach Glatz. Er bemerkte beim dortigen Gnadenbild, wie Maria ihren Kopf von ihm abwandte. Auf seine Bitten hin drehte die Figur ihren Kopf ihm wieder zu. Der Student brach daraufhin sein leichtfertiges Leben ab. Er soll eigenmächtig eine Kopie des Glatzer Gnadenbildes geschnitzt haben. Als Erzbischof stellte er diese in seinem Palais in Prag und später in seinem Schloß in Příbram auf. Nach seinem Tod kam die Statue in die Pfarrkirche und wurde in den Hussitenkriegen auf den „hl. Berg“ gerettet.

Wallfahrtsgeschichte

Im 14. Jahrhundert gab es auf dem Berg ein gotisches Kirchlein. Es wurde besonders von den Bergleuten der einstigen Silberbergwerke, aber auch von Müttern kleiner Kinder aufgesucht. Die Wallfahrt erlebte einen mächtigen Aufschwung, als 1632 der seit 13 Jahren erblindete Prohazka aus Prag hier sein Augenlicht wiederfand.
Im Dreißigjährigen Krieg wurde das Gnadenbild aus Sicherheitsgründen vorübergehend im Wald vergraben. 1647 übernahmen Jesuiten die Wallfahrtsseelsorge. Sie ließen nach einem Entwurf des Italieners Carlo Lurago zwischen 1661 und 1687 die heutige Wallfahrtskirche errichten. Im 18. Jahrhundert kamen über 200 000 Pilger nach Příbram, darunter auch viele aus Bayern. So waren Wallfahrtszüge aus dem Bayerwalddorf Frauenau zu dem 70 Kilometer von der Grenze entfernten Gnadenort im ganzen sieben Tage zu Fuß unterwegs.
Nach dem üblichen Rückgang durch die Aufklärung und die napoleonischen Kriege kam die Wallfahrt, seit 1861 von Redemptoristen betreut, wieder zur Blüte. Zu Anfang des 20. Jahrhunderts zogen jährlich mehr als 300 Prozessionen zum „hl. Berg".

Eine Perle der barocken Kunst

Von der Stadt führt eine überdachte Stiege auf die Anhöhe, ebenso eine Fahrstraße bis zum Parkplatz. Die heutige Kirchenanlage wirkt von außen wie eine Festung. Durch das reich mit Figuren geschmückte Prager Tor gelangt man in den Ambiten-Umgang, der von Arkaden und vier Eckkapellen eingerahmt ist. Auf großen Gemälden an den Wänden ist die Ursprungslegende der Wallfahrt dargestellt.
Über einer erhöhten Terrasse erhebt sich die Wallfahrtskirche, die seit 1905 den Titel „Basilika" trägt. Die Ostseite ist in drei weiten Bögen geöffnet. Das Innere des Gotteshauses ist in mehrere Teilräume gegliedert. Der wertvolle Silberaltar im Chorraum ist 1745 entstanden, in dessen Mitte sich das Gnadenbild befindet.
Die etwa 50 cm große Figur ist aus Lindenholz geschnitzt und bunt gefaßt. Die sanft lächelnde Maria trägt auf ihrem linken Arm das Jesuskind, das mit beiden Händen die Rechte der Mutter festhält. Die Statue ist je nach Kirchenjahr mit verschiedenfarbigen Gewändern bekleidet. Um den Hals tragen Mutter und Kind silberne und goldene Kettchen. Am 22. Juni 1732 wurde das Gnadenbild mit Goldkronen aus Rom feierlich gekrönt. Eines der Prunkgewänder für das Gnadenbild ist von Kaiserin Maria Theresia angefertigt worden. Bemerkenswert ist der sog. „Panzer der Muttergottes", ein golddurchwirktes, mit Brillanten geschmücktes Gewand, welches das Gnadenbild nur am Krönungstag trägt.
Unter den Votivgaben von Gliedmaßen, inneren Organen, Wickelkindern, menschlichen Embryos und Nachbildungen von Gänsen, Enten und Hühnern sind aus neuerer Zeit sogar Automodelle zu sehen.

Die Wallfahrt heute

Gebetserhörungen werden im nahen Kloster gewissenhaft aufgezeichnet. Tausende von Kopien des Příbramer Gnadenbildes fanden als sog. „Holzscheitelmadonnen" weite Verbreitung in Böhmen, Bayern und Österreich, wo sie gelegentlich noch an Hauswänden zu sehen sind.
Seit 1989 ist das Land frei, und die Gnadenstätte kann von Einheimischen und Pilgergruppen aus den benachbarten Ländern wieder aufgesucht werden.

Lit.: Kriss 121–124 – R. Haller, „Wir müssen fort, viele tausend Schritte", Bay. Wallfahrten zum hl. Berg in Böhmen, 1979 – Wallfahrt kennt keine Grenzen (Ausstellungskatalog), 1984, 155–167 – M-Lexikon 5, 313

Marianka

Der Ort (deutsch Maria Thal, ungarisch Mária-völgy), nordwestlich der Stadt Bratislava/ Preßburg, ist die älteste Marien-Wallfahrtsstätte der Slowakei (Erzbistum Thyrnau).

Die Ursprungslegende

Einer der Gefährten des hl. Gerhard, der spätere Bischof von Csanád († 1046), soll im Jahre 1030 unter der Regierung des hl. Königs Stephan I. in der dortigen Einöde eine kleine Marienfigur geschnitzt haben. In der Zeit einer Christenverfolgung verbarg sie der Einsiedler.
1330, also dreihundert Jahre später, wurde einem Blinden geoffenbart, im Thalerwald sei eine Quelle, bei der sich ein wundertätiges Bild befinde. Wenn er mit dem Quellwasser seine Augen wasche, werde er sehend werden. Das geschah. Der Geheilte barg die kleine Muttergottesfigur aus dem Wasser, ließ eine Säule errichten und stellte sie darauf. Die Kunde von der wundertätigen Statue zog zunehmend Hilfesuchende an.

Die Geschichte

1377 holte König Ludwig I. Mönche des in Ungarn gegründeten Paulinerordens nach Marianka zur Betreuung der Gnadenstätte. Für die vielen Pilger wurde eine gotische Kirche errichtet und 1380 geweiht.
Die erste schriftliche Nachricht von Wallfahrten stammt aus dem Jahr 1634, als der Bischof von Wesprim, György Lippay, in einer Pestzeit eine Bittprozession seiner Diözese nach Marianka anführte. In diese Zeit reichen auch die ersten Mirakelbücher mit zahlreichen Wunderheilungen, die sich an der gefaßten Quelle, dem „hl. Brunnen“ mit der Mariensäule, ereigneten.
1698 ließ Baron János Maholanyi um den Brunnen eine Kapelle errichten. Auf den Fresken in der Kapelle ist die Ursprungslegende dargestellt. Der Altar, von der Stadt Preßburg gestiftet, wurde 1736 durch einen neuen ersetzt. Wegen der Nähe Preßburgs und Wiens wallfahrteten auch viele Mitglieder der kaiserlichen Familie nach Marianka, ebenso kirchliche und weltliche Würdenträger.

Das Gnadenbild und die Wallfahrt

Mittelpunkt der Wallfahrt ist eine nur 43 cm große aus Birnenholz geschnitzte Figur der thronenden Muttergottes mit dem Jesuskind auf ihrem linken

Arm (14. Jahrhundert). Mutter und Kind sind bekrönt und in Stoffumhänge gehüllt. Auf einem Teil der in großer Zahl verbreiteten Andachtsbildchen ist das Gnadenbild über dem hl. Brunnen und vor einem siebenzackigen Stern zu sehen. Im Wallfahrtsmuseum werden neben Opfergaben und Votivbildern gespendete Stoffgewänder aufbewahrt.
Die Wallfahrer kommen besonders im Frühjahr und Herbst aus Preßburg und der Umgebung, aber auch aus Österreich. Seit der Freiheit der östlichen Staaten sind Einzelbesucher und Pilgergruppen auch aus den westeuropäischen Ländern anzutreffen. Hauptwallfahrtstag ist das Fest Maria Geburt (8. September), wo Zehntausende die slowakische Gnadenstätte besuchen.

Lit.: F. Schmid, Karpatendeutsche Wallfahrten, 1976, 19.23 – E. Tatarko, Die Bistümer der Slowakei, 1978, 25.83 – M-Lexikon 4, 316–317 – E. Friká-Vavrová, Mária, 1992, 88–90

Šaštin

Etwa 70 Kilometer nordöstlich von Wien befindet sich der größte Marien-Wallfahrtsort der Slowakei (deutsch: Maria Schloßberg), ein nationales Heiligtum.

Das Gelübde der Gräfin

Der Anlaß zur Entstehung des Wallfahrtsortes war folgender: Der jähzornige Graf Emerich Czober stieß aus einem nichtigen Anlaß seine Gemahlin Angelika und eine Dienerin aus seinem Kutschenwagen und überließ sie in einem Waldgelände ihrem Schicksal. Da sank die Gräfin in die Knie und gelobte, an dieser Stelle eine Figur der Schmerzhaften Muttergottes aufzustellen, wenn sich ihr Mann wieder mit ihr versöhne. Die Bitte erfüllte sich, und die Gräfin ließ von einem einheimischen Schnitzer eine Pietà-Figur anfertigen und stellte sie am Ort des Gelübdes in einer Kapelle mit dreieckigem Grundriß auf. Nach der Überlieferung geschah dies im Jahre 1564.
Die Gräfin und ihre Gefolge beteten oft vor der Statue, und ihrem Beispiel folgten viele. In der Zeit der Türkengefahr wurde die Figur in der Kapelle eines nahegelegenen Schlosses (Schloßberg) vorübergehend in Sicherheit gebracht. Es wurde Brauch, an den Samstagen und vor den Marienfesten vor der Pietà die Lauretanische Litanei und andere Gebete zu verrichten.

Die Geschichte der Wallfahrt

Auf die Kunde hin, vor der Schloßberger Marienstatue hätten sich Wunder ereignet, setzte 1732 der Erzbischof von Gran eine Untersuchungskommission ein. Das Gnadenbild wurde damals in die Pfarrkirche nach Sasvar gebracht. Nach der Untersuchung gab der Reichsprimas von Ungarn die öffentliche Verehrung der Schmerzhaften Muttergottes frei. Die Überführung der Statue in die dreieckige Kapelle gestaltete sich zu einem großen Fest. Mehr als 200 Prozessionen mit etwa 25 000 Menschen waren bis aus den entferntesten Landesteilen zusammengeströmt.
1753 wurde die Wallfahrtsseelsorge den Paulanermönchen anvertraut, die neben einem Kloster eine prachtvolle Kirche errichten ließen. Die Kaiserin Maria Theresia besuchte den Gnadenort öfter und stattete die Wallfahrtskirche mit reichen Geschenken aus. In der Zeit der Josephinistischen Aufklärung wurde der Paulanerorden aufgelöst, die Wallfahrtskirche zur Pfarrkirche erklärt und den Salesianern anvertraut.
Zur 300-Jahr-Feier der Entstehung 1864 erfolgten der Ausbau der riesigen Türme und die Krönung des Gnadenbildes durch den Fürstprimas von Ungarn.

Die Hauptpatronin der Slowakei

Die als Gnadenbild hochverehrte polychromierte Figur befindet sich im Zentrum des Hochaltares der Wallfahrtskirche. Die sitzende Schmerzhafte Muttergottes hält den fast liegenden Leichnam ihres Sohnes auf ihrem Schoß. Jesus und seine Mutter tragen große Edelmetallkronen. Um das Haupt Mariens windet sich ein Sternenkranz. Als Hintergrund ist die Sonnenscheibe mit Strahlenbündel zu sehen.
Zur 400-Jahr-Feier 1964 hat Papst Paul VI. die Wallfahrtskirche zur Basilika erhoben und die Schmerzhafte Muttergottes von Šaštin zur Hauptpatronin der Slowakei proklamiert. Die großen Wallfahrtstage sind das Pfingstfest und der 12. September (Maria Namen).

Lit.: Kriss 118–119 – F. Schmid, Karpatendeutsche Wallfahrten, 1976, 25–29 – E. Friká-Vavrová, Mária, 1992, 91–92

Levoča

Im Nordosten des Landes, am Südostabhang der Hohen Tatra, bestand seit dem 13. Jahrhundert in der Zips eine deutsche Sprachinsel. Die etwa 40 000 Deutschen wurden 1945 vertrieben. Levoča (sprich: levotscha), deutsch Leutschau, ist der älteste Wallfahrtsort der Ost-Slowakei.

Dom und Marienberg

Mitten in der Stadt steht der prächtige St. Jakobusdom, bei dessen Bau im 14. Jahrhundert die Leutschauer Sachsen Hand anlegten und der zu den Spitzenleistungen der Gotik zählt. Besonders zu erwähnen ist der gotische Flügel-Hochaltar des Meisters Paul von Leutschau.

Am Rande der Stadt erhebt sich der Marienberg. Im Jahre 1247, also noch vor dem Dombau, wurde auf der damals Olivenberg genannten Anhöhe eine Marienkapelle errichtet, zu der bald Gläubige aus Stadt und Land pilgerten. Selbst in der Zeit der Reformation, in der Wallfahrten verboten waren, und auch, als sich die Bevölkerung vom röm.-kath. Glauben trennte, hörte der Zustrom der Pilger nie ganz auf.
Nach der Re-Katholisierung begann man 1766 auf der Anhöhe mit dem Bau einer Wallfahrtskirche, in die aus dem Jakobsdom eine kostbare Marienstatue (15. Jahrhundert) übertragen wurde, die heute noch als Gnadenbild verehrt wird.

Die Wallfahrtskirche

1906 wurde zu dieser Kirche im neugotischen Stil der Grundstein gelegt und 1922 durch Bischof Joh. Bapt. Vojtassak geweiht. Aus diesem Anlaß waren Tausende von Menschen, z. T. nach tagelangen Wanderungen, mit Gebeten und Gesängen nach Leutschau gekommen. Die Kirche konnte dank der finanziellen Unterstützung der nach Nordamerika ausgewanderten slowakischen Katholiken fertiggestellt und ausgestattet werden.
Im Kriegsjahr 1944 mußte das Gnadenbild vorübergehend in Sicherheit gebracht werden. Die stehende Hl. Jungfrau, eine polygromierte Holzstatue und mit Edelmetallkrone geschmückt, befindet sich heute, von Strahlen umgeben, in der Mittelnische des neugotischen Hochaltares.

Die Wallfahrt

Nach der kommunistischen Besetzung 1948 waren organisierte Wallfahrten verboten. Aber oft sind Gläubige heimlich nach Levoča gekommen in der Hoffnung, daß diese schlimme Zeit ein

Ende finde. In der Dubček-Ära (ab 1968) haben Gläubige die Wallfahrten spontan wieder aufgenommen.
1984 erhob Papst Johannes Paul II. die Wallfahrtskirche zur Basilika. Am 7. Juli 1991 hat sich um das Heiligtum eine halbe Million Menschen versammelt, um für die neue Freiheit und das neue geistliche Leben zu danken. Hauptwallfahrtstag ist das Fest Maria Heimsuchung (2. Juli).

Lit.: F. Schmid, Karpatendeutsche Wallfahrten, 1976, 19.21.37 – E. Tatarko, Die Bistümer der Slowakei, 1978, 222.270 – M-Lexikon 4, 112–113 – E. Frická-Vavrová, Mária, 1992, 93–94

ANDOCS

Der Ort (sprich: Ondodsch) liegt 20 Kilometer südlich von Balaton (Plattensee), etwa auf halber Strecke zwischen Kaposvár und Balatonföldár (Diözese Veszprem).

Legendäre Entstehung

Nach der Legende haben in einer stürmischen Sommernacht etwa des Jahres 1520, also noch vor dem Türkeneinfall, Engel die Kapelle von Kalocsa nahe der Donau ca. 100 Kilometer Luftlinie nach Andocs gebracht. Bestärkt wird die Legende durch die Tatsache, daß die Kapelle keine Grundmauern besitzt.
Die Wallfahrt ist nachweisbar für das letzte Drittel der Türkenherrschaft, die von 1541 bis 1686 dauerte. Um 1640 ließen sich zwei Jesuitenpatres in Andocs nieder. Da es in ganz Südtransdanubien keinen katholischen Priester und keine intakte Kirche mehr gab, wurde Andocs zu einem religiösen Zentrum. Diese 46 Jahre bis zur Befreiung des Landes brachten der Bevölkerung ungeheuere Leiden, Entbehrungen und Lebensgefahren, so daß sie zur Muttergottes von Andocs Zuflucht nahmen. Die Türken achteten diesen Ort und ließen die Christen ungestört hierher wallfahren.

Die Gnadenstätte

1716 übernahmen die Franziskaner die Seelsorge, nachdem die Jesuiten 1686 nach Pécs (Fünfkirchen) weggezogen waren. Zwischen 1739 und 1747 entstand die heutige Pfarr- und Wallfahrtskirche.
In der früheren spätgotischen Gnadenkapelle, die barockisiert als Chor der Kirche dient, befindet

sich im Zentrum der Altarwand das Gnadenbild. Die stehende Muttergottes hält mit beiden Händen das unbekleidete Jesuskind, das eine Erdkugel umfaßt und die Hand zum Segen erhebt. Mutter und Kind tragen Edelmetallkronen. Direkt links und rechts neben der Statue sind Frauengestalten, die hl. Dorothea und die hl. Katharina. Diese drei Figuren sind gotisch (um 1520), während der Altar und die übrige Kirchenausstattung barocken Charakter zeigen.
Aus Anlaß der Kircheneinweihung 1747 hat die Gräfin Katharina Széchenyi für die Gnadenstatue einen Stoffumhang gestiftet. Diese Tradition hat sich bis heute erhalten. Die Menschen bringen ihre Verehrung und ihren Dank für erfahrene Hilfe nicht auf Marmortafeln zum Ausdruck, sondern bringen Marienkleider nach Andocs. Bis 1992 sind über 200 solcher Kleider gestiftet worden, die in Räumen ausgestellt sind, die sich an die Kirche anschließen. Die Muttergottesstatue wird alle vierzehn Tage in ein anderes Stoffkleid gehüllt.

Die Wallfahrt

An den früheren Klosterkomplex wurde 1988/90 ein Pilgerhaus angebaut, in dem es einfache Koch- und Übernachtungsmöglichkeiten gibt. Im Park können Zelte und für kürzere Zeit auch Wohnwagen aufgestellt werden.
Nach 1945 hat Andocs als Wallfahrtsstätte noch an Bedeutung zugenommen. Unter Kardinal Mindszenty fand hier 1947 eine nationale Wallfahrt statt. Das Jahr über gibt es dreizehn besondere Wallfahrtstage. Die großen sind der 19. August und der 8. September mit den darauf folgenden Sonntagen. Die Wallfahrer werden vom Ortspfarrer und ehrenamtlichen Helfern fürsorglich betreut.
Der Verfasser dieser Zeilen hat bei seinem Besuch mit einer Pilgergruppe die Kirche überfüllt mit Volksschulkindern aus der ganzen Region vorgefunden, die in Liedern zur Gitarre, in selbstverfaßten Texten und Gebeten ihre Liebe zur Gottesmutter zum Ausdruck brachten.

Lit.: J. F. Bangó, Die Wallfahrt in Ungarn, 1978, 49–50 – J. Szabó, Kurze Geschichte des Wallfahrtsortes Andocs (Kleinschrift, auch deutsch), 1992

Máriagyüd

Malerisch am Südhang des Harsány-Gebirges bei Siklós im Süden Ungarns liegt der kleine Ort (sprich: Mariadschüd) nahe der Grenze zu Kroatien (Diözese Pécs/Fünfkirchen). Er ist ein überregionaler Marien-Wallfahrtsort der Ungarn, der Kroaten und der noch im Land befindlichen Deutschen.

Zur Ortsgeschichte

Schon in der Römerzeit gab es hier eine Ortschaft. Um 900 siedelten sich die Ungarn an und übernahmen von der südslawischen Bevölkerung den christlichen Glauben und besonders ihre Marienverehrung. Auch Benediktinermönche ließen sich nieder. Sie errichteten an einer nahen Quelle eine kleine Kapelle mit einer Marienfigur. Im 12. Jahrhundert sollen sich hier mehrere wunderbare Heilungen ereignet haben.
Eine erste Kirche ließ König Géza II. 1148 an der Stelle bauen, wo er dem französischen König Ludwig dem Heiligen begegnete, als dieser auf dem Weg ins Hl. Land durch Ungarn zog. Während der Türkenherrschaft wurde die Kirche mehrmals zerstört und zeitweise als Moschee verwendet. Nach der Vertreibung der Osmanen diente sie den Orthodoxen, später den Kalvini-

sten als Gebetsraum, bis sie 1690 wieder zu einem katholischen Gnadenort wurde.
1739/42 konnte das Gotteshaus durch den Grafen Károly Batthyány renoviert und erweitert werden.

Das Gnadenbild

Die Franziskaner von Siklós hatten 1698 von ihren Ordensbrüdern in Kapronca eine Holzfigur, eine stehende Muttergottes mit dem Jesuskind (13. Jahrhundert), bekommen, die sie der Kirche von Gyüd übergaben. Während des Freiheitskampfes wurde sie nach Eszék jenseits der Drau in Sicherheit gebracht, wo sie in der dortigen Franziskanerkirche zu sehen ist. Als Ersatz ließ der Bischof von Pécs, Mátyás Radnay, 1711 für Máriagyüd eine Kopie anfertigen, die zum Mittelpunkt der Wallfahrt wurde.

Wallfahrtsgeschichte

Während der 1737 durch die Balkankriege eingeschleppten Pestepidemie kam es in Máriagyüd zu zahlreichen Wunderheilungen. 1745 entstanden die barocke doppeltürmige Wallfahrtskirche und das Franziskanerkloster. In den Jahrbüchern des 18. Jahrhunderts sind mehr als 300 Gebetserhörungen und auch Marienerscheinungen festgehalten. Im Josephinismus wurden goldene und silberne Votivgaben im Gewicht von 200 Kilogramm beschlagnahmt und das Kloster aufgelöst. Zwei Patres aus Siklós haben als Weltpriester die Wallfahrtsstätte weiter betreut. 1846 konnten die Franziskaner wieder zurückkehren.
In der 2. Hälfte des 19. Jahrhunderts feierte man neben dem Hauptfest Maria Heimsuchung das Jahr über 24 große Festtage. Dabei versammelten sich bis zu 50 000 Gläubige an dem Gnadenort, darunter auch Wallfahrer aus dem Ausland. Als 1948 der Erzbischof von Esztergom, József Mindszenty, Máriagyüd besuchte, waren 150 000 Menschen anwesend.

Die Gnadenstätte

Das Gnadenbild im Zentrum der prachtvollen Wallfahrtskirche ist gekrönt und mit einem aus Silber gepreßten Mantel umhüllt. An den Seitenwänden sind Marmortafeln mit Dankinschriften angebracht, darüber Kästen mit silbernen Opfergaben.
Die an die Kirche angebaute Pestkapelle haben Mitte des 19. Jahrhunderts Bewohner von Siklós errichtet, die infolge eines Cholera-Gelübdes alljährlich hierher wallfahren. Seitlich oberhalb der Kirche befindet sich ein Freialtar für große Gottesdienste und dahinter ein Kreuzweg mit steinernen Stationsfiguren. Noch weiter aufwärts

erreicht man das Missionskreuz mit einem überlebensgroßen Christus, aus Eisen gegossen, 1910 aufgestellt. Eine Tafel berichtet, ein deutsches augenkrankes Mädchen sei 1912 hier geheilt worden, als sie ihre Augen mit Honig bestrich, der aus einem Bienennest hinter der Figur vom Fuß der Christusfigur herabtropfte.
Im Wallfahrtsbrauchtum haben sich z. T. alte Formen erhalten, z. B. das dreimalige Umrunden des Altares und das Niederlegen von Haarnadeln bei Kopfschmerzen. Noch heute ist es Brauch, in farbigen Keramikkrügen Wasser aus dem heiligen Brunnen mit nach Hause zu nehmen. Während die Pilger aus den westeuropäischen Ländern ihre Andacht eher ruhig verrichten, bringen die Ungarn und Kroaten ihre Marienverehrung z. T. auf Knien rutschend und mit ekstatischen Gesängen zum Ausdruck.

Lit.: R. Kriss, Wallfahrtsorte Europas, 1950, 116–118 – J. F. Bangó, Die Wallfahrt der Ungarn, 1978, 80–82 – M-Lexikon 4, 299–300

Máriabesnyö

Die Gnadenstätte (sprich: Máriabesnö) liegt am Rande des Städtchens Gödöllö (Diözese Vár), etwa 30 Kilometer nordöstlich von Budapest, und ist ein überregionaler Wallfahrtsort der Ungarn, Slowaken und Deutschen.

Die kleine Elfenbeinfigur

Der Gutsherr von Gödöllö, Graf Antal Grassalkovich, und seine Gemahlin, Gräfin Teréz Klobusiczki, wollten aufgrund eines Gelübdes eine Nachbildung des Hl. Hauses in Loreto errichten lassen. Bei den Ruinen einer alten Prämonstratenserkirche aus dem 13. Jahrhundert begannen die Arbeiten, als der Maurer János Fidler und der Tagelöhner Márton Tóth am 19. April 1759 eine einzigartig schöne, kleine Muttergottesfigur aus der Erde gruben. Nach der Legende hatte Fidler in der Nacht vor dem Fund eine Vision, wo er graben müsse.
Der Graf schmückte die Figur mit je einer Krone für Maria und das Jesuskind und einem Gürtel für Mariens Kleid aus 25 Brillanten. Ferner ließ er ein silbernes, mit Kristallglas verschlossenes Kästchen für die Figur anfertigen. Das nur 11 cm große, aus Elfenbein geschnitzte Kunstwerk (wahrscheinlich französischer Herkunft aus dem 13. Jahrhundert) zeigt eine stehende Maria mit lächelndem Gesicht. Sie trägt auf dem rechten Arm das göttliche Kind und hält in der linken Hand einen Apfel.

Wallfahrtsgeschichte

Die liebliche Figur zog bald Beter und Hilfesuchende an. Sie wurden anfangs von Eremiten versorgt. Doch schon 1763 holte die gräfliche Familie Kapuziner, die mit Unterbrechungen die Gnadenstätte bis heute betreuen. Sie brachten aus der mittelitalienischen Stadt Loreto zu Fuß eine aus Zedernholz geschnitzte Nachbildung des dortigen Gnadenbildes mit, die heute als Sekundär-Kultbild gilt.
Die 1761 geweihte Loretokapelle erwies sich bald als zu klein. Da in Gödöllö Kaiser Franz eine Sommerresidenz hatte, ist es nicht verwunderlich, daß vor dem Gnadenbild auch Könige, Prinzen und deren Gefolge der Verehrung Mariens huldigten. Zwischen 1762 und 1769 entstand, an die Loretokapelle angebaut, die Wallfahrtskirche mit Krypta. Sie wurde 1771 auf den Titel „Maria Himmelfahrt" geweiht und 1811 durch eine Kuppel und eine neue Kirchenfassade erweitert.
Fünf päpstliche Ablaßbriefe, der letzte aus dem Jahr 1925, förderten die Wallfahrt. Seit 1771 bis

zum 2. Weltkrieg sind in der Hauschronik des Klosters zahlreiche Mirakel aufgezeichnet.

Die Gnadenstätte

Wer heute an den sog. „Sieben Häusern", die früher der Versorgung der Wallfahrer dienten, vorbei auf dem von Bäumen gesäumten Wallfahrtsweg zum Heiligtum zieht, gelangt zuerst auf einen freien Platz, der vom Kloster, einem Brunnen mit Bruder-Konrad-Statue und der Wallfahrtskirche eingefaßt ist.
Die Oberkirche mit einem zweigeteilten Langhaus zeigt auf dem Triumphbogen die ungarischen Heiligen vor der Jungfrau Maria (Fresken von Ludwig Marton). Auf dem Hochaltar ist während der Hauptwallfahrtszeit Mai bis Oktober das kleine Gnadenbild zu sehen. Auf der Altarrückseite, zugleich Altar der alten Loretokapelle, ist die mit Edelmetallkronen für Mutter und Kind geschmückte und in Prunkgewänder gehüllte Loreto-Madonna aufgestellt.
Die Unterkirche ist auf der Turmseite von außen zugängig. In dem halbdunklen Raum befindet sich während des Winterhalbjahres das Gnadenbild über dem Altar. Hier liegt auch die Gruft der Grafenfamilie Grassalkovich.

Die Wallfahrt

Bis zum 2. Weltkrieg gab es zahlreiche organisierte Wallfahrten nach Máriabesnyö, von denen sich die jährliche Männerwallfahrt im Mai bis heute erhalten hat. Seit Anfang des 20. Jahrhunderts haben zahlreiche Katholiken aus ganz Ungarn, unter ihnen vor allem die Bewohner der Hauptstadt Budapest, ihre jährliche Wallfahrt hierher gemacht. Hauptwallfahrtstage sind Maria Heimsuchung, Maria Himmelfahrt, Maria Geburt und Portiuncula. Am Vorabend dieser Feste finden ein abendlicher Gottesdienst im Freien, eine Lichterprozession, der Kreuzweg und die nächtliche Anbetung statt.

Lit.: J. F. Bangó, Die Wallfahrt in Ungarn, 1978, 79–80 – P. Fidél, Máriabesnyö (Kleinschrift: ungarisch und deutsch), 1990 – M-Lexikon 4, 298

Máriapócs

und Wien: Stephansdom

Der Ort (sprich: Mariapodsch) im nordöstlichen Zipfel des Landes (Diözese Hajdudorog) ist einer der bedeutendsten Wallfahrtsorte Ungarns und weltweit der einzige griechisch-katholische Wallfahrtsort von internationalem Ruf.

Die weinende Ikone

Das ursprüngliche Gnadenbild von Máriapócs, eine Ikone vom Typ Hodegetria (Wegweiserin), ließ der Dorfrichter László Csigri aufgrund eines Gelübdes für seine Befreiung aus türkischer Gefangenschaft von István Pap, dem jüngeren Bruder des Ortspfarrers, malen. Es wurde in der damals einfachen Holzkirche aufgestellt. Die Muttergottes auf dem Bild hat zwischen dem 14. November und 8. Dezember 1696 Tränen vergossen. Die ganze Gemeinde betrachtete tief ergriffen das Wunder. Die Ikone wurde abgenommen und untersucht: Es waren menschliche Tränen.
Nach einer offiziellen Untersuchung ließ Kaiser Leopold I. trotz heftigen Protestes die Ikone nach Wien bringen. Sie wurde im Jahr darauf im Stephansdom aufgestellt. Den Sieg Prinz Eugens 1697 bei Zenta über die Türken schrieb man diesem Gnadenbild zu. So ist es zum Staatsheilig-

tum der österreichisch-ungarischen Monarchie geworden. Heute befindet es sich im Stephansdom in einem reich verzierten Rahmen auf dem ersten Seitenaltar des rechten Mittelschiffes und wird von den Wienern sehr verehrt.
Der Bischof von Eger, János Telekessy, ließ 1707 eine Kopie anfertigen und in Máriapócs aufstellen. Einen Unterschied gibt es: Auf dem Original hält das Jesuskind eine Blume in der Hand, auf der Kopie ein Buch. Vom 1. bis 5. August 1715 und nochmals vom 3. bis 19. Dezember 1905 hat diese Kopie wieder Tränen vergossen. Bis 1946 hing das hochverehrte Gnadenbild über der Königlichen Pforte der Ikonenwand der zwischen 1731 und 1756 erbauten Kirche. Seitdem ist es über dem Barockaltar aufgestellt und über eine Stiege zugänglich.

Die überkonfessionale Wallfahrt

Seit 1731, und nach einer Unterbrechung in den 50er Jahren dieses Jahrhunderts, betreuen bis heute Mönche des hl. Basilius die Gnadenstätte. Im Archiv des Wallfahrtsortes werden päpstliche Ablaßbriefe zwischen 1750 und 1948 aufbewahrt, welche die Wallfahrt förderten.
Die Wallfahrer kamen und kommen seit der Freiheit Osteuropas wieder aus allen Teilen Ungarns, aus der Slowakei, Rumänien, Polen und Deutschland. Unter ihnen befinden sich griechisch-katholische, römisch-katholische, griechisch-orthodoxe und auch evangelische Christen.
1968 schätzte man die Zahl der Pilger, die besonders an den Marienfesten an den Feierlichkeiten im griechisch-katholischen Ritus teilnehmen, auf etwa 30 000, im ganzen Jahr auf eine halbe Million. Hauptwallfahrtstage sind Maria Himmelfahrt und Maria Geburt. Der Wallfahrtsort kennt ein reichhaltiges Ritual, das der Tradition der Unierten entspricht, z. B. eine Prozession auf den Friedhof am Vortag von Maria Himmelfahrt zur Verehrung der Vorfahren. Es ist bei den Unierten Brauch, einmal im Jahr nach Máriapócs zu wallfahren.
Kopien des Gnadenbildes sind in aller Welt, z. B. in den USA, verbreitet.

Lit.: F. Weiß, Marien-Wallfahrten um den Erdkreis, 1970, 245–246 – J. F. Bangó, Die Wallfahrt in Ungarn, 1978, 84–89 – M-Lexikon 4, 306–307

Cluj

Die Stadt (sprich: Glusch), bis 1921 das ungarische Kolozsvár, bis 1948 Klausenburg in Siebenbürgen, war im 18. Jahrhundert einer der meistbesuchten Marienwallfahrtsorte Transsylvaniens. Cluj ist von der ungarischen Hauptstadt Budapest nach Osten zur rumänischen Grenze und dann fast noch mal so weit zu erreichen.

Die Tränen der Madonna

Die Dreifaltigkeitskirche der Stadt ist die schönste Barockkirche der Südkarpaten und wurde zwischen 1718 und 1724 von Konrád Hammer für die Jesuiten erbaut.
In ihr wird ein auf Holz gemaltes Bild der Gottesmutter mit dem Jesuskind vom Ikonentyp der Hodegetria = Wegweiserin (siehe Seite 183) als Gnadenbild verehrt. Der griechisch-katholische Lucács hat es 1681 gemalt und an den Adeligen Demeter Kopcsa verkauft. Dieser schenkte es der griechisch-katholischen Kirche in Nicula. Die Muttergottes auf dem Bild soll zwischen 15. Februar und 13. März 1699 Tränen vergossen haben.
Als Ergebnis einer kirchlichen Untersuchung erlaubte der Erzbischof von Esztergom, Lipót Kollonich, die öffentliche Verehrung des Bildes und vertraute es den Jesuiten von Kolocsvár an.

Die Verehrung

1724 brachten die Jesuiten das Bild von ihrer Hauskapelle auf den Hauptaltar ihrer neuen Kirche. Nun konnte es öffentlich verehrt werden, und es entstand eine Wallfahrt. Bis 1773 betreuten die Jesuiten, später die Piaristen die Gnadenstätte, heute sind es Weltpriester der Diözese Transsylvanien.
Es ereigneten sich Wunderheilungen. Mirakelbücher in lateinischer, deutscher und ungarischer Sprache sind erhalten. In der Zeit des Josephinismus erlebte die Wallfahrt eine vorübergehende Einbuße. 1786 wurden die Opfergaben beschlagnahmt, aber schon im folgenden Jahr bezeugen neue Votivgaben den Dank für erlangte Hilfe.
Das Gnadenbild ist heute in einen prächtig geschmiedeten Silberrahmen gefaßt.
Eine Muttergottesfigur wird heute als Sekundär-Gnadenbild verehrt. Sie stammt aus der Pfarrkirche von Sebesul und wurde, nachdem die Kirche in den Besitz der Protestanten gekommen war, ebenfalls in die Jesuitenkirche übertragen. Seit dem Jahr 1735 existiert an der Gnadenstätte eine Gebetsgemeinschaft, das „andächtige Bündnis mit Maria", mit dem Ziel, sich für das Leben und die Todesstunde Hilfe zu erbitten.
Das Gnadenbild wird von den römisch-katholischen, den griechisch-katholischen und den orthodoxen Christen in gleicher Weise verehrt. Es findet sich auch in zahlreichen Kopien an Hauswänden oder als Hinterglasbilder und Andachtsbildchen verbreitet. Hauptwallfahrtstag ist Maria Himmelfahrt (15. August)

Lit.: A. Jordánszky, Kurze Beschreibung der Gnadenbilder der Seligen Jungfrau Mutter Gottes Maria, welche im Königreiche Hungarn ... verehrt wurden, 1836, 135–138 – L. Kelemen, A volt piarista templom, 1984, 67–71 – M-Lexikon 1, 601–602

Máriaradna

Der Ort, von Arad in Westrumänien noch etwa 30 Kilometer weiter östlich gelegen (Diözese Czanád), ist eine gemeinsame Wallfahrtsstätte der römisch-katholischen Ungarn, Deutschen und Kroaten, der griechisch-katholischen und griechisch-orthodoxen Armenier und Rumänen des Banats, der ungarischen Tiefebene und Transsylvaniens.

Das Kultbild

Zentrum der Verehrung ist ein 60 × 80 cm großer kolorierter Kupferstich mit einer sog. „Karmelitenmadonna“. Maria ist in Halbfigur zu sehen. Sie trägt das Jesuskind auf ihrem rechten Arm. Das Kind schlingt beide Arme um die Mutter, die sich liebevoll zu ihm niederbeugt. Am rechten Arm Mariens hängt ein Skapulier. Zwei Engel mit Palmwedeln halten die Krone der Himmelskönigin. Unter dem Bild sieht man leidende Seelen im Reinigungsort, die flehend ihre Hände der Mutter der Barmherzigkeit entgegenstrecken.
Das Bild wurde 1668 von György Vrichnossa aus Bosnien einem italienischen Händler abgekauft und in der kleinen Holzkapelle von Radna aufgestellt.

Eine Wallfahrt entsteht

Bei der Belagerung der Stadt Lipowa durch die Türken wurde 1695 die Kapelle durch Brand zerstört. Nach der Überlieferung blieb das Papierbild unversehrt. Es war nur vom Rauch ein wenig geschwärzt, was heute noch zu sehen ist.
In der wieder hergerichteten Kapelle aufgestellt, zog es in weitem Umkreis das Vertrauen der Menschen an, zumal die Kunde von Gebetserhörungen und nächtlichen Lichterscheinungen in der Kapelle sich verbreitete. Eine Frau aus Arad, Mária Brunner, 1704 von der Pest befallen, wurde durch Anrufung Mariens vor dem Gnadenbild geheilt. In Erfüllung eines Gelübdes pilgert die Bevölkerung von Arad jedes Jahr nach Máriaradna.
Nach der Türkenherrschaft wurde die Kapelle durch den Franziskanermönch István Novoselich bedeutend erweitert. 1767 entstand die heutige Wallfahrtskirche, zu der breite Treppen hinaufführen, 1782 die beiden Türme, 1819 die Nebenaltäre. 1820 wurde sie geweiht.
Kaiser Franz Joseph II. besuchte 1768 die Gnadenstätte. Mehrere päpstliche Ablässe belebten die Wallfahrt.

Die Gnadenstätte

Das Gnadenbild, seit 1770 in einem Silberrahmen und seit 1820 mit goldenen Kronen geschmückt, befindet sich heute in einem Strahlenkranz auf dem Hauptaltar der Kirche und ist von einer Stiege hinter dem Altar zugänglich. Eine große Zahl von Votivbildern und Opfergaben ist erhalten. Seit Jahrhunderten bis heute wird die Wallfahrt von Franziskanern betreut, deren Kloster neben der Kirche steht. Die beiden Hauptwallfahrtstage sind Maria Himmelfahrt und Maria Geburt.
Für die Banater Schwaben, die im 18. Jahrhundert in dieses Gebiet einwanderten und nach dem 2. Weltkrieg vertrieben wurden, ist Maria-Radna ein Stück Heimat geblieben. Die Teilnehmer einer Wallfahrt wurden damals von der Kirche mit einem Gebet zum Dorf hinausbegleitet und am Dorfkreuz vom Ortspfarrer gesegnet. Sie fuhren mit abgedeckten Bauernwagen und dahinter die Fußgänger bis Maria-Radna. Nachts wurden die Leute in den Scheunen und Höfen der umliegenden Dörfer untergebracht. Vielerorts kamen die Pilger mit ihrer eigenen Dorfmusik, die oft auch zu den Gottesdiensten spielte.
Zu Anfang des 20. Jahrhunderts zogen jährlich etwa 70 000 Menschen nach Maria-Radna. In der Zeit des Kommunismus waren Wallfahrten verboten. Seit der neugewonnenen Freiheit erwacht die Gnadenstätte wieder zu neuem Leben.

Lit.: Rathgeber 1960 – M-Lexikon 4, 307–308 – Berichte von heimatvertriebenen Banater Schwaben

Die Marienverehrung in den orthodoxen Ländern Osteuropas

Auch wenn die Grenzen zwischen West- und Osteuropa fließend sind, so läßt sich doch feststellen, daß die Länder und Gebiete mit teilweise oder überwiegend orthodoxen Christen einen eigenen Kulturkreis bilden. Dazu gehören Teile von Estland, Lettland und Litauen, das östliche Polen, Teile der Slowakei und Rumäniens, Weißrußland, Rußland, die Ukraine und Bulgarien, ferner Griechenland und Teile der Türkei und Zyperns.
Die Trennung Konstantinopels von Rom erfolgte im Jahre 1453. Doch läßt sich die Entwicklung einer eigenen Kultur und in unserem Fall der Marienverehrung schon viele Jahrhunderte weiter zurückverfolgen. Auch die mit Rom wieder unierten Kirchen, z. B. die griech.-kath. Kirche, gehören zu diesem östlichen Kulturraum.

Orthodoxe Wallfahrtsorte?

Die Frage, ob es in den orthodoxen Gebieten Osteuropas Marien-Wallfahrtsorte gibt, muß man eher verneinen als bejahen. Es ist Brauch, daß Einzelpersonen und auch Familien Klöster aufsuchen, um sich bei den Mönchen Rat und neue Glaubenskraft zu holen, dabei an den Gottesdiensten teilnehmen und besonders die Muttergottes-Ikonen verehren. Erwähnt seien als solche Zentren des religiösen Lebens das Rila-Kloster südlich von Sofia in Bulgarien, das Höhlenkloster in Kiew (Ukraine), das Kloster Sagorsk nordöstlich von Moskau, das Kykkou-Kloster im Süden Zyperns und in Griechenland die Meteoraklöster und die Mönchsniederlassungen auf dem Berg Athos. Aber Wallfahrtsorte in unserem Sinn gibt es nicht.
In den orthodoxen Kirchen ist der Altarraum durch eine Bilderwand (Ikonostase) abgegrenzt, auf der eine Muttergottes-Darstellung gleich links von der Hl. Pforte einen Ehrenplatz einnimmt. Auch sind in vielen Kirchen noch eigene Muttergottes-Ikonen auf schrägen Pulten volksnah aufgestellt, die z. B. durch Küssen verehrt werden. Etwas verallgemeinernd könnte man jede orthodoxe Kirche als Wallfahrtsstätte bezeichnen.

Ikonen

Das Wort Ikone (griechisch „eikon") bedeutet Bild, Abbild. Am meisten verbreitet sind die mit Temperafarben auf Holz gemalten Tafelbilder. Ikonen können aber auch auf Leinwand gemalt sein oder geschnitzt, sogar gestrickt oder aus Stein gemeißelt. Es gibt Mosaik-, Email- und sogar Metall-Ikonen.
Maria ist immer als junge Frau dargestellt, entweder allein oder mit dem Jesuskind oder -knaben. Meist trägt die Muttergottes über einem langen Kleid ein „Maphorion", ein meist dunkles Tuch über Kopf und Schultern. Dieses ist häufig mit einem, zwei oder drei Sternen geschmückt, die auf die Reinheit Mariens hinweisen.
Über den dargestellten Personen ist ein Monogramm in griechischen Buchstaben zu finden: der Gottessohn mit IC = JS (Jesus) und XP = ChR (Christus), Maria mit MP = MR (Maria) und ΘY (Gottesgebärerin).
Die Verehrung einer Ikone durch Verneigen, Beweihräucherung, Umschreiten und Küssen richtet sich nicht auf die äußere Ikonenform, sondern stets auf die dargestellte Person. Der syrische Mönch Johannes von Damaskus († um 750) spricht vom „Mysterium, das durch das Bild durchscheinen", transparent werden muß. Deswegen sind die Ikonen meist auf Goldgrund gemalt.

Lukasbilder

Es gibt eine ganze Reihe von Muttergottes-Ikonen, die der Legende nach vom hl. Lukas stammen. So soll das Gnadenbild von Czenstochau der Evangelist Lukas auf eine Tischplatte des Hauses in Nazaret gemalt haben. Die ausführliche Schilderung der Kindheitsgeschichte Jesu und damit auch des Marienlebens waren wohl der Grund, Lukas als Madonnenmaler zu bezeichnen. Vielleicht wollte man auch durch eine Zurückdatierung die Verehrung eines Bildes steigern.

Der Kirchenlehrer Augustinus († 430) schreibt, daß Bilder Mariens in der frühen Kirche unbekannt waren. Ein Theodoros Lector berichtet um 530, Kaiserin Eudokia habe auf einer Pilgerreise ins Hl. Land 438/39 ein „Bild der Gottesmutter, das der hl. Lukas gemalt hat", an ihre Schwägerin Pulcheria nach Konstantinopel geschickt. Pulcheria habe nahe der Hagia Sophia für das Bild eine Kirche errichten lassen. Möglicherweise ist dieses Heiligtum mit der Hodegon-Kirche identisch und jenes Bild die Ur-Hodegetria.

Hodegetria

(griech. „hodos" der Weg, also Wegweiserin). Die Muttergottes, meist in Halbfigur, trägt den Jesusknaben auf dem linken Arm, während ihre Rechte auf das Kind hinweist. Dieses hält seine Rechte im Segensgestus und in seiner Linken eine Schriftrolle. Während Jesus zum Betrachter schaut, ist der Blick Mariens nachdenklich und ernst in die Ferne gerichtet.

Die Ur-Hodegetria scheint im 5. Jahrhundert im palästinensischen Raum entstanden zu sein. Durch Eudokia nach Konstantinopel gekommen, wird die Abwehr eines Sarazenenangriffs auf die Stadt dieser Ikone zugeschrieben. Bei der Eroberung Konstantinopels durch die Kreuzfahrer 1204 hat man das Bild in der Sakristei der Hagia Sophia versteckt. Durch eine List gelang es den Venetianern, die Ikone in ihre Pantokratorkirche zu bringen. Als 1261 die Herrschaft der Lateiner zu Ende ging, hielt Michael Paläologos nicht eher seinen Einzug in die Stadt, als bis das Bild wieder in der Hodegonkirche aufgestellt war.

Diese Ikone wurde hoch verehrt, oft bei Prozessionen mitgetragen, als Feldzeichen mitgeführt und nach einem Sieg beim Einzug in die eroberte Stadt vorangetragen. Sie galt als Palladium (Beschützerin) der Stadt. Bei der Eroberung von Konstantinopel durch die Osmanen 1453 wurde das Bild zerstört. Aber der Ikonen-Typ hatte sich durch zahlreiche Kopien schon sehr verbreitet.

Die Smolenskaya

Die Smolenskaya

Der Überlieferung nach kam eine Ikone vom Typ der Hodegetria 1046 nach Rußland, als die Tochter Anna des Kaisers Konstantin Monomachos mit einem russischen Fürsten verlobt wurde. Im Jahre 1103 wurde das Bild in die neuerbaute Kathedrale von Smolensk überführt. Als die Stadt zu Anfang des 15. Jahrhunderts von den Litauern besetzt wurde, brachte man die Ikone nach Moskau, aber 1455 wieder zurück. Ganz Moskau soll damals beim Abschied gejammert und geweint haben. 1609 wurde sie vor den Polen erneut nach Moskau und Jaroslawl in Sicherheit gebracht und ein drittes Mal vor den napoleonischen Truppen.

Seit dem 2. Weltkrieg, als Smolensk 1941 durch deutsche Truppen stark zerstört wurde, ist die Ikone verschollen. Es existieren aber noch Kopien.

Die Kasanskaya

Diese Darstellung ist eine Variante des Hodegetria-Typs. Maria neigt ihr Haupt dem Kinde zu. Sie ist nur bis etwa Schulterhöhe und das Kind in Halbfigur zu sehen. Seit 1595 feiert die russ.-orth. Kirche das Fest der Erscheinung der Ikone in der Stadt Kasan 1579. Nach einem Stadtbrand fand man die Ikone in Lumpen eingewickelt unter dem Ofen eines abgebrannten Hauses. Die Legende weiß von einem neunjährigen Mädchen, dem beim Spielen die Muttergottes erschien und ihr den Auftrag gab, den kirchlichen und weltlichen Obrigkeiten die Stelle zu zeigen, wo eine Ikone vergraben liege. Man glaubte ihr nicht, bis Mutter und Tochter sie selbst ausgruben.

Die Ikone wurde in die nächste Kirche und später in die Verkündigungs-Kathedrale gebracht, wo sie nach einer Blindenheilung große Verehrung fand. Später kam sie (oder eine Kopie) in die der Muttergottes von Kasan geweihten Kathedrale auf dem Roten Platz in Moskau. Die Kirche wurde 1934 abgerissen. 1727 ließ Peter der Große das Original (oder eine Kopie) in die Kathedrale nach Petersburg bringen. Sie gilt seit dem russisch-japanischen Krieg 1905 als verschollen.

Die Ikone soll 1929 zum Kauf angeboten, über Polen nach England gekommen sein. 1960 von Amerikanern gekauft, war sie in San Francisco, in Boston und bei der Weltausstellung 1964/65 in New York zu sehen. Seit 1970 befindet sich die Kasanskaya in einer Kapelle der orthodoxen Kirche in Fatima/Portugal. Eine mit wertvollen

Edelsteinen bedeckte Silberplatte schützt die Ikone. Nur die Gesichter Marias und des Kindes sind zu sehen. Die Ikone wartet auf die Rückführung nach Rußland.

Elëusa

(griech. die Erbarmende). Dieser weitverbreitete Ikonen-Typ ist gekennzeichnet durch große Mütterlichkeit. Maria in Halbfigur umfaßt mit beiden Armen den bekleideten Jesusknaben auf ihrer rechten Seite. Sein Gesicht schmiegt sich eng an das der Mutter. Seine rechte Hand greift zum Maphorion oder an den Hals seiner Mutter, auf die sein Blick hilfesuchend gerichtet ist. Maria aber schaut, als ahne sie sein Schicksal voraus, mit ernstem Gesicht über das Kind hinweg.
Für diesen Bild-Typ sind weder das Ur-Bild noch dessen Alter noch die Herkunft gesichert. Die mütterliche Maria ist schon sehr früh in der byzantinischen Buchmalerei und auf Kirchenfresken dargestellt. Als man nach dem 1. Weltkrieg das berühmteste Gnadenbild Rußlands, die Wladimirskaya, reinigte, kam eine ursprünglich byzantinische Elëusa-Ikone zum Vorschein. Inzwischen gilt als die älteste Elëusa-Darstellung ein Elfenbeinrelief aus Syrien (wohl 7. Jahrhundert), heute in The Walters Art Galery, Baltimore (USA).

Die Wladimirskaya

Die wohl schönste und verbreitetste der russischen Muttergottes-Ikonen gehört zum Typ der Elëusa, der in Rußland Oumilenja (die Rührende) heißt. Das Besondere: Das Kind legt seinen linken Arm zärtlich um den Hals der Mutter. Die Ikone ist mit Temperafarben auf eine 78 × 50 cm große Lindenholztafel gemalt. 1411 wurden Teile des Bildes übermalt.
Das Bild soll Anfang des 12. Jahrhunderts in Konstantinopel entstanden und bald danach mit dem Schiff nach Kiew gebracht worden sein. Aber schon 1169 ließ der Fürst Andrej Bogoljubskij die Ikone in die neuerbaute Kathedrale nach Wladimir bringen, wodurch sie ihren Namen erhielt. In der Geschichte Rußlands nimmt die Wladimirskaya einen wichtigen Platz ein, so als 1395 die Armeen des Tatarenanführers Tamerlan bis zum Don vordrangen, sich aber wieder zurückzogen. In gleicher Weise als 1480 das Land vor Sultan Ahmed gerettet wurde und damit die 250jährige Tatarenherrschaft ihr Ende fand. Die Ikone wurde daraufhin nach Moskau geholt und in der Entschlafung-Mariä-Kathedrale im Kreml aufgestellt. Auch als sich 1521 Mehmed Girej vor Moskau wieder zurückzog, schrieb man dies der wundertätigen Ikone zu. Vor dieser Ikone wurden die russischen Zaren bei ihrer Krönung gesalbt. 1930 brachte man sie in das Staatl.-Historische Museum. Heute befindet sie sich in der Moskauer Tretjakow-Galerie.
Die Wladimirskaya ist über Jahrhunderte hinweg bis heute das heilige Zeichen der russ.-orth. Kirche und gilt als Schutzpatronin Moskaus, ja ganz Rußlands.

Die Glykophilousa

(= „Die Süßküssende"). Diese Elëusa-Variante ist gekennzeichnet durch ein zärtliches Zueinander von Mutter und Kind. Das Jesuskind legt ein Händchen an das Kinn der Mutter. Der Legende nach soll eine Ikone mit der Aufschrift „Glykophilousa" als Geschenk des Kaisers Theophilos (829–842) im Athoskloster Philotheou sein. Doch die Entstehung der Ikone ist später anzusetzen. Im 12. Jahrhundert taucht dieses Motiv in der umbrischen Malerei auf, in Rußland vereinzelt im 15. Jahrhundert, vermehrt in der Moskauer Schule des 17. Jahrhunderts.

Die westlichen Formen der Eleüsa

Die Darstellung der „erbarmenden Madonna" hat wohl wegen der engen Beziehung zwischen Mutter und Kind auch im westlichen Abendland weite Verbreitung gefunden, besonders in Italien und Deutschland.
Im Bilderstreit des 8. Jahrhunderts, der nach dem Konzil von Nicäa 787 im Osten noch fortdauerte, wurden viele Ikonen nach Westen in Sicherheit gebracht. Es setzten sich Ikonenmaler z. B. in die byzantinische Enklave Ravenna ab. Es entstanden eigene Ikonen-Malschulen wie in Süditalien. Auch ist der Einfluß der Hl.-Land-Pilger und der Kreuzfahrer nicht zu unterschätzen. So ist z. B. ein Säulenfresko (um 1130) in der Geburtskirche in Betlehem mit lateinischer Aufschrift dem Eleüsatyp sehr ähnlich. Nach 1453 erfolgte eine Einwanderungswelle nach Kreta, das zwischen 1204 und 1646 zu Venedig gehörte.
Das Mariahilf-Bild: Das am meisten verbreitete Muttergottesbild, das dem byzantinischen Typ nachempfunden ist, stammt von Lukas Cranach (1472–1553). Vermutlich hat ihm eine Eleüsa-Ikone als Vorlage gedient. Es wurde über Passau, Innsbruck, Wien und München sehr verbreitet (siehe Seite 18).

„Mutter des Guten Rates": Auch diese Darstellung ist eine Eleüsa-Variante, die heute in Shkodar (Albanien) und Genazzano (Italien) verehrt wird (siehe Seite 203).

„Notre-Dame de Grace": Eine 35 × 25 cm große Darstellung wird als „U. L. Frau der Gnade" in der Kathedrale von Cambrai (Nordfrankreich) verehrt. Sie wird als seitenverkehrtes Mariahilfbild bezeichnet.

„Karmeliten-Madonna": Gleichsam ein Schwesterbild von Cambrai ist „La Bruna" in Neapel. Der Überlieferung nach haben es Karmelitermönche im 13. Jahrhundert vom Berge Karmel in ihr neugegründetes Kloster in Neapel geholt. Kopien davon sind vor allem in den Niederlassungen dieses Ordens anzutreffen.
„Muttergottes von der immerwährenden Hilfe": Dieses Bild ist eine Weiterentwicklung, bei der der Jesusknabe Schutz bei seiner Mutter sucht, weil er die (von Engeln gehaltenen) Leidenswerkzeuge sieht. Deswegen heißen diese Bilder auch Passionsmadonnen. Sie wurden durch die Redemptoristen verbreitet. Das Ur-Bild ist ein byzantinisches Tafelbild, das im 15. Jahrhundert vor den Türken von Kreta nach Rom gerettet wurde und in der Augustinerkirche San Matteo Aufstellung fand. Bei der Zerstörung dieser Kirche durch napoleonische Truppen blieb das Bild bis 1862 verschollen. Seit 1866 hängt es in der Kirche San Alphonso, unweit von S. Maria Maggiore, und erfreut sich beim römischen Volk größter Verehrung.
Zusammenfassung: Die Verbreitung der Ikonen vom Typ Eleüsa erfolgte in zwei Richtungen: 1. über Konstantinopel nach Rußland, vor allem die Wladimirskaya, und 2. über Kreta und Venedig nach Westen, vor allem das Mariahilfbild. Dieses Bild erinnert an den Sieg über die Türken 1683 vor Wien, und Maria gilt als Retterin des Abendlandes.

Weitere Ikonen-Typen

Außer den beiden Grundtypen der Hodegetria und der Eleüsa kennt man im osteuropäischen Raum noch weitere Ikonen-Typen:

Blacherniotissa
Seinen Namen hat dieser byzantinische Bildtyp vom Aufbewahrungsort, der Blachernenkirche im Norden von Konstantinopel. Die Ur-Ikone ist bei einem Brand 1434 verlorengegangen. Sie galt als die Beschützerin des Herrscherhauses. Die stehende Madonna im langen Kleid und Maphorion hat beide Hände in Gebetshaltung ausgebreitet, lat. „Maria orans" (die betende Madonna).

Die Wladimirskaya

Diese Darstellung findet sich schon in römischen Katakomben, nach dem Bilderstreit auch als Apsisbild oder -mosaik in vielen Kirchen (Kiew, Venedig, Ravenna).

Platytera
Der Name kommt vom Komparativ des griech. platüs = breit. Maria ist stehend und in Gebetshaltung dargestellt mit dem ungeborenen Kind in einem Clipeus (Rundschild) auf ihrem Leib.
In der russ.-orth. Kirche wird diese Ikonenform auch „Gottesmutter des Zeichens" genannt nach Jesaja 7, 14: „Der Herr hat von sich aus ein Zeichen gegeben: Die Jungfrau wird schwanger ..." Nach der Überlieferung soll, als der russische Fürst Andrej Bogolubskij 1170 die Stadt Nowgorod belagerte, der Erzbischof der Stadt mit dieser in der Kathedrale aufgestellten Ikone eine Prozession zur Stadtmauer geführt und das Bild auf die Mauer gestellt haben. Der Ansturm wurde abgewehrt und die „Ikone des Zeichens" in ganz Rußland verehrt.
Ähnlich ist das Gnadenbild auf dem Bogenberg bei Straubing (Bayern), wo in die stehende Marienfigur ein Rundfenster eingelassen ist, durch das man das ungeborene Jesuskind sehen kann.

Galaktotrophousa
Wörtlich: Die Milchnährende, lat. „Maria lactans" (stillende Madonna). Bei diesem byzantinischen Bildtyp reicht Maria dem sitzenden oder liegenden Jesuskind ihre Brust. Erstmals ist eine solche Darstellung auf einem Marmorblock (4. Jahrhundert) zu sehen (heute: Museo Nationale in Rom). Im 12./13. Jahrhundert finden sich ähnliche Bilder auch im Westen, besonders in Italien.
Außer den Darstellungen der Gottesmutter allein oder mit dem Jesuskind gibt es Ikonen aus allen Stationen des Marienlebens, von ihrer Geburt, ihrer (apokryphen) Überführung in den Tempel, ihrer Hochzeit mit Joseph, der Geburt Jesu, den Sieben Schmerzen Mariens bis zur Krönung Mariens im Himmel. Als Beispiel sei hier angeführt die

Entschlafung Mariens
(griech. Koimesis). Diese Ikone zeigt den toten Leib Mariens auf einem Lager und über ihr Jesus, der die Seele seiner Mutter (wie ein Wickelkind) auf dem Arm hält und in den Himmel holt. Solche Darstellungen gibt es seit dem 6./7. Jahrhundert, heute z. B. in der Apsis von S. Maria Maggiore in Rom und in der Krypta der Dormitiokirche in Jerusalem.

Lit.: W. Felicetti-Liebenfels, Geschichte der byzantinischen Ikonenmalerei, 1956 – K. Kolb, Eleüsa. 2000 Jahre Madonnenbild, 1968 – W. Beinert / H. Petri, Handbuch der Marienkunde, 1984, 561 ff – J. Bentchew, Handbuch der Muttergottesikonen Rußlands, 1985 – N. Cziczér, Marienikonen (Begleitheft für Ausstellungen), o. J. – M-Lexikon 3, 281–293

Elëusa, Elfenbein, wohl 7. Jh., *Baltimore,* Museum of Art

Brezje
Sveta Gora
Ptuiska Gora
Maria Bistrica
Trsat
Medjugorje
Shkodra
Letnica
Tinos
Meryem Ana

DER SÜDOSTEN

Slowenien
Kroatien
Herzegowina
Kosovo
Albanien
Griechenland
Türkei

Brezje

Von Klagenfurt (Kärnten) nach Süden über den Loiblpaß und noch 18 Kilometer in Richtung Ljubljana, dann wenige Kilometer westwärts Richtung Jesenice führt die Straße zum zwar jungen, aber am meisten besuchten Wallfahrtsort Sloweniens (Erzbistum Ljubljana).

Das Mariahilf-Bild

Bereits im 15. Jahrhundert gab es hier ein dem hl. Veit geweihtes Kirchlein, in dem aber nur einige Male im Jahr Gottesdienste gefeiert wurden.
Der seit 1796 für Brezje zuständige Pfarrer Urban Ažbe hatte während seiner Studienzeit in Innsbruck das in der dortigen St. Jakobskirche verehrte Bild der Muttergottes mit dem Jesuskind von Lukas Cranach (siehe Seite 17) liebgewonnen und im Jahre 1800 in einer angebauten Seitenkapelle eine Kopie an die Wand malen lassen. Erste Wallfahrten stellten sich ein, besonders während der französischen Besetzung von 1809–13. 1814 schuf der Tiroler Maler Leopold Layer von Kranj, der drei Jahre lang von den Franzosen eingesperrt war, aufgrund eines Gelübdes das heute als Gnadenbild verehrte Mariahilf-Bild.
Die Wallfahrt blühte groß auf, als sich 1863 Wunderheilungen ereigneten. Ein krankes Mädchen, Maria Tavcar, wurde vor dem Gnadenbild gesund. Ein verkrüppeltes Mädchen kroch dreimal um den Altar und war genesen. Ein drittes Mädchen konnte plötzlich ihren gelähmten Arm wieder bewegen.
1889 war die Grundsteinlegung und 1900 die Weihe der heutigen Kirche im Stil der Neorenaissance. 1907 wurden die Häupter Mariens und des Kindes mit Flachkronen geschmückt, und es erklang zum ersten Mal die Wallfahrtshymne „Geöffnet sind die heiligen Himmel".

Als 1941 die Deutschen das Land annektierten und die Franziskaner, die seit 1894 die Wallfahrt betreuten, Brezje verlassen mußten, nahmen sie das Bild nach Laibach mit. Zwei Jahre war es auch in Trsat bei Rijeka. 1947 konnten das Gnadenbild und die Mönche wieder zurückkehren.

Die lebendige Wallfahrt

Der Weg führt an Bus- und Pkw-Parkplätzen, an den üblichen Andenkenläden und Wirtschaftsgebäuden vorbei zum großen Platz vor der schön gestalteten Eingangsfassade der Wallfahrtskirche. Hier und in einem Innenhof des angebauten Klosters sind überdachte Freialtäre für große Gottesdienste aufgestellt.

Die Pilger aber drängt es ins Kircheninnere und nach vorne zur großen Seitenkapelle rechts, die, von einer Kuppel überwölbt, die eigentliche, durch ein breites Rundbogentor offene Gnadenkapelle umschließt. Um die innere Kapelle führt ein schmaler Gang, dessen Wände voll sind von Votivbildern und Tausenden von Paß-Fotos, besonders von Kindern. Über dem Altar, den die Wallfahrer kniend umrunden, ist in einem großen, als Lebensbaum gestalteten, vergoldeten Rahmen das hochverehrte Gnadenbild zu sehen.
Seit der Freiheit Sloweniens hat die Wallfahrt nach Brezje noch zugenommen. 1986 zum ersten Mal und seitdem jedes Jahr wird eine Dreiländerwallfahrt durchgeführt, zu der sich Gläubige aus Slowenien, Italien und Österreich einfinden. Der Schreiber dieser Zeilen hat es an einem gewöhnlichen Sonntag im Juni 1993 selbst erlebt, daß die Kirche restlos überfüllt war, die Menschen sich um die Beichtstühle drängten und nach dem feierlichen Gottesdienst zur Gnadenkapelle strömten, um die Gottesmutter um ihre Fürbitte anzurufen.

Maria, hilf uns allen aus unsrer tiefen Not!

Lit.: Kriss 115 – o. A., Brezje (Kleinschrift, Zusammenfassung in deutsch, italienisch und englisch), 1977 – M-Lexikon 1, 583–584

Sveta Gora – „Heiliger Berg“

Die Zufahrt ist möglich auf der Autobahn Verona–Triest bis zur Abzweigung Ruda nach Nordosten oder von Udine 40 Kilometer in östlicher Richtung bis Gorizia (slow. Gorica, früher Görz). Über die italienisch/slowenische Grenze und noch fünf Kilometer weiter nördlich erreicht man auf der auch mit Bussen befahrbaren Serpentinenstraße den 682 m hohen „Hl. Berg“ (Diözese Koder).

Eine Erscheinung, ähnlich wie in Lourdes

Hier oben, wo sich ein herrlicher Blick bis zur Adria bietet, soll es in vorchristlicher Zeit eine Opferstätte gegeben haben. Ein geheimnisumwitterter alter Stein, in den heidnische Zeichen und später das christliche Ave Maria eingraviert waren, hat sich bis ins 18. Jahrhundert in der Kirche befunden, doch ist er zerschlagen worden. Auf dem Berggipfel gab es schon im 14. Jahrhundert eine kleine Kirche. Und im Jahre 1539, es war ein Samstag, ist Maria dem Bauernmädchen Ursula Ferligoj erschienen, welche die Schafe ihrer Eltern auf den Berg getrieben und wie immer hier gebetet hatte. Sie vernahm die Botschaft: „Sag dem Volk: Baut eine Kirche auf dem Berg und bittet um Gnaden!“ Das Mädchen erzählte in den umliegenden Dörfern und in der Stadt Görz von ihrer Vision und der Bitte der Gottesmutter. Die weltlichen Behörden standen den Plänen abweisend gegenüber. Das Mädchen wurde sogar dreimal verhaftet. Nach einer kirchlichen Untersuchung jedoch erteilte der Patriarch von Aquilea die Genehmigung zum Bau einer Kirche. Innerhalb von vier Jahren entstand mit unvorstellbar großen Anstrengungen des einfachen Volkes auf dem Berg eine herrliche Kirche und wurde zum besuchtesten Heiligtum des ganzen Landes.

Das Tafelbild

Zur Einweihung 1544 schenkte der Kardinal Marino Grimani aus Aquilea der Kirche ein Gemälde, das sich heute über dem Tabernakel des Hauptaltares befindet und als Gnadenbild verehrt wird. Es entstammt der venezianischen Schule, wahrscheinlich von Palma d. Ält. = Jacopo Negretti (um 1480–1528). Auf einer ein Meter breiten und 70 cm hohen Tafel aus Zypressenholz ist in der Mitte Maria als Halbfigur gemalt. Sie hält das fast liegende Kind auf ihren Armen. Links von ihr ist der Prophet Jesaia zu sehen und rechts Johannes d. T. als Mann (obwohl er nur sechs Monate älter als Jesus war).

Wechselvolle Geschichte

Die Menschen erfüllten der Muttergottes auch die zweite Bitte und kamen auf den Berg gezogen, um sie um Gnaden zu bitten. 1564 übernahmen Franziskaner aus Kroatien, die vor den Türken fliehen mußten, die Wallfahrtsseelsorge und bauten ein Kloster und ein Pilgerhaus. 1717 wurde das Gnadenbild den Berg hinuntergetragen und auf dem Marktplatz von Görz mit Flachkronen für Mutter und Kind geschmückt. 30 000 Menschen hatten sich dazu eingefunden.
Im sog. Josephinismus wurden 1786 die Mönche vertrieben und das Gnadenbild in die Pfarrkirche nach Salcano gebracht. Die Kirche wurde ausgeraubt und zerstört, daß nur noch die Außenmauern stehen blieben. Aber schon ein halbes Jahr nach dieser schrecklichen Zeit gab es auf dem „Hl. Berg" wieder eine Kirche, in der 50 000 Menschen das erste hl. Meßopfer mitfeierten.
Im 1. Weltkrieg war die Gegend Schauplatz furchtbarer Kämpfe in den zwölf Isonzo-Schlachten 1915–17. Die Kirche wurde wieder zerstört. Das Gnadenbild war nach Laibach gebracht worden. Nach einem provisorischen Kirchenbau mit Kloster, dem heutigen Pilgerheim, entstand unter dem Architekten Sivano Barich aus Triest 1924/28 die heutige Kirche mit dem 50 m hohen Glockenturm.
Im 2. Weltkrieg hat man das Bild in verschiedene Ortschaften und zuletzt in die Domkirche von Gorica gebracht. 1951 kam es, begleitet von einer großen Prozession, wieder auf den Sveta Gora zurück.

Die Wallfahrt

Für große Gottesdienste steht die mächtige dreischiffige Wallfahrtskirche bereit. Kleinere Gruppen versammeln sich in einem Raum rückwärts des Chores, wo über dem Altar eine Marienstatue ebenfalls sehr verehrt wird. Die sitzende Muttergottes im goldenen Gewand und Umhang hält das Jesuskind, das beide Arme weit ausbreitet, auf ihrem linken Knie. Im Sockel der Figur ist die Erscheinung an das Hirtenmädchen beschrieben.
Das Pilgerheim wird z. Zt. restauriert und soll künftig auch für Besinnungstage und Exerzitien genutzt werden. Ein Haus zur Verköstigung der Wallfahrer steht bereit. Besonders Schulklassen und Buswallfahrer besuchen das Heiligtum. An den Marienfesten kommen die Pilger aus nah und fern, auch aus Italien und Österreich.

Lit.: A. Hoppe, Des Österreichers Wallfahrtsorte, 1913, 156–168 – Bilderreihe mit Kurzbeschreibung (auch in deutsch), o. J. – M-Lexikon Bd. 6

PTUJSKA GORA (PETTAUER BERG)

Von der Bischofsstadt Maribor in südlicher Richtung 20 Kilometer nach Ptuj (Pettau) und noch etwa sechs Kilometer nach Südwesten ist auf einer Anhöhe (652 m ü. d. M.) die Wallfahrtskirche schon von weitem zu sehen. Vom geräumigen Parkplatz führen Steinstufen zur Kirche empor. Sehenswert ist unterhalb der Treppe eine Steinsäule, die früher als Pranger gedient hat.

Eine Stiftung des Adels

Das Gotteshaus ist wahrscheinlich aufgrund eines Gelübdes steierischer Adelsfamilien entstanden. Auch der frühere Name Neustift weist darauf hin. Papst Bonifaz IX. (1389–1404) gab die Genehmigung zum Bau der Kirche, die der Herr von Pettau Bernhard III. († 1424) ausführte. 1473 ist eine „capella beate Marie Virginis in Monte gratiarum" (Berg der Gnaden) erwähnt, was schon auf den Wallfahrtscharakter der Marienkirche schließen läßt.

Um sie vor Plünderungen durch die einfallenden Türken zu schützen, wurde sie mit einer hohen Wehrmauer umgeben. Nach der Legende soll die Muttergottes bei solch einem Einfall die Kirche in eine dunkle Wolke gehüllt und für die Feinde unsichtbar gemacht haben. Die Menschen nannten die Anhöhe damals „Schwarzer Berg". Nach einem kurzen „Zwischenspiel" eines protestantischen Pastors übernahmen Jesuiten aus Leoben für anderthalb Jahrhunderte die Gnadenstätte. In dieser Zeit erhielt die Kirche ihre barocke Ausstattung. Zwischenzeitlich selbständige Pfarrei, kamen 1938 Minoriten aus Ptuj und betreuen bis heute den Wallfahrtsort.

Die schönste gotische Kirche Sloweniens

Die Stiftung durch Adelsgeschlechter macht verständlich, daß die Kirche, was Baukunst, Bildhauerei und Malerei betrifft, künstlerisch hervorragend ausgestattet ist. Der ursprünglich wohl hohe gotische Turm stürzte bald nach der Fertigstellung ein und zerstörte den Eingangsteil der Kirche mit. Heute befindet sich über der Eingangsfront mit Schutzdach ein niedriges Türmchen mit einem pyramidenförmigen Dach. Das übrige Gotteshaus und besonders der dreischiffige Innenraum mit den Kreuzrippengewölben bieten ein Bild vollendeter gotischer Harmonie.

Die meisten Kirchenbesucher werden angezogen vom Gnadenbild einer Schutzmantelmadonna im Zentrum des barocken Hochaltars. Dieses goti-

sche Steinrelief war ursprünglich im Spitzbogenfeld über dem Hauptportal angebracht. Die stehende Maria mit dem anmutigen Gesicht und dem Jesuskind zu ihrer Linken hält, von Engeln unterstützt, ihren Mantel weit ausgebreitet. Unter ihm haben viele kniende Menschen Schutz gesucht, neben einem Kaiser, einem Kardinal und vielen einfachen Leuten ist das Gründerpaar von Ptujska Gora zu finden, Bernhard III. und seine Gemahlin Walburga von Cilli.
Von den zahlreichen Kostbarkeiten in der Kirche seien erwähnt: der Rosenkranzaltar am 2. Pfeiler links, der Loretoaltar in der linken Apsis, der Altar der Immaculata an der 2. Säule rechts und die sehr wertvollen gotischen Fresken unter der Empore rechts, die man bei der Renovierung nach dem 2. Weltkrieg entdeckt hat, darunter eine Kreuzigungsszene mit Maria und Johannes und eine Pietà-Darstellung. Ferner finden sich im neu eingerichteten Gottesdienstraum im runden Wehrturm drei Reliefs, eines mit dem Tod Mariens.

Die Wallfahrt

Der Wallfahrtsort besitzt ein graphisches Blatt mit dem Gnadenbild in der Mitte und acht Szenen wunderbarer Heilungen aus dem Jahr 1660, ferner ein Ex-voto-Ölbild eines stürmischen Unwetters auf der Anhöhe aus dem Jahr 1741.
Viele Menschen besuchen die Kirche auf dem Pettauer Berg, die einen der herrlichen Aussicht wegen, die anderen, um die Kunstwerke zu betrachten, die meisten aber, um an dieser marianischen Gnadenstätte zu beten und sich unter den Schutz der Gottesmutter zu stellen.

> Unter deinen Schutz und Schirm
> fliehen wir, o heilige Gottesgebärerin . . .

Lit.: F. Stelè, Ptujska Gora, 1966 – M. Zadnikar, Ptujska Gora – Das Hohelied der slowenischen Gotik (deutsch), 1989 – M-Lexikon Bd. 6

TRSAT

Bei Triest über die Grenze führt die Straße ostwärts über den Karst nach Rijeka im Gebiet des heutigen Kroatien. Entweder bei der Abzweigung Trsat der vierspurigen Stadtautobahn oder vom Hafen von Rijeka über eine steinerne Stiege nach oben gelangt man auf die Anhöhe mit der Festung Trsat und der Wallfahrtskirche.

Die Legende

Am Morgen des 10. Mai 1291 stand ein Haus ohne Fundament frei auf dem Erdboden an der Stelle der heutigen Kirche. Bald umstanden Neugierige das Haus. Da kam der Pfarrer von Trsat, der schon lange wegen Wassersucht bettlägerig war, und berichtete, er sei gesund und die Muttergottes habe ihm in der vergangenen Nacht mitgeteilt, das Haus der Hl. Familie von Nazaret werde von Engeln über das Meer getragen und hier abgestellt.
Alsbald reiste eine Delegation von Dalmatien ins Hl. Land und bestätigte das Verschwinden des Hauses. Doch nach drei Jahren und sieben Monaten, am 10. Dezember 1294, verließ das Haus den Trsat-Hügel wieder und flog über die Adria nach Loreto, wo es heute noch verehrt wird. (Zu den Erklärungsversuchen des Engelsfluges siehe: Loreto, Seite 65).
Die Dalmatiner waren über den Verlust des Hauses sehr traurig. Als Ersatz schenkte ihnen Papst Urban V. 1367 ein altes Marienbild, das bald hoch verehrt wurde.

Die Geschichte

Nikolaus Frankopan aus einem örtlichen Fürstengeschlecht ließ bald darauf eine Nachbildung des

Hauses von Nazaret erstellen. 1453 wurde die heutige Kirche errichtet, die das Hl. Haus einschließt, ferner ein Kreuzgang und ein Kloster für die das Heiligtum betreuenden Franziskanermönche. Im Laufe der Zeit wurde das Gotteshaus mehrmals umgebaut und erweitert. Der Turm trägt eine barocke Haube. 1692 fand das Gnadenbild seinen Platz auf dem heutigen marmornen Hochaltar. Das Heiligtum haben auch Kaiser Leopold I. und Kaiserin Maria Theresia als fromme Pilger besucht. Unter Papst Pius XI. wurde die Kirche zur Basilika erhoben.

Das Gnadenbild

Das altehrwürdige Gnadenbild, einer byzantinischen Ikone ähnlich, zeigt Maria in Halbfigur im roten Kleid und dunklem Umhang, der über den Kopf reicht. Maria blickt mit leicht geneigtem Kopf zum Beter. Sie hält mit beiden Händen das bekleidete Jesuskind, das die Hand zum Segen erhebt. Die Bildtafel ist von vier kleinen Seitenbildern umrahmt mit Darstellungen der Verkündigung, der Kreuzigungsszene und Heiligen in Ordenstracht. 1715 wurden über den Häuptern von Maria und Jesus große goldene Flachkronen angebracht, vom Vatikan gestiftet.

Die Wallfahrt

Die Muttergottes von Trsat wird besonders als „Madonna del Mare", als Patronin der Seefahrer, verehrt, wie die zahlreichen Votivbilder mit Darstellungen von Schiffen auf stürmischer See und die Schiffsmodelle belegen.
Heute beten nicht nur Einzelpilger und kleine Gruppen die mehr als 400 Stufen von der Stadt zum Heiligtum hinauf, neben Italienern, Franzosen, Deutschen und Schweizern sind es vor allem Kroaten und Slowenen, die nicht selten mit

Omnibussen und von Musikkapellen begleitet zur Wallfahrtskirche ziehen. Trsat ist der bedeutendste Marienwallfahrtsort des kroatischen Küstenlandes.

Lit.: Kriss 111–112 – Rathgeber 223–224 – Bonaventura Duda, Nazaretska poruka Marijina Trsata, 1991 – M-Lexikon Bd. 6

Marija Bistrica

Der Ort (sprich: Bistritscha), der sich seit 1731 Marija Bistrica nennt, liegt etwa 40 Kilometer nordöstlich von Zagreb (Erzdiözese Zagreb) und ist der nationale Marien-Wallfahrtsort aller Kroaten.

Das zweimal eingemauerte Gnadenbild

Der Ort ist 1209 als Feudalsitz und 1334 als Pfarrei erstmals erwähnt. Nach einer alten Überlieferung befand sich die heute als Gnadenbild verehrte Statue zuerst in einer Marienkapelle auf dem nahen Berg Vinski. Aus Angst vor dem nach Westen vordringenden Osmanenheer wurde sie 1545 in die Pfarrkirche nach Bistrica gebracht, dort in die Kirchenwand eingemauert und allmählich vergessen. 1588 soll ein außergewöhnliches Licht in der Kirche zur Entdeckung der Statue geführt haben, die, über dem Hochaltar aufgestellt, fortan als Gnadenbild verehrt wurde.
Etwa 100 Jahre später, zwischen 1650 und 1684, mußte sie noch mal hinter dem Altar eingemauert werden. Von da an setzten zahlreiche Pilgerfahrten ein. Zwischen 1688 und 1786 wurden 1109 außergewöhnliche Ereignisse in einem „Buch der Wunder" aufgezeichnet.
Zielpunkt der Wallfahrer ist die Statue einer schwarzen Muttergottes (117 cm groß, aus Holz). Sie steht auf der umgekehrten Mondsichel mit Gesicht, trägt das Jesuskind auf dem linken Arm und hält mit ihrer Rechten eines der Beinchen ihres Sohnes. Heute ist die Figur über dem Hauptaltar der Kirche meist in Stoffgewänder gehüllt.

Das Heiligtum

Im Jahre 1710 stiftete der kroatische Landtag einen neuen, größeren Marienaltar und beschloß eine Erweiterung der Kirche. Sie wurde 1731 geweiht.
Nach einem Kirchenbrand entstand 1879–1882 nach Plänen des Wiener Architekten Schmid und ausgeführt von dem Kölner Architekten Hermann Bollé die heutige Wallfahrtskirche im Stil der Neu-Renaissance. Unter den Künstlern ist der Zagreber Maler F. Quinquerez besonders zu erwähnen, der auf 22 Fresken in den seitlich der Kirche führenden Arkaden Gebetserhörungen dargestellt hat. Die Kirche mit dem hohen Glockenturm, der reich gegliederten Eingangsfassade und den beiden seitlich angefügten Rundgebäuden mit Kuppeln wurde 1924 zur Basilika erhoben.
Auf dem nahen Kalvarienberg entstand ab 1941 ein Kreuzweg mit z. T. lebensgroßen Figuren. Seit 1965 kamen im Umfeld des Heiligtums ein großes Gebäude für Versammlungen, ein Freialtar, Beichträume und Pilgerherbergen dazu.

Die Wallfahrt

Auf Grund eines Gelübdes pilgern die Bewohner der Stadt Zagreb seit 1723 jedes Jahr nach Marija Bistrica. Der Einzugsbereich ist neben Kroatien Slowenien, Ungarn und Österreich, auch Dalmatien und alle Länder mit kroatischen Auswanderern. 1935 wurde das Gnadenbild vom Zagreber Erzbischof und Metropoliten Kroatiens, Anton Bauer, mit zwei Kronen altkroatischer Form gekrönt. 1971 fand hier der 13. Internationale Marianische Kongreß statt. 1984 zog der Nationale Eucharistische Kongreß 400 000 Menschen an.
Hauptwallfahrtszeit ist zwischen Ostern und Allerheiligen. Den Höhepunkt bildet die Woche um das Fest „Verklärung Jesu" (6. August). Im Laufe des Jahres besuchen an die 300 000 Menschen die Gnadenstätte. Es gibt eigene Wallfahrten der Kranken, der Mittelschüler, der Studenten. 1987 wurde für den kroatischen Sprachraum ein eigenes Fest der Muttergottes von Marija Bistrica für den 13. Juli eingeführt.

Lit.: J. Buturac, Marija Bistrica 1209–1980, 1981 – J. Ladame, Notre Dame de tout l'Europe, 1984, 189–194 – L. Cindori, Marija Bistrica, 1987 – M-Lexikon 1, 497–498

Medjugorje

Die Königin des Friedens

Der Ort liegt zwischen der Stadt Mostar und der Adria in der Westherzegowina, einer katholischen Glaubensinsel, deren Bewohner während der türkischen Besatzung zwischen 1482 und 1878 unter schwerstem islamischen Druck standen. Hier hat sich seit 1980 eine vielbesuchte Gnadenstätte entwickelt.

Die Erscheinungen der Gospa

Am Nachmittag des 24. Juni 1980 spazieren die Mädchen Ivanka (14 Jahre alt) und Mirjana (15) zum nahen Hügel Podborde. Auf dem Rückweg sieht Ivanka am Berghang etwas Helles, die Umrisse einer jungen, leuchtenden Frauengestalt. Sie flüstert ihrer Begleiterin zu: „Schau, die Gospa (Muttergottes)!" Mirjana antwortet: „Wie sollte die Gospa uns erscheinen!" Zu Hause erzählen sie davon.
Am Abend müssen sie die Schafe holen und kommen wieder zu der Stelle. Diesmal ist noch die kleine Milka dabei. „Die Gospa ist wieder da", ruft Ivanka. Da kommt Vicka (16) dazu, läuft zuerst erschreckt weg, kehrt aber zu den drei anderen zurück. Der 16jährige Ivan kommt mit einer Tasche voll Äpfel vorbei, läßt sie vor Angst fallen und rennt weg. Ein Zwanzigjähriger sieht nur einen Lichtschein, fühlt sich zu alt und kommt nicht wieder.
Am nächsten Tag gehen Mirjana, Ivanka, Vicka und der Ivan wieder zu der Stelle. Eine Frau ist dabei und die beiden Kinder Kakov (9) und Marija (15). Alle sehen die Gospa mit ausgebreiteten Armen, laufen zu ihr hin und weinen vor Erregung. Ivanka fragt nach ihrer zwei Monate zuvor verstorbenen Mutter. Die Gospa sagt: „Es geht ihr gut!"
Am 3. Tag sehen die Kinder die Gestalt etwas höher am Berg. Sie fragen die Gospa, warum sie zu ihnen kommt. Die Gospa antwortet: „Ich möchte, daß sich das Volk bekehrt und auf den rechten Weg zurückkehrt, solange es noch Zeit ist."
Die Erscheinungen wiederholen sich täglich jeweils etwa um 18 Uhr. Die Nachricht verbreitet sich, und auch angelockt von seltsamen Lichtern, kommen Neugierige und Glaubende, bei der 3. Erscheinung sind es etwa tausend, bald Tausende.

Die kommunistischen Behörden

Schon am 4. Tag werden die Kinder verhört und von Ärzten untersucht, die sie für gesund und normal erklären. Zum gleichen Ergebnis kommt ein Psychiater aus Mostar, zu dem die Kinder am 6. Tag gebracht werden. Am 7. Tag lädt man die Kinder zu einer Autofahrt ein, um sie vom Erscheinungsort fernzuhalten. Als der Zeitpunkt der Erscheinung kommt, steigen die Kinder aus und fallen auf die Knie. Sie sehen die Gospa diesmal in Cerno, etwa drei Kilometer von Medjugorje entfernt.
Nun wird die Miliz aggressiver. Die Seherkinder werden verhaftet, eingeschüchtert, wieder freigelassen und unter Hausarrest gestellt. Der Franziskanerpater Jozo Zovko, der erst acht Monate Pfarrer in Medjugorje ist, verhält sich zuerst zurückhaltend, nimmt aber die Kinder auf, als sie in der Kirche Schutz suchen. Die Gospa erscheint ihnen nun im Pfarrhaus.
Am 2. Juli, dem Fest „Maria Heimsuchung", sind die Kirche und der Platz davor voller Menschen. Und viele kommen von nun an täglich zur Meßfeier und zum Rosenkranz. Mitte Juli erlebt der Pfarrer mit den Kindern die Erscheinung in der Kirche.

Menschen kommen nun aus 60 bis 80 Kilometer Entfernung herbei, viele zu Fuß, manche barfuß, neben Katholiken auch Orthodoxe, sogar Moslems. Am 15. August sind es 25 000 Menschen, bis Mitte Oktober werden es im ganzen 500 000 sein. Sie werden von der Bevölkerung herzlich aufgenommen, viele umsonst verpflegt und bekommen ein Nachtquartier angeboten.
Am 16. August wird Pater Zovko verhaftet. Pater Tomislav Vlasić übernimmt nun die Pfarrseelsorge.

Die Botschaft der Gospa

Maria verkündet in Medjugorje die Bekehrung Rußlands und sagt eine Zeit gegenseitigen Verstehens und Vertrauens der Völker voraus.
Sie verlangt Bekehrung, Glauben, Gebet und Buße. Damit können Versöhnung und Frieden erreicht werden. Zum Gebet: Die von der Gospa gewünschten sieben Vaterunser, Ave Maria und Ehre sei, täglich gebetet, können nur ein Minimum sein. Das Wesentliche der Botschaft wurde während der ersten sechs Erscheinungen bekanntgemacht. Später folgten Hinweise, wie dieses Programm verwirklicht werden könne. Jedem der sechs Seherkinder wurden zehn Geheimnisse anvertraut, die später bekanntgegeben werden.

Die Stellungnahme der Kirche

Der Bischof von Mostar, Msgr. Zanić, steht den Erscheinungen zuerst positiv gegenüber. Er verteidigt die Seherkinder in einer Zeitschrift und in einem Brief an den Präsidenten der damaligen Republik Jugoslawien. Später kommt es zu einer Auseinandersetzung zwischen der Diözesanleitung und dem Franziskanerorden, der 80% der Pfarreien betreut. Eine Kommission spricht sich gegen die Erscheinungen aus. Sie seien durch den Ortspfarrer ermöglichte Halluzinationen.
1986 reist Bischof Zanić nach Rom. Der Papst hatte schon Kenntnis von den Vorgängen. Die Angelegenheit wird der jugoslawischen Bischofskonferenz übergeben. Im August 1991 äußert sich Kardinal Ratzinger, es stehe zwar nicht fest, daß in Medjugorje „etwas Übernatürliches" geschehen sei, aber man werde sich bemühen, Medjugorje als „Ort des Gebetes" zu erhalten.
Ein endgültiges Urteil der Amtskirche steht noch aus.

Die „Früchte" der Erscheinungen

Die Bewohner aus den verschiedenen Ortschaften der Pfarrgemeinde waren vorher zerstritten, sind aber jetzt von einer echten Geschwisterlichkeit geprägt. Bis heute werden die täglichen Gottesdienste gut besucht, wird ein wöchentliches Fasten eingehalten und werden die Wallfahrer freundlich betreut.
Zwei religiöse Gruppen sind entstanden mit dem Ziel, die Botschaft der Gospa in die Tat umzusetzen. Die eine wurde vom Ortspfarrer Vlasić gegründet, die andere nennt sich „Oase des Friedens" und geht auf den Passionistenpater Gianni Sgreba zurück.
Zu den „Früchten" gehören auch Gebetserhörungen und Wunderheilungen, von denen bis 1982 allein 140 registriert wurden. Die ersten waren: Ein fast gelähmter und halb erblindeter Greis ließ sich vom Erscheinungsort Erde und Gewächs bringen, vermischte es mit Wasser, wusch sich damit und betete dabei das Glaubensbekenntnis. Am nächsten Morgen war er geheilt. Bald darauf kamen Eltern mit ihrem fünfjährigen Daniel, der gelähmt war. Das Kind wurde gesund. Die Gospa sagte wörtlich über Schwerkranke: „Auch die Naturgesetze können durch Gebet, Fasten und einen festen Glauben außer Kraft gesetzt werden."
Die große Zahl der Wunder in Medjugorje aber sind Bekehrungen, Gläubigwerden und Lebensbesserung, meist eingeleitet durch eine gute Beichte.
Im unmenschlichen Krieg der jugoslawischen Teilstaaten blieb Medjugorje zwar bisher verschont, aber Wallfahrer – früher auch aus vielen westeuropäischen Ländern – kommen zur Zeit nur ganz wenige. Für die Zukunft versprach die Gospa ein sichtbares, bleibendes Zeichen am Berg der Erscheinungen als Beweis der Echtheit ihrer Botschaft.
Wegen der akuten Gefahr für den Weltfrieden nennt sich die Gospa „Königin des Friedens", und alle sind aufgerufen, dafür zu beten.

Lit.: R. Laurentin / R. Rupcić, Das Geschehen in Medjugorje, 1986 – R. Laurentin, Medizinische Untersuchungen in Medjugorje, 1986 – J. Bubalo, Ich schaute die Gottesmutter, 1989 – M. Craig, Das Geheimnis der Madonna von Medjugorje, 1989 – L. Rupcić, Die Wahrheit über Medjugorje, 1991 – M-Lexikon 4, 382–384

Letnica

Im Süden des ehemaligen Jugoslawien liegt an das nördliche Albanien anschließend und nahe der Stadt Kosovska im sog. „Amselfeld" die kleine Ortschaft Letnica mit einer Marien-Wallfahrtsstätte.
In dieser Region gab es kroatische, serbische und etwa 50 000 albanische Katholiken, die unter zwei Millionen serbischen Orthodoxen und Moslems lebten. Die siebzehn Pfarreien der albanischen Katholiken gehörten früher zur Diözese Prizren und sind heute dem Bistum Skopje angeschlossen.

Über Konfessionen und Nationen hinweg

Der kleine Ort Letnica zog besonders im Monat August und vor allem am Fest „Maria Himmelfahrt" (15. August) Zehntausende von Marienverehrern an. Unter den Wallfahrern waren neben den Albanern, den kroatischen Katholiken auch serbische Orthodoxe und sogar Mohammedaner. Denn im Islam wird Mirjam (Maria) als Mutter des Propheten Isa (Jesus) verehrt. Ihr Name ist sogar mehrmals im Koran erwähnt. Nicht selten tragen islamische Frauen im Gebiet Kosovo den Namen Merjema, Merima oder Mejra.

Ferner besuchten den Wallfahrtsort auch Zigeuner, die Maria „Majka“ (Mutter) nennen, dann auch sog. Kryptochristen, die über Jahrhunderte hinweg zum Islam zählten, aber im innersten Kern Christen geblieben sind.
In gemeinsamen Gottesdiensten, im Beten und Singen zeigte sich der starke Glaube, der eine Abgrenzung nach Konfessionen und Nationen überwinden kann. Außerdem ist berichtet, daß kinderlos gebliebene Frauen hier in Letnica mit großer Zuversicht die Gottesmutter um ihre Fürsprache in ihrem Wunsch nach Kindern anflehten.

Die Gnadenstätte

Die Wallfahrtskirche in ihrer heutigen Form, doppeltürmig und im neuromanischen Stil, stammt aus dem Jahr 1932, nachdem ein Erdbeben die alte Kirche beschädigt hatte. Das Gnadenbild in der Kirche, eine Lindenholzfigur, stellt eine sitzende Maria dar, die zu ihrer Linken das Jesuskind trägt und in ihrer rechten Hand, die sich auf ihr Knie stützt, einen Apfel hält. Die Statue ist meist in kostbare Stoffgewänder gehüllt und trägt eine Edelmetallkrone.
Über ihre Herkunft, ihr genaues Alter und den Ursprung der Wallfahrt ist nichts mehr bekannt. Wahrscheinlich ist das Gnadenbild nach der Eroberung von Skopje 1392 durch die Türken von gläubigen Katholiken hierher in Sicherheit gebracht worden.
Zu dieser Gnadenstätte ist sicherlich auch das junge Mädchen Gonxha Bojaxhiu aus Skopje (geb. 1910) gepilgert, als sie sich mit 18 Jahren entschloß, in die Mission nach Indien zu gehen, und als „Mutter Teresa“ weltberühmt wurde und den Friedensnobelpreis erhielt.

Was die Zukunft bringt

Die politischen Verhältnisse in dieser Region sind z. Zt. schwer durchschaubar. Seit 1981 herrscht praktisch Krieg. Viele albanische Katholiken haben das Amselfeld verlassen. Es bleibt zu hoffen, daß wie früher Katholiken, Orthodoxe und Muslime bei der ehemals gemeinsam verehrten Mutter Jesu, die wir als „Königin des Friedens“ anrufen, den Frieden finden.

Lit.: A. Turk, Letnica . . . Letnica Gospa . . ., 1973 – M-Lexikon (Stichwort Jugoslawien) 3, 457–458 – R. Grulich, Vergessene und bedrohte katholische Wallfahrtsorte in Serbien, in: Informationsdienst osteuropäischen Christentums, 1993, 32–33

SHKODRA (SKUTARI) / ALBANIEN GENAZZANO / ITALIEN

„Mater Boni Concilii“ – Mutter vom Guten Rat

Als Ende des 15. Jahrhunderts moslemische Türken Albanien überfluteten, wanderten zahlreiche Christen aus. Viele albanische Familien haben damals in Genazzano eine neue Heimat gefunden. Ein Marien-Gnadenbild verbindet die albanische Stadt im Norden des kleinen Landes mit der italienischen Stadt Genazzano (Latium), die malerisch auf einem Bergvorsprung 46 Kilometer südöstlich von Rom liegt.

Der legendäre Engelsflug

Eine Legende, ähnlich der in Loreto, berichtet: Ein Fresko der Muttergottes mit dem Jesuskind befand sich ursprünglich in einer Kirche am Fuß eines Hügels, über dem sich die Festung Skutari erhob. Das Bild soll sich von der Wand gelöst haben und von Engelshänden über die Adria getragen worden sein. In der Stadt Genazzano sei es, von einem geheimnisvollen Läuten aller Kirchenglocken begrüßt, am 25. April 1467 herangeschwebt und habe sich auf dem Mauervorsprung eines halbfertigen Kirchenneubaus niedergelassen.

Diese Legende ist für Genazzano seit Anfang des 16. Jahrhunderts, für Albanien erst seit dem 18. Jahrhundert bezeugt.

Patronin des albanischen Volkes

In Shkodra gibt es zahlreiche Kopien dieses Freskos, unter ihnen einige aus dem 16. Jahrhundert. Die Katholiken Nordalbaniens verehren dieses Gnadenbild besonders innig. Sie nennen es „Madonna von Skutari".

Auf dem 2. albanischen Konzil in Skutari 1895 wurde das Gnadenbild zur „Patrona nationis albanicae" erhoben. In ganz Albanien wird ihr Fest am 26. April mit eigenem Meßformular gefeiert. Die Stadt Shkodra begeht das Fest ihrer Schutzherrin am Montag nach dem 3. Sonntag im Oktober mit einem feierlichen Gottesdienst und einer großen Prozession zur Kathedrale.

Als am 25. April 1993 Papst Johannes Paul II. Albanien besuchte, legte er den Grundstein für eine neue Kirche der Jungfrau vom Guten Rat. Er übergab auch eine Kopie des Gnadenbildes von Genazzano.

Das Gnadenbild

Das 45 × 40 cm große Bild – heute in der 1621–29 errichteten Basilika in Genazzano – trägt den Titel „Madre del Buon Consiglio" – Mutter vom Guten Rat. Es zeigt Maria in Halbfigur mit leicht nach links geneigtem Haupt und in die Ferne

Gnadenbild Wörth an der Isar

gerichtetem Blick. Das bekleidete Jesuskind auf ihrer linken Seite schmiegt sein Gesicht zärtlich an die Wange der Mutter und blickt sie liebevoll an, während sich sein rechter Arm um ihren Hals legt und seine Linke an den Saum ihres Kleides faßt. Über den Häuptern Mariens und ihres Sohnes erscheint ein Regenbogen.

Kunstgeschichtlich ist das Bild schwer zu bestimmen. Es ist dem Ikonentyp der Eleüsa (siehe Seite 185) zuzuordnen und soll vom italienischen Maler Gentile da Fabriano (1370–1427) gefertigt worden sein.

Die Wallfahrtsstätte in Genazzano

In Genazzano gab es bereits im 13. Jahrhundert eine Kirche mit dem Titel „Maria vom Guten Rat". Ein Neubau war noch nicht fertig, als am

25. April 1467 das Marienbild an der Wand sichtbar wurde. Ein unvorstellbarer Zustrom von Pilgern setzte ein. Aus ganz Italien kamen Prozessionen zur neuen Gnadenstätte. Auch ist von Wunderzeichen und Krankenheilungen berichtet.
Das Gnadenbild befindet sich im linken Seitenschiff. Die dünne Freskenschicht und eine dahinter entdeckte Wölbung machen es unmöglich, es auf den Hauptaltar zu übertragen. Seit 1356 bis heute werden Kirche und Gnadenstätte von den Augustiner-Eremiten betreut. Papst Leo XIII. erhob die Kirche 1903 zur Basilika und fügte der Lauretanischen Litanei die Anrufung bei: „Mutter des guten Rates, bitte für uns!" Zum Gedenktag der „Ankunft der Madonna" wird jedes Jahr am 25. April ein großes Volksfest veranstaltet.
Auch heute ist das Heiligtum von Genazzano ein über die Grenzen Italiens hinaus bekannter Gnadenort. Kopien des Gnadenbildes sind weit verbreitet, so in Dublin und Gent, in St. Peter/Wien und in dem Ort Wörth a. d. Isar, östlich von Landshut.

> Der gute Rat, den Maria uns Menschen erteilt, ist der Verweis auf Jesus: „Was er euch sagt, das tut!" (Jo 2, 5)

Lit.: B. Riccardi, Guida del Santuario di Genazzano, 1953 – Rathgeber 276–281 – D. Marcucci, Santuari mariani d'Italia, 1987, 37–38 – M-Lexikon 1, 77 und 2, 613–614

Tinos

Panhagia Evangelistria

Die Ostzykladeninsel, ganz in der Nähe der berühmten Inseln Mykonos und Delos in der Ägäis, wird als „Hl. Insel der Griechen" bezeichnet. Die Wallfahrtsstätte, zu der orthodoxe und katholische Christen in gleicher Weise kommen, ist ein panhellenisches Heiligtum.

Die Entstehung der Wallfahrt

Die Tradition eines Wallfahrtsortes reicht bis in die Antike zurück. Im Altertum huldigte man hier dem Meeresgott Poseidon, der die Insel von einer Schlangenplage befreit haben soll. Ruinen der Kultstätten sind am Hafen noch zu sehen. Die Venetianer waren zwischen 1207 und 1714 hier die Herren. Das macht verständlich, daß sich heute noch ein Drittel der Bevölkerung zum katholischen Glauben bekennt.
Die Nonne Pelagia aus dem etwa 9 km entfernt gelegenen byzantinischen Marienkloster hatte einen Traum, in dem ihr mitgeteilt wurde, wo sie ein Marienbild aus der Erde graben soll. Der Traum wiederholte sich dreimal, doch die Nonne unternahm nichts. Erst als viele auf der Insel krank wurden, grub sie am 30. Januar 1822 an der Stelle der heutigen Wallfahrtskirche und fand eine Muttergottes-Ikone. Daraufhin sollen alle Kranken wieder gesund geworden sein. Das Gnadenbild, eine kleine Tafel mit einer Darstellung der Verkündigung des Engels an Maria, wird „Panhagia Evangelistria" (All-Heilige Verkündigung) genannt.
Man baute an der Fundstelle, am Abhang eines Berges über dem Hafen, zuerst eine kleine Kirche, der infolge des großen Zulaufs von Gläubigen bald eine größere folgte.

Die Wallfahrtsstätte

Wenn ein Schiff in den Hafen von Tinos einläuft, blicken alle Passagiere die steil aufwärts führende Prozessionsstraße entlang auf das Heiligtum über der Stadt. Die Kirchenanlage mit dem Glockenturm wurde 1823/30 aus einheimischem Marmor im klassizistischen Stil errichtet.

Durch ein breites Tor betritt man einen gepflasterten Hof mit einem Brunnen und dem ebenerdigen Zugang zur Krypta, dem Auffindungsort der Ikone. Links und rechts führen Steintreppen zur Kirche hinauf, die von drei Seiten ein Säulengang umgibt. In dem dreischiffigen, nicht allzu großen Innenraum hängen Hunderte von silbernen Öllampen von der Decke. An den Wänden sind überall Votivgaben, meist flachgepreßte Silberreliefs, und Votivtafeln zu sehen, besonders häufig solche von Schiffen aller Art, vom ältesten Segelboot bis zum modernen Dampfer.

Das hochverehrte Gnadenbild befindet sich auf der linken Seite gleich beim Eingang unter einem von Säulen getragenen Baldachin. Die Darstellung der Verkündigung ist fast nicht zu sehen, weil sie mit geopfertem Schmuck behangen ist. Von Zeit zu Zeit soll der Schmuck ausgetauscht werden. Die griechische Post hat 1973 eine Briefmarke herausgegeben, auf der das Gnadenbild abgebildet ist.

Die Wallfahrtsfeste

Das ganze Jahr über kommen Pilger aus dem griechisch-orthodoxen Raum und dazu viele Katholiken zu dem Inselheiligtum. Zehntausende sind es am 15. März (Maria Verkündigung) und am 15. August (Himmelaufnahme Mariens). Von Piräus fahren zu diesen Festfeiern eigens Wallfahrerschiffe nach Tinos. Viele legen den Weg vom Hafen zum Heiligtum hinauf auf den Knien zurück. Die Pilger trinken aus dem Brunnen und nehmen das Wasser mit nach Hause.

In der Nacht vor dem Fest sind die Kirche und die Vorräume von Menschen, meist schwarzgekleideten Frauen, überfüllt. Sie fühlen sich hier geborgen. In der Nacht zum 15. August schlafen wegen der wärmeren Jahreszeit viele Pilger im Freien unter den Zypressen, die das Heiligtum umgeben.

Am späten Vormittag zieht eine große Prozession zum Hafen hinunter. Die wundertätige Ikone wird von Matrosen mitgeführt. Die Menschen, darunter viele Kranke, versuchen, gebückt unter dem Gnadenbild durchzugehen. Während der Prozession krachen zum Klang der Glocken Böller und heulen Schiffssirenen. Unten am Hafen wird die Ikone aufgestellt, der Bischof segnet die Menschen, die Schiffe und das Meer. Nach einer Predigt des Bischofs wird die Ikone an der von Devotionalienläden gesäumten Straße wieder zur Kirche hochgetragen.

Kräftig und innig sind die Ausdrucksformen der tiefgläubigen Wallfahrer und für Besucher aus dem kühlen Nordeuropa oft nicht nachvollziehbar. Aber sie machen kund, daß wir die Nähe Gottes im Bild der Gottesmutter suchen.

Lit.: R. Kriss / H. Kriss-Heinrich, Peregrinatio Neohellenika, Wallfahrtswanderungen im heutigen Griechenland, 1955 – Weiß 267–268 – DuMont-Kunstführer, Die griechischen Inseln, 1989, 85–91 – M-Lexikon Bd. 6

Meryem Ana

Wohn- und Sterbehaus Mariens

Von Izmir (früher Smyrna) an der ägäischen Küste zieht sich die Straße 60 Kilometer südwärts nach Selcuk (Ephesus). Im Süden der Stadt zweigt eine Straße rechts ab und führt am oberen Eingang der Ephesus-Ruinen vorbei auf die Anhöhe, die früher Bülbül Dag (Nachtigallenberg), heute Meryem Ana (Marienberg) heißt. Hier steht an einem bewaldeten, nach Westen abfallenden Hang die Panhagia Kapulu, die „Allheilige Kapelle", in der Maria mit großer Wahrscheinlichkeit die letzten Jahre ihres Erdenlebens verbracht hat.

Vergessen und wiederentdeckt

Schon wenige Jahre nach der Himmelfahrt Christi kam es zwischen 37 und 42 zur Verfolgung der Christen und ihrer Ausweisung aus der Stadt Jerusalem, wie Eusebius berichtet. Johannes, dem Jesus am Kreuz seine Mutter anvertraut hat, floh nach Ephesus und hat bestimmt auch Maria dorthin in Sicherheit gebracht. Zuerst lebte sie in einem Teil der späteren Marienkirche, wie 431 auf dem Konzil von Ephesus eigens vermerkt wurde, später in dem abgelegenen Haus auf dem Nachtigallenberg. Hier ist sie gestorben und „mit Leib und Seele in den Himmel aufgenommen worden" (Dogma).

Das Haus geriet in Vergessenheit und verfiel mehr und mehr. Tatsächlich sind Fundamente eines Gebäudes aus dem 1. Jahrhundert ausgegraben worden. In byzantinischer Zeit wurde das Haus zu einer kreuzförmigen Kapelle umgebaut, die über Jahrhunderte von orthodoxen Christen und mohammedanischen Frauen aufgesucht wurde.

Ende des vorigen Jahrhunderts entdeckten auch die Katholiken den Ort wieder. In einem 1833 erschienenen Buch „Leben der Hl. Jungfrau Maria" veröffentlichte Clemens von Brentano die Visionen der Seherin Anna Katharina Emmerick (1774–1824) aus Dülmen in Westfalen. Sie sagte aus, Maria habe noch neun Jahre hier gelebt, und beschrieb genau die Lage und Gestalt des Hauses. Der Lazaristenpater Eugene Poulin, Leiter eines Kollegs in Izmir, machte sich mit einer Suchgruppe auf, um die „Fabeleien einer kranken Nonne" zu entlarven. Doch sie entdeckten am 21. Juli 1891 die Reste eines zu einer Kapelle umgestalteten, von Bäumen fast verdeckten Hauses und fanden die Beschreibung der Nonne bis in Einzelheiten bestätigt. Archäologen aus aller Welt forschten jahrelang. Man fand eine Mauer, ein beschädigtes Wasserbecken und dahinter eine bis auf die Grundmauern zerstörte Kirche aus dem 6./7. Jahrhundert.

Das Heiligtum

Erst in unserem Jahrhundert wurde das Marienhaus wiederhergestellt. Die Grenze zwischen alten und neuen Mauersteinen ist im Inneren mit roter Farbe markiert. Das Gebäude, heute als Gottesdienstraum gestaltet, wurde 1951 feierlich geweiht. Die türkische Regierung ließ eine Fahrstraße auf den Berg anlegen und erklärte das Gelände um das Haus Mariens zum Kulturpark. Neben dem Parkplatz entstanden ein Restaurant und ein Pilgerheim.

Wer heute den geebneten Platz betritt, kommt an einem Brunnen und einer freistehenden Marienstatue vorbei zum Gebäude aus grobem Mauerwerk mit Flachkuppeln darüber. Durch einen überdachten Vorraum gelangt man in das querrechteckige Oratorium und durch einen Mauerbogen zum Altarraum. Vor einer halbrunden

Nische steht der Altar aus Epheser Marmor und darüber eine Bronzefigur Mariens, der Statue der Wunderbaren Medaille von Paris (siehe Seite 127) nachempfunden.
Kohlenreste aus dem 1. Jahrhundert und grauer Bodenbelag lassen schließen, daß sich hier eine Kochstelle befunden hat. Links und rechts schlossen sich Nebenräume an. Nur der rechte, etwas tiefer gelegen, ist wieder aufgebaut, vermutlich das „Zimmer Mariens". An der Wand ist mehrsprachig zu lesen, wo im Koran von Maria geschrieben steht.
Von dem Gebäude führt ein Fußweg ziemlich steil abwärts zu einer 1897 entdeckten Quelle, deren Wasser als heilkräftig gilt.

Die Wallfahrt

1950, im Jahr der Dogmenverkündigung der Himmelaufnahme Mariens, fand eine erste große Wallfahrt nach Ephesus und auf den Marienberg statt. 1967 traf hier Papst Paul VI. mit dem griechisch-orthodoxen Patriarchen Athenagoras zusammen. 1979 besuchte Papst Johannes Paul II. die Stätte, die zu einem Wallfahrtsort geworden ist. Jedes Jahr kommt am letzten Sonntag im März eine Prozession aus Izmir, und am 15. August sind es Pilger aus der ganzen Türkei.
Für westliche Touristengruppen, Orthodoxe und Muslime ist Meryem Ana ein Heiligtum und eine Länder- und Religionsgrenzen übergreifende Gnadenstätte.

Lit.: Rathgeber 422–427 – B. Kötting, Peregrinatio religiosa. Wallfahrten in der Antike und das Pilgerwesen der alten Kirche, 1980 – M-Lexikon 2, 370 – E. Picucci (deutsch: T. Schlichting), Meryem Ana Evi, 1990

Literatur

Adair J., The pilgrim's way, 1978

Bangó J. F., Die Wallfahrt in Ungarn, 1978
Beinert W. / Petri H. (Hrsg.), Handbuch der Marienkunde, 1984
Beisel St., Wallfahrten zu ULFrau in Legende und Geschichte, 1913
Bihlmeyer H. / Kreitmayer J., An heiliger Stätte: berühmte Wallfahrtsorte und Heiligtümer der kath. Welt, 1926
Bot M., MISERERE: de grote boedebedevaarten in Europa, 1984
Brems F. J., Wir sind unterwegs ... 500 bayerische Marienwallfahrtsorte, 1992

College H., Hauts lieux de chrétienté, 1957
Cordes F. J., Gruß Dir, Mutter, in großer Herrlichkeit. Wallfahrt gewinnt an Kraft, 1990

Delius W., Geschichte der Marienverehrung, 1963

Faresin G. B., Maria Regina d'Europa, 1989
Fink H., Auf Pilgerstraßen durch Europa, 1980
Fischer R. / Stoll A., Kleines Handbuch österreichischer Marien-Wallfahrtskirchen (3 Bde), 1979–85

Graber R., Ein Bischof spricht über Europa, 1978
Gruber K., Südtiroler Wallfahrten, 1989
Gumppenberg Wilhelm von, Atlas Marianus, Ingolstadt 1657, München 1672

Hansen S., Die deutschen Wallfahrtsorte, 1991
Hotz J., Wallfahrtskirchen in Europa, 1983
Hüttl L., Marianische Wallfahrten im süddeutsch-österreichischen Raum, 1985

Kolb K., Große Wallfahrtsorte in Europa, 1976
Kriss = Kriss R. / Rettenbeck L., Wallfahrtsorte Europas, 1950

Ladame J., Notre Dame de tout l'Europe, 1984
Läpple A., Deutschland, deine Wallfahrtsorte, 1983

Marcucci D., Santuari mariani d'Italia: storia, fede, arte, 1982
M-Lexikon = Marienlexikon, EOS-Verlag St. Ottilien: Bd. 1 1988, Bd. 2 1989, Bd. 3 1991, Bd. 4 1992, Bd. 5 1993, Bd. 6 1994
Matzke J., Wallfahrtsorte des Ostsudetenlandes, 1956
Méras M., Abbayes et pelerinages d'France, 1964
Müller-Gräffshagen K. / Nerowski H., Pilgerstätten und Heiligtümer der Christenheit, 1985

Nolan M., Christian pilgrimages in modern Western Europe, 1989
Nowak A., Schlesische Wallfahrtsorte, 1937

Oblinger J. K., Wallfahrten und Wanderfahrten – Italien und Sizilien, 1933
Ousterhout R., The blessings of pilgrimage, 1990

Papst Paul VI., Marialis Cultus, 1974
Papst Joh. Paul II., Enzyklika „Redemptoris Mater", 1987
Paturi F. R., Reisen zu Gott, 1989
Plechl P. M., Wallfahrt in Österreich, 1988
Plötz R., Unsere Wallfahrtsstätten, 1988

Rathgeber = Rathgeber A. M., Maria, wir rufen zu dir, 1960
Ratzinger J., Christlicher Glaube in Europa, 1981

Saggiorato B. A., La Madonna nel mondo, 1986
Schemman Chr. u. K. H., Wallfahrten im Gebirge, 1991
Schmid, F., Karpatendeutsche Wallfahrten, 1976
Schreiber Chr., Wallfahrten durchs deutsche Land, 1928
Sitka R., Die Gnadenorte der Sudetenländer, 1954

Termolen R., Wallfahrten in Europa, 1989

Wagner Chr., Auf den Fährten der Wallfahrer, 1986
Weiß F., Marienwallfahrten um den Erdkreis, 1970

Zawerucha J. u. a., Das pilgernde Volk Gottes. Gnadenstätten in Osteuropa, 1986

Register